令和６年１月施行対応版

デジタル化の基盤 電帳法を押さえる

税理士 松崎啓介 著

税務研究会出版局

はしがき

令和５年10月からインボイス制度が実施され、令和６年１月からは、電子帳簿等保存制度の電子取引データの書面出力による保存が認められなくなります。

インボイスを電子で授受すれば電子帳簿保存法の保存要件に従った保存が求められるようになります。

また、全ての事業者を対象とする電子取引データ保存制度は、各事業者の実情に応じて、どのようにして保存要件に従った保存を行うかを決めて、保存しておかなければなりません。

今や、わが国における社会全体のデジタル化が急務であり、思い切ったデジタル化を進めなければ、諸外国の中でも埋没してしまうことになります。

国税庁では、令和５年６月23日に「税務行政のデジタル・トランスフォーメーション－税務行政の将来像2023－」を公表しました。今回、新たに「事業者のデジタル化促進」を柱に加え、税務手続の電子化を進める上でもその基盤を成す重要な制度として電子帳簿等保存制度を位置付け、経理のデジタル化を通じた生産性の向上等につながるものとしています。さらに、優良な電子帳簿の普及・一般化をはじめ、電子帳簿等保存制度の利用促進・定着を推進することとしています。

このように、社会全体のデジタル化を進める上で、電子帳簿等保存制度はその基盤を成す制度として今後大きな役割を果たしていくことが期待されています。

電子取引データ保存の義務化への対応はもちろんですが、今後は、この制度を如何に活用して、各事業者の業務のデジタル化を進めていくかが、事業者が成長、発展していく上でも重要なカギになります。したがって、本制度をしっかり押さえておくことが必要です。

電子帳簿等保存制度は、令和４年度税制改正で電子取引データ保存制度について宥恕措置が設けられ、２年間は紙での保存を事実上延長する措置が講じられました。

さらに令和５年度税制改正では、電子取引データ保存制度に新たな猶予措置を設ける他、検索要件の見直し、優良な電子帳簿の対象帳簿の見直し、スキャナ保存制度の保存要件の見直しなどの改正が行われ、改正された省令や告示に基づいて、電子帳簿保存法取扱通達、各電子帳簿保存法一問一答が改訂されました。

本書は、令和４年11月に刊行した「もっとよくわかる 電子帳簿保存法がこう変わる！」にそれらの内容を織り込んで大幅に改訂し、改題したものです。

改正後の新たな電子帳簿等保存制度について、最新の情報を基に制度内容を詳細に説明し、令和６年１月１日からの施行を直前に控え、実務で注意すべき項目をQ&A形式で解説するとともに、今後どのような対応が必要かを述べています。また、税務行政がデジタル化によってどのように変わろうとしているのか、今後実務に影響があると考えられる電子インボイスについても併せて取り上げています。

本書が、電子取引に係るデータ保存が義務化されることへの対応や、新たに優良な電子帳簿やスキャナ保存の導入を検討されている法人企業の経理業務に携わる方々はもとより、個人事業者の方々及びそれらの顧問税理士の方々においても、本制度の理解の一助となれば幸いです。

なお、本稿の意見に関する部分は、筆者の個人的な見解であることをあらかじめお断りします。文中の下線は筆者によります。

最後に、本書の出版に当たっては、株式会社税務研究会の桑原妙枝子様に多大なるご尽力をいただいたことにより、分かり易い内容となったことに深く感謝申し上げます。

令和５年９月

税理士　**松崎　啓介**

目　次

第１章　電子帳簿保存法の概要と改正の流れ

1　デジタル・トランスフォーメーションへの取組 …… 2
2　国税庁の「税務行政のデジタル・トランスフォーメーション－税務行政の将来像 2023 －」について …… 2
3　電子帳簿等保存制度に関する令和４年11月の税制調査会での議論 …… 3
4　電子帳簿等保存制度に関する令和５年６月の税制調査会答申 …… 6
5　令和５事務年度の「国税庁実績評価の事前分析表」に掲げられた今後の取組み …… 9
6　令和３年度税制改正の基となった税制調査会での議論 …… 11
7　与党大綱における電子帳簿等保存制度の見直しの考え方 …… 16
8　電子帳簿保存法の令和３年度税制改正の内容 …… 20
9　電子帳簿等保存制度の抜本的な見直しにより考えられる実務への影響 …… 26
10　電子帳簿保存法の今後の検討事項 …… 30
11　「今後の検討事項」を受けた税制調査会（納税環境整備に関する専門家会合）での議論 …… 31

第２章　電子帳簿保存法のキホン

Ⅰ　国税関係帳簿書類（電子帳簿保存法の対象） —— 42
1　国税関係帳簿の電磁的記録による保存制度 …… 43
⑴　最低限の要件を満たす電子帳簿　44
⑵　優良な電子帳簿　44
2　国税関係書類の電磁的記録による保存制度 …… 45
3　スキャナ保存制度 …… 46
4　電子取引の取引情報に係る電磁的記録の保存制度 …… 46

Ⅱ　電子帳簿保存法創設の考え方及びその後の改正 —— 49
1　電子帳簿等保存制度創設の考え方（平成10年度税制改正） …… 49
2　スキャナ保存制度創設の考え方（平成16年度税制改正） …… 51

3 平成27年度以降の改正 …… 52
i 平成27年度税制改正 52
ii 平成28年度税制改正 54
iii 令和元年度税制改正 55
iv 令和2年度税制改正 56
v 令和3年度税制改正 56
vi 令和4年度税制改正 56
vii 令和5年度税制改正 58

III 電子帳簿等保存制度の対象となる帳簿書類 ―― 60
1 国税関係帳簿書類の電磁的記録による保存制度の対象となる帳簿書類 …… 60
(1) 「最低限の要件を満たす電子帳簿」の保存対象帳簿 60
（参考）帳簿書類の保存の単位 61
(2) 「優良な電子帳簿」の保存対象帳簿 63
2 スキャナ保存制度の対象となる書類 …… 68
3 電子取引の取引情報に係る電磁的記録の保存制度の対象となる情報の範囲 …… 70

IV 電子帳簿保存法の各保存制度の保存要件 ―― 78
1 令和3年度税制改正での改正項目の概要 …… 78
(1) 事前承認制度の廃止 78
(2) 電子帳簿保存の対象となる国税関係帳簿の範囲の見直し 79
(3) 「最低限の要件を満たす電子帳簿」の創設 79
(4) ダウンロードの求めに応じること 80
(5) 優良な電子帳簿の場合のダウンロードの求め 81
2 国税関係帳簿の電磁的記録による保存の要件 …… 82
（参考）所得税の青色申告特別控除について 85
i 「最低限の要件を満たす電子帳簿」の保存要件 86
(1) 電子計算機処理システムの開発関係書類等の備付け 86
(2) 見読可能装置の備付け等 89
(3) 税務調査でのダウンロードの求め 91
ii 「優良な電子帳簿」の保存要件 96
(1) 電磁的記録の訂正・削除・追加の履歴の確保 97
(2) 各帳簿間での記録事項の相互関連性の確保 101

(3)　検索機能の確保　102
3　国税関係書類の電磁的記録による保存の要件 …… 104
(1)　電子計算機処理システムの開発関係書類等の備付け　105
(2)　見読可能装置の備付け等　106
(3)　税務調査でのダウンロードの求め　106
4　国税関係書類のスキャナ保存制度の保存要件 …… 106
(1)　入力期間の制限　111
(2)　一定水準以上の解像度及びカラー画像による読み取り　112
(3)　タイムスタンプの付与　112
(4)　読み取った解像度等及び大きさ情報の保存　119
(5)　ヴァージョン管理　121
(6)　入力者等情報の確認　123
(7)　スキャン文書と帳簿との相互関連性の保持　123
(8)　見読可能装置の備付け　125
(9)　システムの開発関係書類等の備付け　127
(10)　検索機能の確保　129
(11)　一般書類に係るスキャナ保存制度の適時入力方式　133
（参考）適正事務処理要件の廃止について　138
5　電子取引の取引情報に係る電磁的記録の保存制度の保存要件 … 141
i　令和３年度改正　141
ii　令和４年度改正　144
iii　令和５年度改正　146
iv　保存要件　149

Ⅴ　他の国税に関する法律の規定の適用 —— 173
1　国税関係帳簿書類に係る電磁的記録等に対する各税法の規定の適用 …… 173
2　電子取引の取引情報に係る電磁的記録等に対する各税法の規定の適用 …… 175
3　災害その他やむを得ない事情に係る宥恕措置の整備 …… 176
(1)　スキャナ保存に係る宥恕規定　176
(2)　電子取引に係る宥恕規定　177
(3)　国税関係帳簿書類の電磁的記録等の扱い　177
(4)「災害その他やむを得ない事情」の意義　178
4「相当の理由」がある場合の猶予措置の創設 …… 178
(1)　令和５年末までの電子取引に係る宥恕措置　178

(2)　令和６年以降の電子取引に係る猶予措置　179
5　青色申告等の承認取消しに関する規定の適用 …… 183
6　民間事業者等が行う書面の保存等における情報通信の技術の利用に関する法律の適用除外 …… 184

VI　優良な電子帳簿に係る過少申告加算税の軽減措置 —— 186
1　制度導入の理由 …… 186
2　軽減措置の概要 …… 186
3　令和５年度税制改正による対象帳簿の見直し …… 188
4　軽減措置の対象となる帳簿 …… 188
(1)　軽減加算税適用届出書　193
(2)　軽減加算税取りやめ届出書　194
(3)　軽減加算税変更届出書　195
(4)　対象となる優良な国税関係帳簿に係る電磁的記録等の備付け等が行われる日　196
(5)　過少申告加算税の軽減措置の適用対象となる本税額　196
（参考）「優良な電子帳簿」の普及のための法人事業概況説明書・会社事業概況書の記載要領の変更　198

VII　スキャナ保存・電子取引のデータ保存制度の重加算税の加重措置 —— 199
1　制度の趣旨 …… 199
2　加重措置の概要 …… 199
(1)　制度の概要　199
(2)　加重措置の対象範囲　200
(3)　消費税の加重措置との重複適用　201
3　加重された重加算税が課される部分の税額の計算として政令で定めるところにより計算した金額 …… 203
4　短期間に繰り返して仮装・隠蔽が行われた場合の加重措置の適用 …… 203
5　電帳令５条による読み替え規定 …… 205
6　電帳規５条６項、７項による読み替え規定 …… 205
（参考）消費税に関する重加算税の加重措置の導入　205

第3章 電子インボイスの導入

Ⅰ 適格請求書等保存方式の概要 ―――― 210

(1) 適格請求書発行事業者の登録 210

(2) 適格請求書の記載項目 210

(参考) 適格簡易請求書の記載項目 211

(3) 適格請求書の交付義務等 211

(4) 仕入税額控除のための要件 212

(5) 免税事業者の扱い 214

① 免税事業者からの仕入に係る仕入税額控除の経過措置 214

② 免税事業者が適格請求書発行事業者になる場合 215

③ 令和5年度改正による小規模事業者に対する納税額の負担軽減措置（いわゆる「2割特例」） 215

④ 令和4年度改正による適格請求書発行事業者の登録手続の柔軟化 216

Ⅱ 適格請求書の電磁的記録による提供 ―――― 217

(参考) わが国税制の現状と課題―令和時代の構造変化と税制のあり方― 217

1 電子インボイス提供に関する消費税法の規定（交付義務・保存要件）…… 218

(1) インボイスの交付義務 218

(2) 電子インボイスの提供容認 218

(参考) 電子インボイスの提供に関する改正の変遷 219

(3) 電子インボイスの保存期間 220

(4) 電子インボイスの保存要件 220

2 提供を受けた電子インボイスの保存に関する消費税法の規定 …… 221

(1) 電子インボイスの仕入税額控除要件 221

(2) 電子インボイスの保存期間 222

(3) 電子インボイスの保存要件 222

Ⅲ Peppol（ペポル）を利用した電子インボイスの授受 ―――― 229

1 Peppol（ペポル）とは …… 229

2 Peppol（ペポル）でのデジタルインボイスのやり取りの仕組み …… 229

3 デジタルインボイスの利活用 …… 230

第４章　DX 化関連の税務等

1　電子データを活用した税務調査・電子データの税務行政の扱い ………… 232
(1)　環境の変化　232
(2)　税務を起点とした社会全体の DX の推進　235
(3)　課税・徴収事務の効率化・高度化等（AI・データ分析の活用）　235
(4)　課税・徴収事務の効率化・高度化等（オンラインツール等の活用）　237
(5)　事業者の業務のデジタル化　238
(6)　システムの高度化　239
(7)　データ活用推進のための人材確保、人材育成　239
(8)　電子帳簿等保存制度　240
(9)　電磁的記録で保存した帳簿書類と質問検査権の関係　240
(10)　電子メールの保存義務対象と税務調査の対象となる電子メール　241
2　電子的に作成された文書の印紙税の扱い ………… 244
（参考）印紙税に関する質問主意書に対する答弁書　244
（参考）請負契約に係る注文請書を電磁的記録に変換して電子メールで送信した場合の印紙税の課税関係について　245

巻末資料

1　電子帳簿保存法 ………… 248
2　電子帳簿保存法施行規則 ………… 256
3　電子帳簿保存法に関する告示 ………… 273

凡　例

本書で用いる略語は、おおむね以下のとおりです。

電帳法……電子計算機を使用して作成する国税関係帳簿書類の保存方法等の特例に関する法律
電帳令……電子計算機を使用して作成する国税関係帳簿書類の保存方法等の特例に関する法律施行令
電帳規……令和６年１月施行の電子計算機を使用して作成する国税関係帳簿書類の保存方法等の特例に関する法律施行規則
電帳通……令和６年１月施行分の電子帳簿保存法取扱通達
通則法……国税通則法
措　法……租税特別措置法
消　法……消費税法
消　令……消費税法施行令
消　規……消費税法施行規則

(注１)　本書の内容は、令和５年９月30日現在の法令・通達等に基づいています。
(注２)　本文中の下線の一部は筆者が加筆したものです。

第1章

電子帳簿保存法の概要と改正の流れ

1　デジタル・トランスフォーメーションへの取組

今回の新型コロナウイルス感染症への対応では、行政サービスや民間分野のデジタル化の遅れ、バラバラな国と自治体のシステム、マイナンバーカードの普及率の低さなどの様々な問題が浮き彫りになりました。長年先送りにされてきた課題が山積していたことがわかります。こうした結果、デジタル面では他国に比較してわが国は相当遅れており、世界デジタル競争力ランキング2023（スイス国際経営開発研究所）では64カ国中35位と低迷しています。

政府は、行政の縦割りを打破し、これらの課題を根本的に解決してデジタル改革に取り組むため、令和3年9月1日にデジタル庁を発足させました。今後、立場を超えた自由な発想で、スピード感を持ちながら、行政のみならず、わが国を作り変えるくらいの気持ちでデジタル化に取り組んでいくこととしています。

デジタル化は、単にアナログの手続をデジタル化すればよいのではなく（デジタイゼーション）、デジタル技術を用いて製品やサービスの付加価値を高め（デジタライゼーション）、更には、進化したデジタル技術を使って、人々の暮らしを変革し、既存の価値観や枠組みを根底から覆して革新的なイノベーションをもたらす、社会全体のデジタル・トランスフォーメーションを強力に推進させる必要があります。

税務行政についても、デジタルの活用により、行政サービスや業務の在り方を抜本的に見直すデジタル・トランスフォーメーションへの取組が強く求められています。

2　国税庁の「税務行政のデジタル・トランスフォーメーション－税務行政の将来像2023－」について

デジタルの活用によりサービスや仕事の在り方を変革する、デジタル・トランスフォーメーションを推進する動きが社会全体で広まる中、行政のデジタル・トランスフォーメーションについても、その必要性が、令和2年12月に閣議決定された「デジタル社会の実現に向けた改革の基本方針」において示され、令和3年9月に設置されたデジタル庁が、デジタル社会形成の司令塔として、未来志向のDXを大胆に推進しているところです。

そのような中、令和3年6月11日、国税庁から、「税務行政のデジタル・トランスフォーメーション－税務行政の将来像2.0－」が公表され、「デジタルを活用した、国税に関する手続や業務の在り方の抜本的な見直し」（税務行政のデジタル・トランスフォーメーション）に取り組んでいく方針が明確にされました。

この将来像2.0では、「納税者の利便性の向上」と「課税・徴収事務の効率化・高度化等」というこれまで掲げてきた二本の柱を維持しつつ、「デジタルを活用した、国税に関する手続や業務の在り方の抜本的な見直し」（税務行政のデジタル・トランスフォーメーション（DX））に取り組んでいく方針が明確にされました。

さらに、令和5年6月23日には、将来像2.0が改定された「税務行政の将来像－2023－」が公表されました。この将来像2023では、従来の二本の柱に「事業者のデジタル化促進」という三本目の柱が加えられ、電子帳簿保存法やデジタルインボイスも活用した会計・経理全体のデジタル化を強力に推進することに取り組むこととされています。

3　電子帳簿等保存制度に関する令和4年11月の税制調査会での議論

「納税環境整備に関する専門家会合の議論の報告」として、令和4年11月8日の政府税制調査会に提出された資料では、「記帳水準向上・適正申告を図るための今後の議論の方向性（デジタル化等を踏まえた今後の対応）」について、次のとおり述べられています。

優良な電子帳簿の普及・一般化

正確な記録及びトレーサビリティが確保された会計帳簿の保存は、会計監査や税務調査における事後検証可能性の観点に加え、内部統制や対外的な信頼性確保の観点からも重要である。こうした重要性に鑑みて、既存のインセンティブ措置に加えて、融資審査等における帳簿の活用範囲の拡大や税務調査における更なるデジタル技術の活用などを通じて、納税者における優良な電子帳簿の利用を促していくべきである。

あわせて、必要な機能を充足した会計ソフトの低価格化の見通しなどをはじめ、納税者において優良な電子帳簿の保存に対応するためのコストや事務負担の低減可能性について、関係者との意見交換等を通じた見極めを行いつつ、優良な電子帳簿の普及・一般化に向けた措置の検討を行う。その一環として、既に複式簿記が普及している法人については、税務上の更なる透明性確保と税制上の恩典適用とのバランスも含めて議論を進めていく。

このように、優良な電子帳簿については、税務調査の際に事後検証が可能であることに加え、会計監査の際にも有効であり、コンプライアンスの徹底の面からみても、企業内での法令遵守の検証が可能な内部統制の効いたコーポレートガバナンスが可能となり、取引金融機関や利害関係者等の外部の目からみた信頼性の確保を果たすことも可能となります。

この優良な電子帳簿を普及していくためには、もちろん、その機能を果たす会計ソフトの導入が必要ですが、その導入コストや効率化による事務負担軽減がどの程度となるか、関係者と意見交換等を通じながら、必要な措置の検討を行うこととしています。

また、「納税環境整備に関する専門家会合における主な意見」としては、次の意見が掲げられています。

1. 納税者が保有する税務関連情報のデジタル化
（電子帳簿保存法）
【優良な電子帳簿】
・優良な電子帳簿に係る過少申告加算税の軽減措置の対象帳簿について、必要とされる範囲の外縁を明確化するなど、インセンティブ措置が利用しやすいようにすべき。
・優良な電子帳簿の普及を通じて、税務手続上、イメージデータで提出している書類を、電子的なCSVファイルという形で提出される方向に取り組んでいくことが望まれるところであり、税目ごとに取扱いが違うということにならないようにすべき。
・優良な電子帳簿のトレーサビリティの要件について、仕訳帳・総勘定元帳で十分ではないか。
【スキャナ保存】
・請求書等を保存する方法としてスキャナ保存制度がある中で、制度の利用に当たっては、タイムスタンプの付与機能を有するようなスキャナ等を買えばいいという話だが、小規模な事業者の6割近くがコンピューターではなく、手書きで計算をしているので、そもそもスキャナ複合機の購入まで行かないことから、制度の活用が難しいところはある。
・スキャナ保存について、利便性向上のため、さらなる簡素化を行うべき。
【電子取引】
・電子取引の取引情報に係るデータの保存について、宥恕措置により適用が延長されたが、企業の対応状況を踏まえつつ、必要に応じ、さらなる緩和措置を取るべきであり、中小事業者がどういう準備をすればよいか、制度周知に努めるべき。

これらの意見に基づいて、令和5年度税制改正では、優良な電子帳簿、スキャナ保存及び電子取引について改正が行われています。

現在の記帳を巡る環境変化

- 近年、デジタル化が進む中、クラウド会計ソフトの発達により、手間と費用をかけずに簡単に記帳できる環境が整ってきている。
- クラウド会計ソフトは会計知識や経理業務に精通していなくても、青色申告（正規簿記）に対応可能となっている。

（参考）新経済連盟　御説明資料（抜粋）（税制調査会　第1回納税環境整備に関する専門家会合（令和2年10月7日））

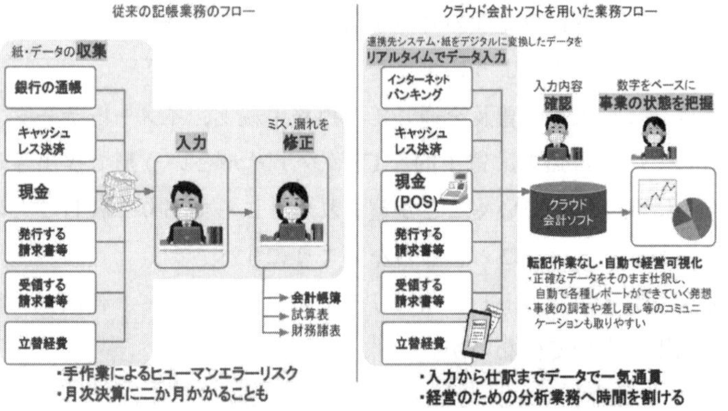

出典：内閣府　第22回税制調査会（令和4年11月8日）資料

4　電子帳簿等保存制度に関する令和5年6月の税制調査会答申

令和5年6月30日には、税制全般を再点検し、様々な社会的課題を包括的に整理することでまとめられた「わが国税制の現状と課題 ―令和時代の構造変化と税制のあり方―」（答申）が税制調査会から総理大臣に提出されました。

ここでは、電子帳簿の関係で次のとおり述べられています。（下線は筆者）

第2部 個別税目の現状と課題

VI. 納税環境の整備

2. 税務手続のデジタル化の推進と記帳水準の向上

(1) 納税者が保有する税務関連情報のデジタル化と記帳水準の向上

（近年の歩み）

納税者が日々の取引の中で保有する税務関連情報のデジタル化を促進する観点からは、平成30年度税制改正において、電子帳簿保存又はe-Taxによる電子申告の要件を満たした場合は、65万円の青色申告特別控除の適用を受けることができる措置が講じられました。

また、納税者の利便性向上を図りつつ適正な申告を実現するためには、国税関係帳簿書類のデジタル化やその適正性の確保を図るだけでなく、記帳水準の向上が不可欠です。そのため、電子帳簿等保存制度については、経理のデジタル化による生産性の向上やテレワークの推進に加え、クラウド会計ソフト等の活用による記帳水準の向上に資するため、令和3年度税制改正において、国税関係帳簿書類を電子的に保存する際の手続が抜本的に緩和されました。その際、電子帳簿の利用の裾野拡大を図るため、正規の簿記の原則に従うなどの一定の要件を満たせば、電子帳簿として電子データのまま保存することを可能とする一方、トレーサビリティが確保されるなど事後検証可能性の高い電子帳簿は優良な電子帳簿と位置付けられ、過少申告加算税の軽減措置が講じられました。

さらに、令和4年度税制改正において、記帳義務の適正な履行を担保し、帳簿の不保存や記載不備を未然に抑止するため、過少申告加算税等の加重措置が整備されました。また、簿外経費については裁判例において納税者に立証責任があると解される場合が多いことを踏まえ、納税者が事実の仮装・隠蔽がある年分・事業年度又は無申告の年分・事業年度において主張する簿外経費の存在が帳簿書類等から明らかでなく、税務当局による反面調査等によってもその簿外経費の基因となる取引が行われたと認められない場合には、その簿外経費は必要経費・損金に算入しないこととする措置が講じられました。

（今後の課題）

現状、事業者におけるバックオフィス業務のデジタル化に関する対応状況は様々であり、例えば、売上高1,000万円以下の小規模な事業者においては、日々の取引（売上・仕入）の集計や記帳が手書きで行われている事業者が約半数を占めているとの調査があり、納税者が保有する税務関連情報のデジタル化を一層促進する必要があります。

このため、税務上の透明性確保と恩典適用のバランスを含め、e-Tax普及状況も踏まえた青色申告制度の見直しを含む個人事業者の記帳水準の向上や、優良な電子帳簿の普及・一般化のための措置などについて検討することが必要です。

(3) 税務行政におけるデジタル化の推進

税務当局においては、事務処理のデジタル化を進めることにより行政コストを軽減しつつ、AIの活用などを含むデータ分析等に基づく効率的・効果的な課税・徴収を実施するなど、税務行政のデジタル化をより一層進めることが重要です。このための税務当局の業務システムなどのインフラ面の整備や、デジタルリテラシーの高い職員の採用や育成などが必要であると考えられます。

また、税務手続のデジタル化の推進に当たっては、デジタルに不慣れな納税者も含めあらゆる納税者に対して効率的で使い勝手の良いサービスや必要なサポートを提供するなど包摂的な税務行政の運営が重要であると考えられます。

このように、今後の課題として、小規模事業者も含めて記帳水準の向上を図る等のため、優良な電子帳簿の普及・一般化のための措置を検討することが明記されています。

また、電子帳簿・書類の保存要件として、帳簿や書類データのダウンロードの求めに応じることが定められたことから、税務当局の事務処理のデジタル化を進めることにより、AIを活用したデータ分析にダウンロードしたデータも活用し、より効果的・効率的な調査選定に役立てることなどが考えられます。税務行政のデジタル化は今後もより一層進められることが予想されます。

一方で、デジタルに不慣れな納税者も相当数いることから、あらゆる納税者に必要なサポート提供ができる体制が望まれるところです。

5 令和５事務年度の「国税庁実績評価の事前分析表」に掲げられた今後の取組み

令和５年６月30日に公表された「国税庁実績評価の事前分析表」では、税務行政のデジタル・トランスフォーメーションの目標の考え方について次のように述べています。

経済社会の変化に柔軟に対応し、納税者の利便性の向上と課税・徴収の効率化・高度化を推進する観点から、デジタル技術を活用し、税務に関する手続や業務の在り方の見直し（税務行政のデジタル・トランスフォーメーション）に取り組むとしています。

また、政府全体の方針に従い、デジタルファースト等の基本原則を推進しつつ、オンラインによる申告や納付の割合を向上させるとともに、従来の慣行にとらわれることなく、業務の在り方や働き方の見直しを行うとしています。

さらに税務行政のデジタル・トランスフォーメーションの内容については次のように述べています。

「デジタル社会の実現に向けた改革の基本方針」（令和２年12月25日閣議決定）においては、デジタル改革が目指すデジタル社会のビジョンとして、「デジタルの活用により、一人ひとりのニーズに合ったサービスを選ぶことができ、多様な幸せが実現できる社会」が掲げられています。また、「社会全体のデジタル化を進めるためには、まずは国・地方の『行政』が、自らが担う行政サービスにおいて、デジタル技術やデータを活用して、ユーザー視点に立って新たな価値を創出するデジタル・トランスフォーメーションを実現し、『あらゆる手続が役所に行かずにできる』、『必要な給付が迅速に行われる』といった手続面はもちろん、規制や補助金等においてもデータを駆使してニーズに即したプッシュ型のサービスを実現するなど、ユーザー視点の改革を進めていくことが必要である」との方針も示されています。

> （中略）
> 令和４年７月には、新たに税務行政のDXに係る司令塔として、国税庁に「デジタル化・業務改革室」及び「データ活用推進室」を設置したほか、デジタル化の流れを更に加速する観点から、将来像2.0の改定・公表に向けて準備を進めているところであり、国税庁全体のDX施策を更に推進してまいります。また併せて、社会全体のDX推進にも貢献すべく、関係省庁や関係民間団体、経済団体等とも連携して事業者の業務のデジタル化促進に取り組みます。

また、「データ活用等による税務執行の効率化・高度化」施策の取組内容については、次のように述べています。（下線は筆者）

> 課税・徴収をはじめとした税務執行の効率化・高度化を図るため、データを活用した取組を推進します。
> 具体的には、国税組織内・外における多様かつ膨大な情報の中から必要なデータを抽出・加工・分析等することにより、申告漏れリスクの高い納税者の特定や滞納者への効率的な接触を図ります。併せて、データを活用した事務運営を実践するため、職員のスキルを向上させる研修体系の整備に取り組みます。
> また、国税組織内の共有フォルダへのアクセスや電子メールの送受信ができるモバイル端末を配備し、効果的な活用を推進することにより、調査・徴収事務の効率化・高度化及びテレワーク・サテライトオフィス勤務などの職員のワークライフバランスの向上に取り組むほか、税務調査の効率化を進める観点から、Web会議システム等を利用したリモート調査を引き続き実施します。

として、令和５事務年度の施策の目標として、次の事項を掲げています。

> 課税においては、調査必要度が高い納税者に対して重点的に事務量を投下するため、国税組織内・外における多様かつ膨大なデータ及びAI等を活用し、申告漏れリスクの高い者を的確かつ効率的に抽出す

るなど、調査の効率化・高度化に努めます。（中略）
　併せて、統計学やAIを活用したデータ分析の実践と業務への活用を推進するため、データリテラシーのレベルに応じた研修体系を整備するほか、ICTに関する素養を備えた人材を採用するなど、人材の育成等に取り組みます。

6　令和３年度税制改正の基となった税制調査会での議論

　令和２年８月５日の税制調査会総会では、以下のような議論がありました。

・デジタル化を徹底的に進めていくことが必要。
・電子帳簿保存法の要件緩和を積極的に進めていくべき。
・新しい生活様式の下、テレワークなどの取組が進んでいる。出社しなくても業務を完結できるようにするため、書面、押印、対面原則の見直しを抜本的に進めていくことが必要。

　これらの議論を踏まえ、ウィズコロナ時代における税務手続の電子化や、グローバル化・デジタル化の進む経済社会における適正課税のあり方について、今後の総会における議論の素材を整理するため、納税環境整備に関する専門家会合が設置されました。

　専門家会合では以下の日程で議論がなされました。
第１回（10月７日）
○　民間ヒアリング
　①　事業者における記帳の実態（日本商工会議所）
　②　事業者のバックオフィスのデジタル化の状況（新経済連盟）

第２回（10月16日）

○　税務手続の電子化の現状

①　e-Tax 利用状況、電子帳簿等保存制度の利用状況

②　電子申告及び電子帳簿等保存制度の更なる利用拡大に向けた課題

○　事業者の適正申告の確保、記帳水準の向上について

①　現在の記帳・帳簿等の制度、事業者の申告状況

②　適正申告の確保や記帳水準の向上に向けた課題

第３回（10月21日）

○　税務上の書面、押印、対面原則の見直しについて

○　課税実務を巡る環境変化への対応

・グローバル化・デジタル化を巡る執行上の課題

第４回（11月10日）

○　納税環境整備に関する専門家会合の議論の報告

このうち、第２回において提示された電子帳簿保存法関係の論点として以下の事項が示されました。

・電子帳簿等保存制度の利用件数は堅調に増加しているが、伸びしろは依然大きい。大企業では多く利用されているが、中小企業・個人事業者の利用は低調。その一方で、実態としては中小事業者（個人を含む）でも電子的に帳簿作成している者が相当程度の割合存在しているほか、雇用的自営と呼ばれる事業者も増加傾向。

・生産性向上や正確性の観点からは電子的な領収書等の授受が望ましいが、紙の領収書等を授受する商慣行が存在することを前提に、スキャナ保存制度の要件緩和・対象拡大を行ってきている。

そして、今後の主な論点として、「国税における税務手続の電子化」については、以下の事項が示されました。

・<u>中小法人</u>における電子申告の更なる利用率向上のため、<u>高い税理士</u>

関与割合を踏まえ、税理士会とより一層の連携を図るなど、より効率的かつ効果的な利用促進策が必要ではないか。
・①記帳水準の向上を図る観点から、電帳法の要件を満たす信頼性の高い記帳を推進していく一方で、②中小事業者への電子的な帳簿作成の広がりやギグワーカー等の増加に鑑みて、低コストの電子記帳の利用可能性（法的安定性の付与）を考える必要はないか。
・紙の領収書等を授受する商慣行が存在することを前提に、スキャナ保存制度における信頼性確保のための要件については、紙原本によるチェックを極力縮小していきつつ、代替となる改ざん抑止措置を検討すべきではないか。

また、「事業者の適正申告の確保、記帳水準の向上」については、以下の事項が示されました。

・個人事業者全体の記帳水準について、ＩＣＴ等の活用を通じて、どのように底上げを図るか。そのための環境整備をどのように図るか。
・特に、現在、低い記帳水準（白色申告、簡易簿記・現金主義）にとどまっている個人事業者を、どのように上位の記帳水準（正規簿記）へと促すか。
・中長期的な記帳・帳簿書類保存制度のあり方

「専門家会合でいただいた主なご意見」の中で、国税における税務手続の電子化等について、次のような意見が示されました。

【税務手続の電子化】
・デジタルトランスフォーメーションを通じて、多様性に柔軟な対応ができるというのが、デジタル化のメリット。紙の在り方とデジタル化、電子化の手続のメリットを上手に説明しながら、そちらに移行していくことを柔軟に考えていく必要。
・年末調整、確定申告、納税電子化がどこまで徹底されているのか。

それがいつまでにどういう姿になるのかを明らかにしていく必要。
・官民を含む多様な当事者がマイナポータル等も通じてデータをデータのまま活用・やり取りする仕組みは、納税者利便にも資するため徹底していくことが重要。
・マイナポータルを使う前提としては、その利便性向上やマイナンバーカードの普及拡大が必須。
・税務情報のデータ化に際しては、どの機関（部局）がどのように管理するかを明確にし、説明していくことが重要。他の行政目的における税務データの利用を検討するのであれば、その目的外利用できる範囲を法定することが必要。

【電子帳簿等保存制度の利用状況】

（帳簿書類関係）

・国税関係帳簿書類の保存を電子的に行う場合、検索要件をはじめ保存の要件が非常に厳格になるため、実務上は紙で保存せざるを得ない状況になっているケースがある。
・承認制度については、確かに事前手続として届出制に比べれば負担ではないかという議論はあり得るが、信頼性の高い、改ざんができないようなものを申告する側で使っているのであれば、そこはより簡易化するという形で、バランスを取ることはできるのではないか。

（領収書等のスキャナ保存関係）

・スキャナ保存については、相互牽制や定期検査といった適正事務処理要件、タイムスタンプなどの要件から、社内整備等のソフト面、機器などのハード面の双方で、ハードルが高い状況にある。
・取引先から受領する書類のスキャナ保存については、これまでも、要件の緩和の方向に向かっているが、さらに納税者から見た利便性を考えていく必要。
・電子保存ができる会社にとっては、紙保存がある種ペナルティーになっている。何度か税務調査を行ってみて、申告納税について適切な改善をしたと認められる会社に対しては、紙保存はしなくて良いということを恩典として与えることも、一つの策。

・実際に何かが改ざんされるといっても、全体の取引の合理性や現金の動きなどに照らせば不正は把握できることもあり、どの程度まで要件緩和を許容できるのかを検討してほしい。ある程度整理した上で、それでも改ざんや捏造は出てくるため、それに対するペナルティーの議論をすべきではないか。

・改ざんや捏造の抑止と要件緩和のバランスが重要。中期的には、現在の税額ベースの重加算税よりも実効的な租税制裁の在り方について検討する必要があるのではないか。

・請求書、領収書だけではなく、税務の中には必要とされる書類が数多くある。例えば契約書関係、見積書、給与の台帳など。原則紙ベースであるこれらの書類の電子的な保存についても議論をしていくべき。

（電子取引関係）

・取引相手から請求書・領収書等がデジタルデータで送られ、それをデータのまま保存できることが納税者の利便になり、税務手続の電子化を進めるうえでも重要。

（事業者の適正申告の確保、記帳水準の向上関係）

・このたびのコロナ禍で、持続化給付金や、家賃支援給付金など、各種の給付金の支給があったが、記帳を正確にしているか、会計状況をいかに的確に示しているかが問題となった。例えば売上が去年より５割下がった実態をきちんと証明できるような帳簿組織になっているかが重要。

・個人事業者についても、クラウド会計ソフトの発達で、比較的簡単に記帳できる環境は整っているということだから、もはや記帳が手間だということを言い訳には出来ない状況に来ているのではないか。

・制度面で一定の移行期間は必要ではあると思うが、正規簿記による青色申告に個人事業者を相当程度誘導するような制度改正、義務化が必要なのではないか。

> ・記帳水準の向上の取組とともに、例えば、必要経費について、概算の必要経費水準を決めて、それを超える必要経費については、帳簿によって証明するという形の実体法の切り込みも行っていくべきではないか。
>
> ・法人の99％以上が青色申告をしている段階で、例えば租税特別措置法の優遇の要件が青色申告にとどまるというのは、恐らく現状に合っていない。電子化などを租税特別措置の要件とするという背中の押し方も考えてよいだろう。
>
> ・記帳水準の向上は、事業者の適正申告の確保に向けた中長期的な課題であるが早急かつ着実に取組を進める必要。今後の道行きについてロードマップを作成し計画的に取組を進めていくことが重要であり、政府税制調査会でも引き続き議論していくべきではないか。

以上、専門家会合において、様々な意見が出され、令和2年11月13日に税制調査会に報告されました。

この議論を基に、電子帳簿保存法の見直し案が与党税制調査会で議論され、令和2年12月10日、自由民主党、公明党により「令和3年度税制改正大綱」（以下「与党大綱」といいます。）が決定され、12月21日に政府の「令和3年度税制改正の大綱」が閣議決定されました。以下、この与党大綱等に基づき、令和3年度税制改正の内容を概観したいと思います。

7　与党大綱における電子帳簿等保存制度の見直しの考え方

1　令和3年度与党大綱

令和2年12月10日に自由民主党、公明党により決定された与党大綱に基づいて、令和3年度税制改正の考え方と納税環境のデジタル化の中の電子帳簿等保存制度の見直し等について見ていきたいと思います。

(1) 令和3年度税制改正の基本的考え方

与党大綱の「令和３年度税制改正の基本的考え方」において、DXへの取組の考え方が示されています。これによれば、「今回の感染症では、わが国における行政サービスや民間分野のデジタル化の遅れなど、様々な課題が浮き彫りになった。菅内閣においては、各省庁や自治体の縦割りを打破し、行政のデジタル化を進め、今後５年で自治体のシステムの統一・標準化を行うこととしており、こうした改革にあわせ、税制においても、国民の利便性や生産性向上の観点から、わが国社会のデジタルトランスフォーメーション（DX）の取組みを強力に推進することとする。」としています。また、「昨今のクラウド会計ソフトの普及等も踏まえた、適正な記帳の確保に向けた方策を検討していく。」としています。このように国民の利便性を高め、生産性を向上させるためのデジタルトランスフォーメーションにどのように取り組んでいくかが大きな課題となっていました。

(2) 電子帳簿等保存制度の見直しの考え方

また、納税環境のデジタル化の中で、電子帳簿等保存制度の見直しの考え方については、「経済社会のデジタル化を踏まえ、経理の電子化による生産性の向上、テレワークの推進、クラウド会計ソフト等の活用による記帳水準の向上に資するため、国税関係帳簿書類を電子的に保存する際の手続きを抜本的に見直す。」としています。これまで使い勝手を良くするため累次の改正を行ってきましたが、まだまだ伸びしろは大きく、広く利用されるような制度までには至っていませんでした。令和３年度税制改正は、そういう意味で制度創設以来の抜本的な見直しといえます。

(3) 電子帳簿等保存制度の見直しの具体的な内容

具体的には、国税関係帳簿書類の保存要件の中で重要な要件であった、事前承認制度を廃止するほか、改正前の厳格な要件を充足する事後検証可能性の高い電子帳簿については、引き続き、信頼性確保の観点から優良な電子帳簿としてその普及を促進するための措置が講じられました。一方で、その他の電子的な帳簿についても、正規の簿記の原則に従うなど一定の要件を満たす場合には電子帳簿として電子データのまま保存することを当面可能とすることにより、広く電子帳簿等保存制度が利用されるよう、保存義務者の実情に応じて選択できる段階的な保存制度とされました。事前承認制の廃止は、電子帳簿等保存制度の根幹に関わる制度の見直しであり、誰もが利用しやすい制度を設けることで、制度を利用するハードルが大きく下がることになりました。

また、紙の領収書等の原本に代えてスキャナ画像を保存することができる制度（スキャナ保存制度）については、ペーパーレス化を一層促進する観点から、手続・要件を大幅に緩和するとともに、電子データの改ざん等の不正行為を抑止するための担保措置が講じられました。

地方税においては、地方たばこ税及び軽油引取税に係る書類等の電子的保存を可能とするとともに、地方税関係帳簿書類の電子的保存の要件等について、国税と同様、所要の措置が講じられました。

(4) 地方税務手続のデジタル化の推進

感染症の拡大を踏まえ、従来に増して迅速に地方税務手続のデジタル化を進めていく必要があることから、地方税共通納税システムの対象税目に固定資産税、自動車税種別割等を追加し、これらの納付を電子的に行うことができるよう、所要の措置が講じられました。その後全ての税目に拡大されています。また、給与所得に係る特別徴収税額通知（納税義務者用）について、特別徴収義務者に対して電子的に送付する仕組みが導入されました。

(5) 記帳水準の向上等

今般の感染症の感染拡大においては、中小・小規模事業者への給付金の支給や融資に際し、売上や資産・負債等の状況が適切に記録されていないため申請に手間取るなど、日々の適正な記帳の重要性が改めて浮き彫りになりました。

小規模事業者の半数以上が帳簿を手書きで作成しており、また、個人事業者の場合、正規の簿記の原則に従った記帳を行っている者は約３割にとどまっているのが現状です（29頁参照）。

記帳水準の向上は、適正な税務申告の確保のみならず、経営状態を可視化し、経営の対応力を向上させる上でも重要です。近年、普及しつつあるクラウド会計ソフトを活用することにより、小規模事業者であっても大きな手間や費用をかけずに正規の簿記を行うことが可能な環境が整ってきていることも踏まえ、正規の簿記の普及を含め、個人事業者の記帳水準の向上等に向けた検討を行うこととされています。令和3年度の改正では、正規の簿記の原則に従って記録されている国税関係帳簿に限って、緩やかな保存要件による電子保存が認められました。

2　令和4年度与党大綱

令和4年12月10日に与党より決定された与党大綱では、電子帳簿保存等制度の見直しについて要約すると「令和4年度税制改正の具体的内容」において次のように述べています。

電子取引データ保存制度について、令和4年から令和5年までに行う電子取引につき、やむを得ない事情があり、税務調査の際にその電子データの出力書面を提示・提出できるようにしている場合には、保存要件にかかわらずその電子データを保存することができる、電子保存への円滑な移行のための宥恕措置を講ずることとしています。

また、タイムスタンプの国による認定制度の創設に伴い、スキャナ保存制度、電子取引データ保存制度に関する所要の整備を行うこととしています。

3　令和5年度与党大綱

令和4年12月16日に与党より決定された与党大綱では、電子帳簿保存等制度の見直しについて要約すると「令和5年度税制改正の基本的考え方等」において次のように述べています。

電子取引データ保存制度については、システム対応が間に合わなかったことにつき相当の理由がある事業者等に対する新たな猶予措置を講ずるとともに、他者から受領した電子データと同一性が確保された電子データの保存を推進する観点から、検索機能の確保の要件について緩和措置を講ずるとしています。

スキャナ保存については、制度の利用促進を図る観点から、更なる要件の緩和措置を講ずるとしています。

帳簿書類の電子保存制度については、信頼性の高い電子帳簿への更なる移行を目指す観点から加算税の軽減措置の対象となる優良な電子帳簿の範囲を合理化・明確化することにより、一層の普及・一般化を図ることとしています。

8 電子帳簿保存法の令和３年度税制改正の内容

令和３年度税制改正に関する「所得税法等の一部を改正する法律」が令和３年３月31日に公布されました。

「所得税法等の一部を改正する法律」の第12条において、「電子計算機を使用して作成する国税関係帳簿書類の保存方法等の特例に関する法律の一部改正」が行われました。

この新しい電子帳簿保存法について、制度の骨格となる法律事項に関して、その主な改正内容を具体的に見ていきたいと思います。

改正後の電子計算機を使用して作成する国税関係帳簿書類の保存方法等の特例に関する法律を以下「新法」といい、改正前のものを以下「旧法」といいます。

巻末資料の条文を参照しながらご覧ください。

なお、電子帳簿保存法の保存要件等は、技術的な事柄が多いことから、その多くは財務省令に規定されており、改正の詳細については、「第２章　電子帳簿保存法のキホン」で見ていきたいと思います。

(1) 電子帳簿保存法の改正内容

① 国税関係帳簿の電磁的記録による保存等

新法４条１項では、国税関係帳簿について、納税地の所轄税務署長等の承認を受けた場合には、その承認を受けた国税関係帳簿に係る電磁的記録の備付け及び保存をもって当該承認を受けた国税関係帳簿の備付け及び保存に代えることができるとされていましたが、承認制度が廃止されたことから、自己が最初の記録段階から一貫して電子計算機を使用して作成する場合には、財務省令で定めるところにより、当該国税関係帳簿に係る電磁的記録の備付け及び保存をもって当該国税関係帳簿の備付け及び保存に代えることができると改められました。

また、この国税関係帳簿については、財務省令で定めるものを除くと定義付けしており、その対象から一定の国税関係帳簿を除外することとされます。財務省令において、正規の簿記の原則に従って記録されるものに限定されています。令和３年度改正で初めて対象帳簿が限定されました。

この定義付けは、新法５条の電子計算機出力マイクロフィルムによる保存、新法８条１項の他の国税に関する法律の規定の適用及び同条４項の優良な電子帳簿に関連して過少申告があった場合の過少申告加算税の５%軽減規定にも適用され、同様の国税関係帳簿となります。

②　国税関係書類の電磁的記録による保存

新法４条２項では、国税関係書類について、所轄税務署長等の承認を受けた場合には、その承認を受けた国税関係書類に係る電磁的記録の保存をもって当該承認を受けた国税関係書類の保存に代えることができるとされていましたが、承認制度が廃止されたことから、自己が一貫して電子計算機を使用して作成する場合には、財務省令で定めるところにより、当該国税関係書類に係る電磁的記録の保存をもって当該国税関係書類の保存に代えることができると改められました。

③　国税関係書類のスキャナによる電磁的記録の保存

新法４条３項はスキャナ保存制度についての規定です。こちらも承認制度が廃止されたことから、国税関係書類に記載されている事項を財務省令で定める装置により電磁的記録に記録する場合には、財務省令で定めるところにより、当該国税関係書類に係る電磁的記録の保存をもって当該国税関係書類の保存に代えることができると改められました。

また、同項後段において、スキャナ保存が財務省令で定めるところに従って行われていないときは、その保存義務者は、その電磁的記録を保存すべき期間その他の財務省令で定める要件を満たしてその電磁的記録を保存しなければならないこととされました。ただし、書面でその国税関係書類の保存が行われている場合は、原本が保存されていることから、電磁的記録の保存義務の対象から外しています。

④　電磁的記録による保存等の承認の申請等の廃止

旧法６条から９条までは、令和３年度改正で廃止される承認制度の手続に関する規定ですが、これらの規定は削除され、旧法９条の２以下の規定が、新法では６条以下の規定として条番号が繰り上げられています。

⑤　電子取引の取引情報に係る電磁的記録の保存

新法７条は、電子取引の取引情報に係る電磁的記録の保存についての規定です。旧法10条では、ただし書きとして、財務省令で定めるところにより、当該電磁的記録を出力することにより作成した書面又は電子計算機出力マイクロフィルムを保存する場合は、電子取引の取引情報に係る電磁的記録の保存を要しないとされていましたが、このただし書きが削除されましたので、例外なくその電磁的記録を保存しなければならないこととなりました。

ただし、令和４年１月から２年間は、令和４年度改正で、出力した書面等による保存を事実上延長する措置が講じられ、実質的には令和６年１月１日以後の電子取引から電磁的記録の保存の義務化がスタートします。

Point !	書面等での保存ができなくなるので、この改正による影響は大きいものとなります。

⑥　電子保存された国税関係帳簿書類の他の国税に関する法律の規定の適用

新法８条１項は、他の国税に関する法律の規定の適用についての規定です。保存要件に従って備付け及び保存が行われている国税関係帳簿又は保存が行われている国税関係書類に係る電磁的記録等に対する他の国税に関する法律の規定の適用については、当該電磁的記録等を当該国税関係帳簿又は当該国税関係書類とみなすこととされました。つまり、保存要件に従って備付け、保存が行われていない国税関係帳簿書類については、国税関係帳簿又は国税関係書類とはみなされないので、単なる電磁的記録になるということです。従来は、承認を受けているものについて国税関係帳簿書類とみなされていました。

⑦　電子保存された電子取引の取引情報の他の国税に関する法律の規定の適用

新法８条２項は、新法７条の規定する財務省令で定める保存要件に従って電子取引の取引情報に係る電磁的記録の保存が行われている場合には、これを国税関係書類以外の書類とみなすこととされました。つまり、保存要件に従って保存が行われていない電子取引の取引情報に係る電磁的記録については、国税関係書類以外の書類とはみなされないので、新法８条１項同様、単なる電磁的記録になるということです。従来は、単に旧法10条の規定により保存が行われているものについて国税関係書類以外の書類とみなされていました。

⑧　優良な電子帳簿に係る過少申告加算税の軽減措置

新法８条４項は、優良な電子帳簿について、あらかじめその旨の届出書を提出した一定の国税関係帳簿（青色申告者、消費税事業者の備え付ける帳簿）の保存を行う者については過少申告加算税を５％軽減することを新たに規定したものです。

電子帳簿保存法には、従来政令が制定されていませんでしたが、この新法８条４項、５項及び６項において、政令に委任している条が設けられました。政令では、軽減、加重される加算税の額の計算過程に関する規定が定められたほか、新法８条４項、５項の規定の適用に関し必要な事項が政令で定められています。

新法８条４項の「過少申告加算税の額の計算の基礎となるべき税額」は、その税額の計算の基礎となるべき事実でその修正申告等の基因となる電磁的記録等に記録された事項に係るもの以外の事実があるときは、その電磁的記録等に記録された事項に係るもの以外の事実に基づく税額として政令で定めるところにより計算した金額を控除した税額となります。

⑨　スキャナ保存・電子取引情報保存制度の重加算税の加重措置

新法８条５項は、スキャナ保存・電子取引情報保存制度の適正な保存を担保するための措置として、保存された電子データに関し申告漏れ等により重加算税が課される場合には10％加算することを新たに規定したものです。

(2) 電子帳簿保存法の一部改正に伴う経過措置（令３改正法附則82）

①　国税関係帳簿の電磁的記録による保存等の経過措置

新法４条１項及び５条１項の規定は、令和４年１月１日以後に備付けを開始する新法４条１項に規定する国税関係帳簿（特定国税関係帳簿を除きます。）について適用し、同日前に備付けを開始した国税関係帳簿（特定国税関係帳簿を含みます。）については、なお従前の例によることとされます。

②　国税関係書類の電磁的記録による保存の経過措置

新法４条２項及び５条２項の規定は、令和４年１月１日以後に保存が行われる国税関係書類（特定国税関係書類を除きます。）について適用し、同日前に保存が行われた国税関係書類（特定国税関係書類を含みます。）については、なお従前の例によることとされます。

③　国税関係書類のスキャナによる電磁的記録の保存の経過措置

新法４条３項の規定は、令和４年１月１日以後に保存が行われる同項に規定する国税関係書類（特例特定国税関係書類を除きます。）について適用し、同日前に保存が行われた旧法４条３項に規定する国税関係書類（特例特定国税関係書類を含みます。）については、なお従前の例によることとされます。

④　国税関係帳簿書類の電子計算機出力マイクロフィルムによる保存等の経過措置

新法５条３項の規定は、令和４年１月１日以後に保存が行われる同項の国税関係帳簿又は国税関係書類に係る電磁的記録（特定電磁的記録を除きます。）について適用し、同日前に保存が行われた国税関係帳簿書類に係る電磁的記録（特定電磁的記録を含みます。）については、なお従前の例によることとされます。

⑤　①～④の用語の意義

上記①～④において、次に掲げる用語の意義は、それぞれに次に定めるところによります。

イ　特定国税関係帳簿　令和４年１月１日施行の際現に旧法４条１項又は５条１項のいずれかの承認を受けている国税関係帳簿

ロ　特定国税関係書類　令和４年１月１日施行の際現に旧法４条２項又は

５条２項のいずれかの承認を受けている国税関係書類

ハ　特例特定国税関係書類　令和４年１月１日施行の際現に旧法４条３項の承認を受けている同項に規定する国税関係書類

ニ　特定電磁的記録　令和４年１月１日施行の際現に旧法５条３項の承認を受けている国税関係帳簿書類に係る電磁的記録

⑥　電子取引の取引情報に係る電磁的記録の保存の経過措置

新法７条の規定は、令和４年１月１日以後に行う電子取引の取引情報について適用し、同日前に行った電子取引の取引情報については、なお従前の例によることとされます。

⑦　優良な電子帳簿に係る過少申告加算税の軽減措置の経過措置

新法８条４項の規定は、令和４年１月１日以後に法定申告期限（国税に関する法律の規定によりその法定申告期限とみなされる期限を含み、還付請求申告書については、その申告書を提出した日とされます。以下「法定申告期限」といいます。）が到来する国税について適用されます。

この場合において、旧法４条１項又は５条１項若しくは３項のいずれかの承認を受けている新法８条４項に規定する財務省令で定める国税関係帳簿に係る電磁的記録又は電子計算機出力マイクロフィルムは、同項に規定する財務省令で定める要件を満たして備付け及び保存が行われている同項各号に掲げる国税関係帳簿であって財務省令で定めるものに係る電磁的記録又は電子計算機出力マイクロフィルムとみなされます。

したがって、旧法で承認を受けている国税関係帳簿に係る電磁的記録等も、一定のものについては新法８条４項の規定の適用を受け、過少申告加算税が5%軽減されることになります。

⑧　スキャナ保存・電子取引情報保存制度の重加算税の加重措置の経過措置

新法８条５項の規定は、令和４年１月１日以後に法定申告期限が到来する国税について適用されます。

この法定申告期限は、国税通則法68条３項又は４項（同条３項の重加算税に係る部分に限ります。）の重加算税については法定納期限とし、国税に関する法律の規定によりその法定納期限とみなされる期限を含みます。

この場合において、旧法４条３項のスキャナ保存の承認を受けている同項に規定する国税関係書類に係る電磁的記録は、新法４条３項前段に規定する財務省令で定めるところに従って保存が行われている同項に規定する国税関係書類に係る電磁的記録と、旧法10条の保存義務者により行われた電子取引の取引情報に係る電磁的記録（その保存義務者が同条ただし書の規定により当該電磁的記録を出力することにより作成した書面又は電子計算機出力マイクロフィルムを保存する場合における当該電磁的記録を除きます。）は、新法７条の保存義務者により行われた電子取引の取引情報に係る電磁的記録と、それぞれみなされます。

したがって、旧法でスキャナ保存の承認を受けている国税関係書類に係る電磁的記録や、旧法に基づき施行日前に行われた電子取引の取引情報に係る電磁的記録も、一定のものについては新法８条５項の規定の適用を受け、保存された電子データに関し申告漏れ等により重加算税が課される場合には10%加算されることになります。

9　電子帳簿等保存制度の抜本的な見直しにより考えられる実務への影響

(1) 電子帳簿等保存制度の利用状況と記帳の現状

電子帳簿等保存制度は、大企業では多くの企業で利用されていますが、中小企業や個人事業者ではごくわずかしか利用されていないのが現状でした。

事業者の売上高別にみると1,000万円以下でも約半数近くの者が、電子で帳簿を作成しています。

個人事業者では、正規の簿記の原則に従った記帳を行っている者は約３割にとどまっています。

新型コロナウイルス感染症の感染拡大では、中小・小規模事業者への給付金の支給や融資に際し、売上や資産・負債等の状況が適切に記録されていないため申請に手間取るなど、日々の適正な記帳の重要性を認識させられる経験をしました。

中小・小規模事業者の記帳水準の向上は、与党大綱でも指摘されているとおり、適正な税務申告の確保のみならず、経営状態を可視化し、経営の対応力を向上させる上でも重要であり、さらに、デジタル技術を用いたデジタル・トランスフォーメーションに取り組むことにより、膨大なデジタル情報を組み合わせて新しい価値を創造し、新たなニーズを掘り起こし、ビジネスチャンスに繋げていくことも可能となります。

近年、普及しつつある安価で使い勝手のよいクラウド会計ソフトを活用することにより、小規模事業者であっても大きな手間や費用をかけずに正規の簿記の原則に基づく帳簿書類の作成を電子で行うことが可能な環境が整ってきている現状を踏まえれば、中小・小規模事業者の経理体制に応じた緩やかな保存要件を用意することにより、電子帳簿等保存制度の利用が一気に進むことになると考えられます。

(2) 抜本的な見直しによる実務への影響

入口でのハードルが高かった事前承認制を廃止し、信頼性の高い「優良な電子帳簿」は存置し、さらにインセンティブを設けることで利用を進めるとともに、安価で使い勝手のよいクラウド会計ソフトの活用により、制度利用の進んでいない中小・小規模事業者が利用しやすい環境を整えた「最低限の要件を満たす電子帳簿」を新設して、正規の簿記の原則による記帳を普及し、事業者全体のペーパーレス化を進めるという観点から、令和３年度の改正は大きな意義があると考えられます。クラウド会計ソフト等を活用すれば、「最低限の要件を満たす電子帳簿」の保存要件は決してハードルの高いものではないと思われます。

抜本改正の実務への影響としては、売上高1,000万円以上の事業者は約6割から9割の方が電子で帳簿を作成しているとすれば、まずは「最低限の要件を満たす電子帳簿」の要件により帳簿を電子的に保存できるようになり、わざわざ書面に出力して保存しておく必要もなくなることが挙げられます。併せて書類の保存についても、①自己が一貫して電子で作成した国税関係書類、②取引の相手から受け取った書類や自己で作成して相手方に渡した書類の写しのスキャナ保存についても、タイムスタンプ要件、検索要件の緩和や適正事務処理要件の廃止などにより、保存要件が緩和され、制度利用によりペーパーレス化が進み、ゆくゆくは電子で全ての取引が完結する電子取引の世の中になっていくことが考えられます。この改正が、紙取引と電子取引が混在しない、電子データだけの管理で完結する「デジタルファーストの社会」へとつながって行けば、自ずと革新的なイノベーションがもたらされる可能性も出てくるでしょう。

(3) 適正な保存を担保するための措置

令和３年度の改正では、例えば、スキャナ保存では、紙原本との同一性を確認する相互けん制要件や定期検査要件である適正事務処理要件が廃止され、定期的な検査を待たずに紙原本を廃棄できることとなる等、保存要件が緩和されています。これらは、適正な保存を担保するための措置があるからこそ成り立ちうるものであり、スキャナ保存や電子取引情報保存制度について重加算税の加重措置があることや保存要件を満たさない電子データは国税関係書類や国税関係書類以外の書類と扱わないとされることにより、その電子データが証拠資料としてどのように扱われることになるのか、注視しておく必要があります。

■ 電子帳簿保存承認件数の推移

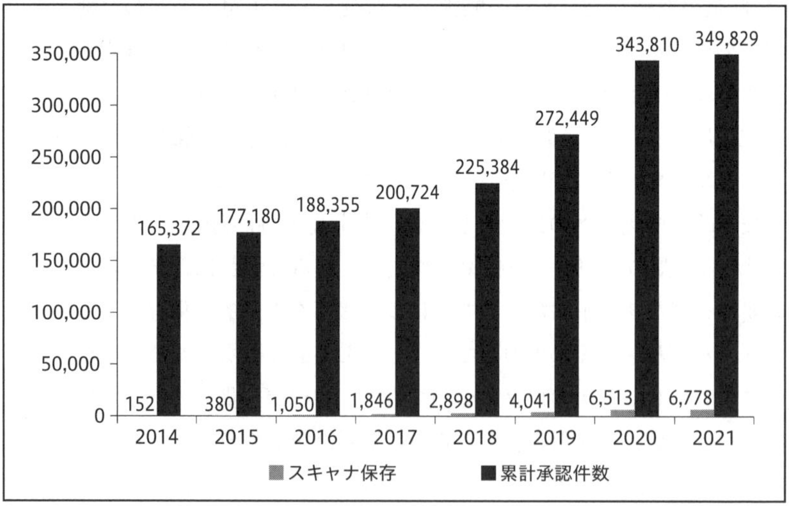

出所：国税庁統計年報により作成

■ 電子帳簿保存制度の利用状況

	納税者数(A)	承認件数(B)(注4)	(B)/(A)
大企業法人(注1)	3.3万社	2.4万件	72.7%
中小企業法人(注2)	309.9万社	14.8万件	4.8%
個人事業者(注3)	525.1万人	6.2万件	1.2%

事業者の売上高	電子で帳簿作成をしている事業者の割合(注5)
1億円超	87.6%
5千万超	71.8%
1千万超	59.4%
1千万以下	48.7%
自営業主に占める「雇用的自営等」の割合(注5)	41.5%

(注1)国税局所管法人（原則として資本金1億円以上の法人及び外国法人等）
(注2)税務署所管法人
(注3)令和元年分所得税確定申告における事業者数及び不動産所得者数
(注4)承認件数は、各事務年度末の累計承認件数。1社で複数件の承認が行われることもあることに留意。
(注5)2020.10.7 税制調査会日本商工会議所資料を基に作成。

出所：令和2年10月16日政府税制調査会資料より作成

■ 個人事業者の申告状況：事業収入別（平成30年分）

・平成30年分の確定申告を行った個人事業者の申告状況は、青色申告6割（正規簿記3割、簡易簿記3割）、白色申告4割となっている。
・事業収入別にみると、個人事業主のうち78.8%が事業収入1,000万円以下の小規模事業者。
　白色申告者の93.3%（全体の37.3%）は小規模事業者。
・事業収入が1億円を超える規模の個人事業者の中にも、白色申告の者が存在する。

事業収入階級	青色申告		白色申告	合計
	正規簿記	簡易簿記(現金主義を含む(注))		
1円～1,000万円	17.3%	24.2%	37.3%	78.8%
1,000万円～5,000万円	10.0%	5.5%	2.5%	18.1%
5,000万円～1億円	1.5%	0.4%	0.1%	2.1%
1億円～	0.8%	0.2%	0.1%	1.1%
合計	29.7%	30.3%	40.0%	100%

(注)　事業収入の金額が1円以上ある者（事業所得以外が主たる所得の者も含む）の申告状況。現金主義の者は全体の0.1%程度。

出所：令和4年10月18日政府税制調査会資料より作成

また令和３年度の改正後は、税務調査において帳簿書類のダウンロードの求めがある場合にはこれに応じることも保存要件とされるので、顧問税理士においても、対応を求められることが予想されます。事前承認制の廃止により、制度の利用開始が容易になることから、利用を開始する場合には、しっかりと保存要件を満たす帳簿書類の保存となっているか確認し、利用開始後も継続的に保存要件を満たしているかについて確認しておく必要があるでしょう。

10　電子帳簿保存法の今後の検討事項

また、令和３年度与党大綱「第三　検討事項　7」に電子帳簿保存法の今後の検討事項が記載されています。

検討事項には、「帳簿等の税務関係書類の電子化を推進しつつ、納税者自らによる記帳が適切に行われる環境を整備することが、申告納税制度の下における適正・公平な課税の実現のみならず、経営状態の可視化による経営力の強化、バックオフィスの生産性の向上のためにも重要であることに鑑み、正規の簿記の原則に従った帳簿の普及、トレーサビリティの確保を含む帳簿の事後検証可能性の確立の観点から、納税者の事務負担やコストにも配慮しつつ、記帳水準の向上、電子帳簿の信頼性の確保に向け優良な電子帳簿の普及を促進するための更なる措置、記帳義務の適正な履行を担保するためのデジタル社会にふさわしい諸制度のあり方やその工程等について早期に検討を行い、結論を得る。」とされています。

これによれば、令和３年度の改正では、電子帳簿保存制度は、「優良な電子帳簿」と「最低限の要件を満たす電子帳簿」の２種類の保存制度に構成されることになりましたが、このうち信頼性の高い改正前の電子帳簿についてはインセンティブを設けることで記帳水準の向上を図ることとし、優良な電子帳簿の普及促進のための更なる措置等について早期に検討を行うことで、「優良な電子帳簿」の更なる普及促進を進めていくことがうかがえます。

なお、令和４年度与党大綱では、検討事項７に、令和５年度与党大綱では検討事項6にほぼ同様の内容の検討事項が記載されています。

11 「今後の検討事項」を受けた税制調査会（納税環境整備に関する専門家会合）での議論

令和2年秋の納税環境整備に関する専門家会合では、「ウィズコロナ時代の税務手続の電子化」や「事業者の適正申告の確保」、「記帳水準の向上」等の論点について議論され、その内容について引き続き専門家会合での議論を継続することとなっていました。また、与党大綱においても、記帳水準の向上や電子帳簿の信頼性の確保について引き続き検討を行うとされていたことから、令和3年6月15日に第5回、8月10日に第6回納税環境整備に関する専門家会合が開催されました。

第5回の会議では、次の考え方が示されています。

○電子帳簿等保存制度については、手続負担やコストの問題もあって20万件程度の利用に止まり、特に中小企業・個人事業者の利用は低調。

○その一方で、実態としては中小事業者（個人を含む）でも多くは経理事務においてパソコンを利用しているが、電子帳簿保存法の要件を満たすことができず、結局、印刷して「電子的に作成された紙の帳簿」として保存しているのが実情（言い換えれば、要件を満たさない電子帳簿も、「電子的に作成された紙の帳簿」として存在しているのが実情)。

○事業者サイドには、感染症防止対策の観点からもデジタル化の機運が高まる中で、バックオフィスの効率化やテレワーク促進等のために電子帳簿保存法の要件の抜本的見直しを求める声が存在。

○また、「電子的に作成された紙の帳簿」が不正防止の点で有効に機能しているわけでもなく、それが電子データのまま保存されたとしても、適正な税務執行の面で現状と比べ大きな支障が生ずることはない。むしろ、個人事業者については、現状、その7割が簡易簿記

（単式簿記、現金主義）や白色申告であり、電子帳簿保存のハードルが下がることで、それらの者が手間・費用をかけずに正規簿記に移行していくことが期待できる。
○その上で、事後検証可能性の高い現行の電子帳簿については、いわば経理誤りを是正しやすい環境を自ら整えているものといえる。このため、課税情報を自ら提出する調書と同等の優遇措置を設けて他の電子帳簿との差別化を図り、その普及を進めていくとともに、今後、中期的に記帳水準の向上に取り組んでいくことが、適正執行の確保につながる。

ⅰ　電子帳簿等保存制度の見直しによる記帳実務への影響

税制調査会で示されたこれらの改正の考え方から、実務に対する影響について、次のようなことが考えられます。

(1) 中小事業者の記帳の実態

中小事業者（個人を含む）の多くはパソコンを利用して経理事務を行っているものの、電子帳簿保存法の保存要件を満たしていないため、印刷して「電子的に作成された紙の帳簿」として保存しているのが実情です。言い換えれば、保存要件を満たさない電子帳簿も、「電子的に作成された紙の帳簿」として存在しているのが実情であるとしています。実態としては、電子で帳簿を作成しているが、税務調査等の際に紙に出力して、紙の帳簿を保存しているものとして提示していることも多いと考えられます。この紙の帳簿は、不正防止の点から有効に機能しているわけでもなく、これを電子データのまま保存したとしても、実務上、特に支障が生ずることはないとされています。

Point!　「電子的に作成された紙の帳簿」が多いのが現状

(2) 最低限の要件を満たす電子帳簿創設の意義

以上の実態から考えれば、モニター、説明書の備付け等の最低限の要件を満たす電子帳簿制度を令和３年度改正で新設し、この制度を利用して手間・費用をかけずに正規の簿記の原則等に従って記録される帳簿に移行していくことにより、記帳水準の向上が期待できることになります。

(3) 優良な電子帳簿のインセンティブ措置

令和３年度の改正で存続された事後検証可能性の高い優良な電子帳簿については、過少申告加算税の軽減措置、65万円青色申告特別控除の要件とするなど、インセンティブ措置を設けて、他の電子帳簿と差別化を図ることとしています。

(4) 事業者の差別化が始まる

差別化という意味では、インセンティブ措置によるものももちろんありますが、事後検証可能性の高い優良な電子帳簿は、経理誤りを是正しやすい環境を自ら整えていることから、税務調査においても税務コンプライアンスが高い事業者と認識され、調査事務量を縮減すると期待できます。一方で、税務当局は税務リスクの高い事業者により多くの調査事務量を投下していくことも考えられます。また、融資等の際には金融機関に対しても信頼性の高い帳簿を備え付けていることをアピールすることができます。さらには、優良な電子帳簿で経営を行っている事業者として、取引先等を含めて社会的信用にも影響する可能性もあります。

Point!	優良な電子帳簿の備付けにより差別化を図る。

(5) デジタル・トランスフォーメーションへの対応

また、デジタル・トランスフォーメーションという観点からは、優良な電子帳簿、電子申告、キャッシュレス納付とデジタル化に前向きに取り組み、経営状態の可視化による経営力の強化や、バックオフィスの生産性の向上、テレワークの促進等にも取り組んでいる事業者であることをアピールできることになります。

■ 事業者の規模・属性別の記帳方法等に係る基本認識

納税者区分	現状
大・中堅企業 （参考）資本階級別申告法人数 １億円以上　　　：30,151 社 5,000 万～1 億円：40,766 社	・基本的に複式簿記で記帳。 ・多くのカスタマイズした会計ソフトや自社システムを利用して電子的に記帳。 ・（超大企業）電帳法の承認を得ているものも多い（3 割程度）。 ・税理士・会計事務所等が関与。 ・大規模なシステム改修を要し、金銭面で電帳法対応が困難。
中小企業 （参考）資本階級別申告法人数 1,000 万～5,000 万円：　30 万社 500 万～1,000 万円：　73 万社 500 万円以下：165 万社	・基本的に複式簿記で記帳 ・インストール型会計ソフトなど市販製品の利用が多いものの、全体の法人数に比すれば電帳法の承認を得ているものは少なく、印刷して紙で保存が一般的。 ・税理士・会計事務所等の関与率も高い。 ・電帳帳の存在の不知、電帳法対応のインセンティブ不足で電帳に移行できない（全体の 1 割程度）。
個人事業者 （小売・農林漁業等の伝統的自営業） （参考）所得者別内訳 事業所得申告者数　373 万人	・会計ソフト利用者は少なく、手書き帳簿も依然として存在。 ・青色申告者の中にも依然として簡易記帳・現金主義のものが存在。 ・経理事務を１人で行うような場合も多い。 ・商工会や青申会、農協等からの記帳指導の利用も多い。
個人事業者 （ギグワーカー、フリーランス） （参考）内閣府・内閣官房調査 フリーランス　462 万人 雇用的自営　164 万人	・日常的な記帳義務の履行度合いは不明。 ・雇用的自営とされる者は増加傾向。 ・一定の IT リテラシーを有していることが想定。

出所：第５回納税環境整備に関する専門家会合（令和３年６月 15 日）
財務省説明資料（記帳水準の向上について）p.28

ii　２種類の保存制度に構成された電子帳簿の適用関係

令和３年度の改正では、最低限の要件を満たす電子帳簿と優良な電子帳簿の２種類の保存制度の構成とされたわけですが、その適用の流れを図示したものが36頁の「電子帳簿等保存制度の考え方」です。

(1) これまでの電子で作成された帳簿データの扱い

これまでの電子で作成された帳簿データの扱いは、訂正履歴機能等を備えた事後検証可能性の高い帳簿データだけが電子帳簿として認められ（下図①令和３年度改正前）、訂正履歴機能等の保存要件を備えていない帳簿データは、いわゆる「電子的に作成された紙の帳簿」として保存する（下図②令和３年度改正前）ことになっていました。この他、紙で作成された紙帳簿（下図③令和３年度改正前）が依然として存在するといった状況でした。

(2) 優良な電子帳簿の裾野拡大とその他の電子帳簿からの誘導

改正後では、保存要件の大幅な緩和をすることで電子帳簿保存の裾野を拡大し、優良な電子帳簿として（下図①令和３年度改正後）インセンティブを与えることにより、「最低限の要件を満たす電子帳簿」（下図②令和３年度改正後）とされた訂正履歴等を備えていない帳簿データを優良な電子帳簿に誘導することとしています。

(3) 「電子的に作成された紙の帳簿」から「最低限の要件を満たす電子帳簿」への誘導

また、「電子的に作成された紙の帳簿」（下図②令和３年度改正前）についても「最低限の要件を満たす電子帳簿」（下図②令和３年度改正後）に誘導することにより、電子データを印刷し、「紙帳簿」として保存する必要がなくなります。

(4) 「紙帳簿」から「最低限の要件を満たす電子帳簿」への誘導

そして現在の「紙帳簿」（下図③令和３年度改正前）も、安価で使い勝手の良いクラウド会計ソフトの活用により、モニター、説明書の備付け等の最低限の要件を満たす「最低限の要件を満たす電子帳簿」（下図②令和３年度改正後）を利用することにより、紙帳簿の保存が不要となり、ペーパーレス化が図られることとなります。

■ 電子帳簿等保存制度の考え方

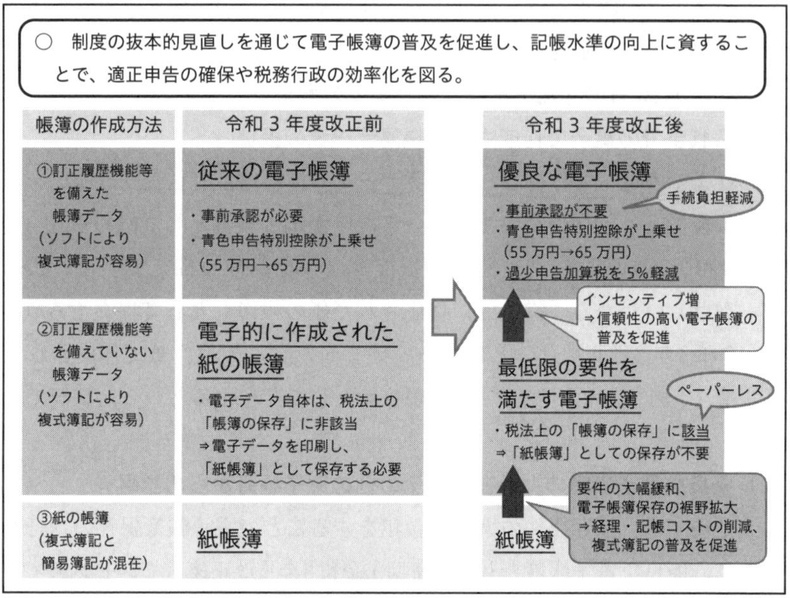

出所：第５回納税環境整備に関する専門家会合（令和３年６月 15 日）
財務省説明資料（記帳水準の向上について）p.16 を基に作成

(5) 最終的には「優良な電子帳簿」へ

全体的に電子帳簿保存制度に取り込むことにより、ペーパーレス化・記帳水準の向上を図りつつ、最終的には、インセンティブの更なる増加を図ることで、信頼性の高い優良な電子帳簿の普及を促進していく、といった考え方で令和３年度改正の電子帳簿等保存制度は仕組まれています。

iii　令和３年度与党大綱による電子帳簿保存法の今後の検討課題への対応

令和３年度与党大綱の検討事項では、記帳水準の向上、電子帳簿の信頼性の確保に向け優良な電子帳簿の普及を促進するための更なる措置、記帳義務の適正な履行を担保するためのデジタル社会にふさわしい諸制度のあり方やその工程等について早期に検討を行うこととされていましたが、電子帳簿保存法改正後の記帳水準向上に向けた課題が令和3年6月15日の専門家会合で整理されています（40頁の図参照）。

一番記帳水準の低い図の④「記帳不備・無記帳（無申告）」から見ていくと、記帳不備あるいは証憑保存がないところでは、執行コストが多大で、ペナルティー適用上の立証も困難であること、また、記帳義務不履行に対する不利益がない中で記帳の動機に乏しい場合も存在するのではないかとの課題認識を示しています。このレベルをどうやって図の③以上に引き上げていくかという難しい課題があります。

二番目に記帳水準が低い③「簡易簿記・現金主義など」を見ると、簡易簿記等では貸借科目の記帳がないことから、所得計算上の誤りが発生しやすいというリスクがあります。また、一旦簡易な記帳に慣れると複式簿記での記帳に移行する動機に乏しい場合も存在するのではないかという懸念があります。

上から二番目の②「複式簿記による帳簿」は、会計ソフトにより低コストで手間をかけずに複式簿記での記帳が可能となりますが、特に零細事業者には、コストに見合うメリットがなかなか認識されづらい状況にあるのではないかと考えられています。

そして、一番記帳水準が高いとされる①「優良な電子帳簿」については、過少申告加算税の軽減等はありますが、その一方で、法人税の青色申告の恩典に優良な電子帳簿と複式簿記による記帳との間に差がないことから、保存要件を満たすためのシステムの大規模改修や対応会計ソフトの導入コストの負担をしてまで、この制度の選択を行う必要があるのかという課題があります。もちろん、そのための意識の向上や利用機会の拡大を図っていく必要があります。

iv　令和4年度改正における検討課題への対応

40頁の「電子帳簿保存法改正後の記帳水準向上に向けた課題」の④の記帳不備・無記帳（無申告）に対する対応ですが、令和4年度改正において二つの改正が行われました。

記帳水準の向上に資するための過少申告加算税・無申告加算税の加重措置の整備（令和４年度改正）

○　記帳水準の向上に資する観点から、記帳義務の適正な履行を担保するため、帳簿の不保存や記載不備について未然に抑止するための以下の過少申告加算税・無申告加算税の加重措置を講ずる。

【改正後】

(1)　その修正申告等があった時前に、帳簿（電子帳簿を含む。）【対象範囲：所得税法、法人税法及び消費税法の保存義務のある一定の売上に係る帳簿】の提出の要求があった場合において、次のいずれかに該当するときは、その修正申告等に基づき納付すべき税額（帳簿に記載すべき事項に基づく税額に限る。）に係る過少申告加算税・無申告加算税について、10％加重（下記②については、5％加重）する。

①　不記帳・不保存であった場合（その提出をしなかった場合）

②　提出された帳簿について、その申告書の作成の基礎となる重要な事項の記載が不十分である場合（記載が著しく不十分な場合は①）

(2)　ただし、納税者の責めに帰すべき事由がない場合（災害等の場合）は上記(1)の措置は適用しない。

（注1）上記の「一定の売上に係る帳簿」とは以下のとおり

・白色申告者・青色申告者（簡易・現金）・消費税法上の事業者が保存しなければならない帳簿：売上帳、売掛帳、現金出納帳等

・青色申告者（複式）：仕訳帳、総勘定元帳（売上に係る部分に限る。）

（注2）令和6年1月1日以後に法定申告期限が到来する国税について適用する。

【加重措置の適用対象範囲のイメージ】

・　給与所得者を含めた全体の納税義務者に占める帳簿の不保存・記載不備の事業者の割合は僅少であり、そういった一部の者について所得把握を十分に行えない不公平を是正するため、その記帳義務の履行の程度に応じたペナルティ（加算税の加重）を課す。

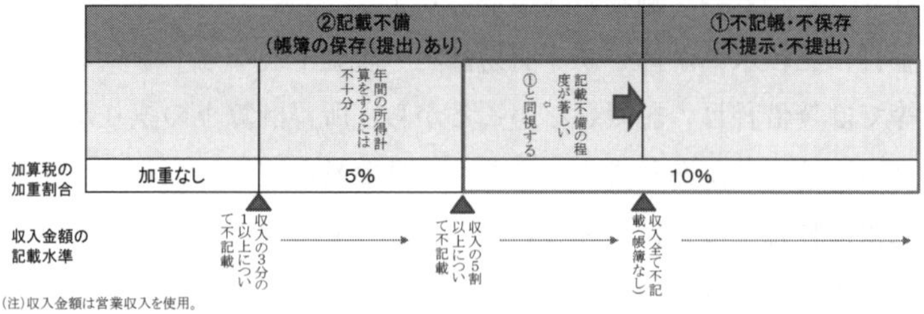

出典：財務省　令和４年度改正関係資料（納税環境整備関係）p.2

一つは、記帳水準の向上に資するための過少申告加算税・無申告加算税の加重措置ということで、納税義務者全体に占める帳簿不保存や記載不備の事業者の割合はごくわずかですが、そういった一部の者に対して、所得把握を十分に行えない不公平を是正するために、記帳義務の履行の程度に応じて加算税の加重措置が行われました。

もう一つは、証憑書類のない簿外経費への対応策ということで、税務調査の現場において、証拠書類を提出せずに簿外経費を主張された場合、税務当局は経費の不存在を立証する必要があり、それが非常に負担であるといった指摘がされていたところ、このような指摘を踏まえて、取引の存在が、帳簿書類等から明らかではなく、かつ反面調査などにおいても明らかにされないような場合は、必要経費不算入・損金不算入とするといった改正が行われました。

11 「今後の検討事項」を受けた税制調査会（納税環境整備に関する専門家会合）での議論

証拠書類のない簿外経費への対応策（令和４年度改正）

○ 税務調査の現場において、証拠書類を提示せずに簿外経費を主張する納税者や、証拠書類を仮装して簿外経費を主張する納税者への対応策として、以下の必要経費不算入・損金不算入の措置を講ずる。

【改正後】

○ 納税者【対象範囲：所得税法及び法人税法の納税者】が、事実の仮装・隠蔽がある年分（事業年度）又は無申告の年分（事業年度）において、確定申告（更正を予知する前の修正申告を含む。）における所得金額の計算の基礎とされなかった間接経費の額（原価の額（資産の販売・譲渡に直接要するものを除く。）、費用の額及び損失の額）は、次の場合を除き、必要経費（損金の額）に算入しない。

① 間接経費の額が生じたことを明らかにする帳簿書類等を保存する場合（災害その他やむを得ない事情により所得税法又は法人税法上保存義務のある一定の帳簿書類の保存をすることができなかったことを納税者が証明した場合を含む。）

② 帳簿書類等により間接経費の額に係る取引の相手先が明らかである場合その他その取引が行われたことが推測される場合であって、反面調査等により税務署長がその取引が行われたと認める場合

（注1） 納税者が個人の場合には、事業所得、不動産所得、山林所得又は雑所得を生ずべき業務を行う者の、その業務に係る事業所得の金額、不動産所得の金額、山林所得の金額又は雑所得の金額が対象（雑所得の金額にあっては、小規模な業務に係るものを除く。）。

（注2） 推計課税の場合においても適用される。

（注3） 上記の改正は、納税者が個人の場合については令和5年分以後の所得税について適用し、納税者が法人の場合については令和5年1月1日以後に開始する事業年度の所得に対する法人税について適用する。

【必要経費不算入・損金不算入の場合のイメージ】

取引が行われた事実及びその費用の額が、①納税者の保存する帳簿書類等からも②税務当局による反面調査等によっても明らかにならない場合は、必要経費・損金に算入しない。

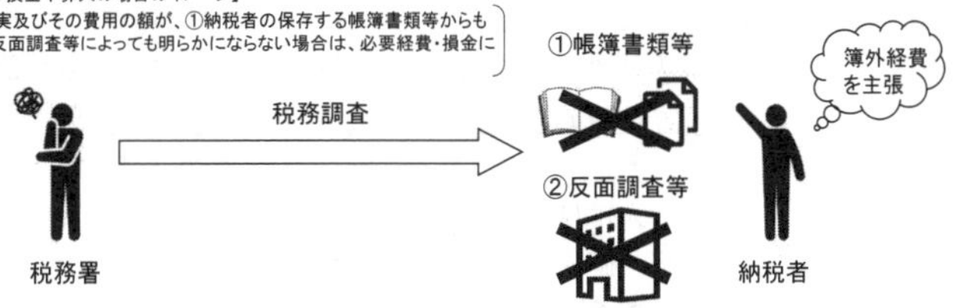

出典：財務省　令和４年度改正関係資料（納税環境整備関係）p.4

■ 電子帳簿保存法改正後の記帳水準向上に向けた課題

帳簿の作成方法	改正の効果と課題	それぞれの課題認識
①　優良な電子帳簿	訂正履歴の保存等による高い信頼性に対し、過少申告加算税の軽減や所得税の青色申告控除の上乗せはあるが、法人税の青色申告の恩典に②との区分はない。 ※個人・法人合わせて27万件程度	信頼性の高い優良な電子帳簿に対する意識の向上や、その利用機会の拡大を図る必要。 優良な電子帳簿への移行は、大企業のシステム改修、中小・個人では対応会計ソフトの導入コストが課題。
②　複式簿記による帳簿	会計ソフトを用いた「最低限の要件を満たす電子帳簿」により複式簿記へのハードルは低下。 ※法人はほぼ100％が複式簿記、個人事業者は３割程度が複式簿記により記帳。	複式簿記での記帳の一層の利用機会の拡大や民間機関による記帳指導の充実が必要。 会計ソフトによって基本的には低コストで手間をかけずに複式簿記での記帳が可能であるが、特に零細事業者にはコスト負担に見合うメリットが認識されづらい。
③　簡易簿記・現金主義など	※個人事業者の３割程度。	貸借科目の記帳がないこと等で、所得計算上の誤りが発生しやすい。 青色申告の恩典も一部ある中で、いったん簡易な記帳に慣れると複式簿記での記帳に移行する動機に乏しい場合も存在。
④　記帳不備・無記帳（無申告）		記帳・証憑保存のない場合は真実の所得把握にかかる執行コストが多大で、ペナルティ適用上の立証も困難。 記帳義務不履行に対する不利益がない中で記帳の動機に乏しい場合も存在。

出所：第５回納税環境整備に関する専門家会合（令和３年６月15日）財務省作成資料（記帳水準の向上について）P33を基に作成

第2章

電子帳簿保存法のキホン

Ⅰ 国税関係帳簿書類（電子帳簿保存法の対象）

「電子計算機を使用して作成する国税関係帳簿書類の保存方法等の特例に関する法律」（以下「電子帳簿保存法」といいます。）は、情報化社会に対応し、国税の納税義務の適正な履行を確保しつつ納税者等の国税関係帳簿書類の保存に係る負担を軽減する等のため、電子計算機を使用して作成する国税関係帳簿書類の保存方法等について、所得税法（昭和40年法律第33号）、法人税法（昭和40年法律第34号）その他の国税に関する法律の特例を定めるもの（電帳法1）として、平成10年に定められました。電子申告の導入が平成16年ですから、それより前の税務手続デジタル化の黎明期に創設されたものです。

この法律は、所得税法や法人税法等の各税法の帳簿書類の備付け又は保存や国税関係書類以外の書類の保存については、他の税法に定めるもののほか、この法律の定めるところによります（電帳法3）。

まず、所得税法や法人税法などの各税法では、総勘定元帳、仕訳帳、現金出納帳などの帳簿を備え付けてその取引を記録するとともに、その「帳簿」と取引等に関して作成又は受領した契約書や領収書などの「書類」を一定期間保存しなければならないこととされています。これらの帳簿、書類の保存方法については、基本的に書面による保存を前提として規定されており、電子帳簿保存法は、その特例として、一定の保存要件の下、電磁的記録いわゆる電子データで保存することができることとするものです。

ここで「電磁的記録」とは、電子的方式、磁気的方式その他の人の知覚によっては認識することができない方式（「電磁的方式」といいます。）で作られる記録であって、電子計算機による情報処理の用に供されるものと定義されていますが（電帳法２三）、この定義は法令全般でほぼ同様の定義がなされており、いわゆる電子データのことを法令上は電子データとは規定できないので、定義を置いて「電磁的記録」と規定しています。少しわかりづらい言葉ですが、電磁的記録といったら電子データのことだと思っていただければ結構です。

電子帳簿保存法は、大別すると、次の４つの制度で構成されています。

1. 国税関係帳簿の電磁的記録による保存制度 (1) 最低限の要件を満たす電子帳簿（電帳法４①） (2) 優良な電子帳簿（電帳法８④）
2. 国税関係書類の電磁的記録による保存制度（電帳法４②）
3. スキャナ保存制度（電帳法４③）
4. 電子取引の取引情報に係る電磁的記録の保存制度（電帳法７）

（注）電子計算機を使用して作成した帳簿・書類であっても、電子帳簿保存法に定める要件を満たさないものは、単に「電子的に作成した紙の帳簿・書類」であり、その電子データをそのまま保存しても電子帳簿として認められません。電子帳簿保存法の要件を満たさない「電子的に作成した紙の帳簿・書類」は紙の保存に代えることができないことから、紙に出力して保存しなければなりません。

1　国税関係帳簿の電磁的記録による保存制度

保存義務者が、国税関係帳簿の全部又は一部について、自己が最初の記録段階から一貫して電子計算機を使用して作成する場合には、国税関係帳簿に係る電磁的記録の備付け及び保存をもってその国税関係帳簿の「備付け」及び「保存」に代えることができるものです（電帳法４①）。

ここでいう「国税関係帳簿」とは、「国税に関する法律」の規定により備付け及び保存をしなければならないこととされている帳簿をいいます（電帳法２二）。

（注）「国税に関する法律」とは、国税（国が課する税のうち関税、とん税、特別とん税、森林環境税及び特別法人事業税以外のものをいいます（国税通則法２一）。）に関する法律であり、その意義としては、国税の確定、納付、徴収及び還付等に関する事項を規定した法律をいいます。具体的には、国税通則法のほか、所得税法、法人税法、消費税法、酒税法などの課税実体法やその特例である租税特別措置法等の様々な法律が含まれます（出典：国税通則法精解（令和４年版）170頁（大蔵財務協会）より作成）。

上記の国税関係帳簿は、各税法により保存等しなければならない帳簿のうち、所得税法又は法人税法による帳簿については、正規の簿記の原則（一般的には複式簿記）に従って記録される帳簿に限られます（電帳規２①）。

国税関係帳簿の電磁的記録による保存制度は、「最低限の要件を満たす電子帳簿」と「優良な電子帳簿」の２種類で構成されます。

Point !	電子帳簿は２本立て

このうち信頼性の高い「優良な電子帳簿」についてはインセンティブを設けることで記帳水準の向上を図ることとし、「最低限の要件を満たす電子帳簿」については、多くの保存義務者が帳簿を電子的に保存することを可能とするものです。

(1) 最低限の要件を満たす電子帳簿

「最低限の要件を満たす電子帳簿」は、次の要件の下で、帳簿を電子により保存することを可能とするものであり、これにより帳簿の電子保存のハードルが一気に下がったといえます（電帳法４①、電帳規２②）。

①　システムの開発関係書類等の備付け（電帳規２②一）

②　見読可能装置の備付け（電帳規２②二）

③　税務調査でダウンロードの求めに応じる（電帳規２②三）

(2) 優良な電子帳簿

「優良な電子帳簿」の保存要件は、過少申告加算税の軽減措置（電帳法８④）の対象となる国税関係帳簿の保存要件（電帳規５⑤一）として定められています。

過少申告加算税の軽減措置制度は、「最低限の要件を満たす電子帳簿」として備付け及び保存に代えている国税関係帳簿であって、修正申告等の起因となる事項に係る所得税、法人税及び消費税に関する帳簿のうち、あらかじめ、これらの帳簿に係る電磁的記録に記録された事項に関し修正申告等があった場合には過少申告加算税の軽減措置の適用を受ける旨の届出書を提出している場合におけるその帳簿に係る電磁的記録の備付け及び保存が、国税の納税義務の適正な履行に資するものとして、次の要件を満たしている場合で、課税期間の初日以後引き続き要件を満たして保存が行われているものに修正申告等があった場合には、過少申告加算税が5%軽減されるものです（電帳法8④、電帳令2、電帳規5①⑤一）。過少申告加算税の軽減措置は、令和4年1月1日以後に法定申告期限が到来する国税について適用されます（令3改正法附則82⑦）。

これらの要件が備わった帳簿を「優良な電子帳簿」と位置付けています。

① 訂正・削除・追加履歴の確保（電帳規5⑤一イ）

② 帳簿間の相互関連性確保（電帳規5⑤一ロ）

③ 検索機能の確保（電帳規5⑤一ハ）

これらの電子帳簿の保存要件については、82頁以下を参照してください。

2 国税関係書類の電磁的記録による保存制度

保存義務者が、国税関係書類の全部又は一部について、自己が一貫して電子計算機を使用して作成する場合には、保存要件に従って保存することにより、当該国税関係書類に係る電磁的記録の保存をもって当該国税関係書類の保存に代えることができます（電帳法4②）。

ここでいう「国税関係書類」とは、国税に関する法律の規定により保存をしなければならないこととされている書類をいいます（電帳法2二）。

「国税関係帳簿」又は「国税関係書類」のことを合わせて「国税関係帳簿書類」といいます（電帳法2二）。

以上の二つの制度は、最初の記録段階から保存義務者自身がパソコン等を使用して作成するものであり、原本が書面ではなく電子というところが、後述するスキャナ保存制度と大きく異なるものです。電子帳簿保存法の制定当初は、この原本が電子である国税関係帳簿書類の電磁的記録による保存制度からスタートしました。

なお、この保存義務者が、最初の記録段階から一貫して電子計算機を使用して作成する国税関係帳簿書類について、その電磁的記録の備付け及びＣＯＭ（電子計算機出力マイクロフィルムをいい、コンピュータを用いて電磁的記録を出力することにより作成するマイクロフィルムをいいます。）（電帳法２六）の保存をもって、その「帳簿」の備付け及び保存に代えることができ、また、そのＣＯＭの保存をもって、その「書類」の保存に代えることができる、いわゆる「国税関係帳簿書類のＣＯＭによる保存制度」があります（電帳法５①②③）。

これらの制度は原本を電子で作成したものについて備付け又は保存するものであり、原本である紙を廃棄してしまうことができるスキャナ保存制度よりは、保存要件がシンプルになっています。

国税関係書類の電磁的記録による保存要件については、104頁以下を参照してください。

3 スキャナ保存制度

保存義務者が、国税関係書類（決算関係書類は除かれます。）の全部又は一部について、その国税関係書類に記載されている事項を一定の要件を満たすスキャナ装置（スキャナを使用する電子計算機処理システム）により、電磁的記録に記録する場合には、保存要件に従って保存することにより、当該国税関係書類に係る電磁的記録の保存をもってその国税関係書類の保存に代えることができます（電帳法４③）。

この制度は、取引相手から受け取った書類又は自己が作成して交付した書類の写しが対象となります。原本が書面であること、相手から受け取ったものも対象となることが、国税関係帳簿書類の電磁的記録による保存制度との大きな違いとなります。したがって、保存要件も大きく異なることになり、書面である原本と同等の同一性が担保される必要があります。

スキャナ保存制度の保存要件については、106頁以下を参照してください。

4 電子取引の取引情報に係る電磁的記録の保存制度

所得税（源泉徴収に係る所得税を除きます。）及び法人税の保存義務者は、電子取引を行った場合には、一定の要件の下、その電子取引の取引情報に係る電磁的記録を保存しなければなりません。上記１から３までの制度では所得税法や法人税法等の各税法の帳簿書類の備付け又は保存を電子で行うことは任意の特例規定であったのに対し、４の制度は保存義務を電子帳簿保存法で新たに創設したところに大きな違いがあります。この制度では電子での保存を選択した者ということではなく、所得税及び法人税の全ての保存義務者に保存義務が課されるものです。

Point! 全ての保存義務者に保存義務

この保存制度で注意すべき点は、これまでは授受した電子データを出力することにより作成した書面等で保存することも可能でしたが（旧電帳法10ただし書）、令和３年度の改正により、この旧電帳法10条ただし書の規定が削除され、紙等に出力しての保存が認められなくなったことが挙げられます。令和４年１月１日以後に行う電子取引の取引情報からは、電子取引に係る電子データを保存要件に従って保存しなければならなくなりました。

令和４年度改正では、電子取引に係るデータ保存制度については、準備が間に合わない等の声があがり、期間を区切った宥恕措置として 令和４年１月１日から令和５年12月31日までの間に行う電子取引につき、その電子取引の取引情報に係る電子データを保存要件に従って保存をすることができなかったことについて、所轄税務署長がやむを得ない事情があると認め、かつ、その保存義務者が税務調査等の際にその電子データの出力書面の提示又は提出の求めに応じることができるようにしている場合には、その保存要件にかかわらず、その電子データの保存をすることができることとされました。

さらに、運用上の取扱いとして、税務調査等の際に、その電磁的記録を出力することにより作成した書面の提示又は提出の要求に応じることができるようにしているときは、その出力書面の保存をもってその電磁的記録の保存に代えることができることとされ、実質的に紙に出力しての保存が認められました（旧電帳通7-11）。

令和５年度税制改正では、令和４年度で措置された宥恕措置は廃止され、令和６年１月１日からの電子取引データ保存義務化の本格始動を前にして、電子取引により、他者から受領した電子データとの同一性が確保された電磁的記録の保存を推進する観点から、その保存要件を緩和し電子データの保存を容易にするとともに、システム対応が間に合わなかったことにつき相当の理由がある事業者等に対する新たな猶予措置を設けるなどの手当てが行われました。

Point！	令和６年から紙に出力しての保存が認められなくなる。

電子取引に係るデータ保存制度の保存要件については、141 頁以下を参照してください。

II 電子帳簿保存法創設の考え方及びその後の改正

電子帳簿保存法は平成10年度の税制改正で創設されましたが、その後、平成16年末にスキャナ保存制度の創設、平成27年度改正でスキャナ保存制度の対象拡大・要件の見直し、平成28年度改正でスキャナ保存制度の要件緩和、令和元年度改正によるスキャナ保存制度の対象拡大とスキャナ保存制度の利用者の利便性向上を図る見直しが続き、令和2年度改正で電子取引の保存要件緩和が行われました。そして、冒頭に触れた令和3年度税制改正では電子帳簿等保存制度全体にわたる抜本的な見直しが行われ、令和4年度及び令和5年度に新制度に円滑に移行する等のための見直しが行われました。それではこれまでの改正の経緯等を見ていきましょう。

1 電子帳簿等保存制度創設の考え方（平成10年度税制改正）

(1) 背景

社会の高度情報化・ペーパーレス化が進む中、会計処理の分野でもコンピュータを使用した帳簿書類の作成が普及しており、経済界をはじめとする国内外の関係各界等から、帳簿書類の電磁的記録、いわゆる電子データ及びマイクロフィルムによる保存を認めてほしいという強い要望が寄せられていました。

政府においては、こうした要望を受け止め、規制緩和推進計画等の決定、緊急経済対策、市場開放問題苦情処理対策本部決定等において、政府全体として帳簿書類の電子データによる保存措置を平成9年度末までに講ずることを決定していました。

(注)「申請負担軽減対策」（平成9年2月10日閣議決定）において、「法令に基づき民

間事業者に保存を義務づけている書類について、原則として平成９年度（1997年度）末までに電子媒体による保存が可能となるようにする。」と閣議決定されました。

このような関係各界からの要望や政府全体としての取組を踏まえ、平成10年度税制改正の一環として、適正公平な課税を確保しつつ納税者等の帳簿保存に係る負担軽減を図る等の観点から、国税関係帳簿書類の電磁的記録等による保存制度等の創設等が行われました。

(2) 政府税調答申による改正の基本的な考え方

政府税制調査会の「平成10年度の税制改正に関する答申（平成９年12月16日）」では、次のような基本的な考え方が示されています。

> 新しい時代の流れに対応し、納税者の帳簿書類の保存の負担軽減を図るために、記録段階からコンピュータ処理によっている帳簿書類については、電子データ等により保存することを認めることが必要であると考えます。
>
> その際には、コンピュータ処理は、痕跡を残さず記録の遡及訂正をすることが容易である、肉眼でみるためには出力装置が必要であるなどの特性を有することから、適正公平な課税の確保に必要な条件整備を行うことが不可欠です。
>
> また、電子データ等による保存を容認するための環境整備として、EDI取引（取引情報のやり取りを電子データの交換により行う取引）に係る電子データの保存を義務づけることが望ましいと考えます。

国税関係帳簿書類の電磁的記録等による保存制度等は、このような政府税制調査会の答申における考え方を踏まえて創設されました。

答申を読むと、改正にあたっての二つの課題が挙げられます。

① 電子データ処理は痕跡を残さず記録の遡及訂正が容易、視認可能な出力装置が必要など、適正公平な課税の確保に必要な保存要件を整備する必要

② 電子取引を行った場合には、その取引情報の保存制度が措置されていない

このような経緯を経て、平成10年度税制改正で電子帳簿保存法（電子

計算機を使用して作成する国税関係帳簿書類の保存方法等の特例に関する法律(平成10年法律第25号))が成立しました。

2 スキャナ保存制度創設の考え方(平成16年度税制改正)

(1) 背景

法令により義務付けられている紙での保存が、民間の経営活動や業務運営の効率化の阻害要因となっており、日本経団連をはじめとする民間企業等から政府に対して、法令により義務付けられている紙での保存について早期に電子保存が可能となるよう数度にわたり強い要望がなされました。また、情報通信技術の進展により、紙での保存に代えて、電子的に保存することが基本的に可能となっていました。

このような状況を踏まえ、書面の保存等に要する負担軽減を通じて国民の利便性の向上、国民生活の向上及び国民経済の健全な発展に寄与するため、民間事業者等に対して書面の保存が法令上義務付けられている場合について、原則として税務関係書類を含めた全ての書類に係る電磁的記録による保存等を行うことを可能とするため、IT戦略本部を中心に検討が進められました。

(2) e-文書通則法等の制定

検討の結果、民間の文書保存に係る負担の軽減を図るため、紙での保存を義務付けている多数の法令について、統一的な方針の下に電子保存を容認する措置を講ずることとされ、高度情報通信ネットワーク社会形成基本法に基づき作成された「e-Japan重点計画―2004」(平成16年6月15日IT戦略本部決定)において、民間における文書・帳票の電子的な保存を原則として容認する統一的な法律の制定を行うものとされました。これを受けて、関係法律案が平成16年10月12日に国会へ提出され可決成立し、「民間事業者等が行う書面の保存等における情報通信の技術の利用に関する法律(平成16年法律第149号)」(以下「e-文書通則法」といいます。)と「民間事業者等が行う書面の保存等における情報通信の技術の利用に関する法律の施行に伴う関係法律の整備等に関する法律（平成16年法律第150号）」（以下「e-文書整備法」といいます。）が、平成17年4月1日から施行されています。

e-文書通則法は、民間事業者等が電磁的記録による保存等をできるようにするための共通事項を定めたものであり、通則法形式の採用により、約250本の法律による保存義務について、法改正せずに電子保存ができることとなります。また、e-文書整備法は、文書の性質上一定の要件を満たすことを担保するために行政庁の承認等特別の手続が必要である旨の規定等、e-文書通則法のみでは手当てが完全でないもの等について、約70本の個別法の一部改正により、所要の規定を整備しています。

税務関係書類については、適正公平な課税の確保のため、税務署長の事前承認を要件としていたため、e-文書通則法の対象とせず、e-文書整備法において電子帳簿保存法を改正してスキャナ保存制度が創設されました。

対象書類としては、適正公平な課税確保のために特に重要な文書である決算関係書類や帳簿、一部の契約書・領収書を除き、全ての書類を対象とし、真実性・可視性を確保できる要件の下で、スキャナを利用して作成された電磁的記録による保存を認めることとされました。

3 平成27年度以降の改正

i　平成27年度税制改正

平成27年度税制改正では、スキャナ保存制度について、3万円以上の領収書等も対象に追加することにより全ての契約書、領収書等が対象となるなどの以下の改正が行われました。

(1) 対象となる国税関係書類の範囲の拡充

スキャナ保存制度の対象となる国税関係書類について、全ての契約書・領収書等を対象とすることとされました。

(2) スキャナ保存制度の保存要件の緩和

① 業務処理サイクル方式（国税関係書類に係る記録事項の入力を業務の処理に係る通常の期間経過後、速やかに行う方法をいいます。）により行

う場合に必要とされる国税関係帳簿に係る「電磁的記録等による保存制度の承認要件」を廃止することとされました。

② 国税関係書類をスキャナで読み取る際の電子署名が不要とされ、これに代え、国税関係書類に係る記録事項の入力を行う者又はこの者を直接監督する者に関する情報を確認できるようにしておくことが要件とされました。

③ 国税関係書類の作成又は受領からスキャナでの読み取りまでの各事務について、その適正な実施を確保するために必要なものとして次に掲げる事項に関する規定を定めるとともに、これに基づき処理すること（適正事務処理要件）が要件に加えられました。

イ　相互に関連する各事務について、それぞれ別の者が行う体制

ロ　当該各事務に係る処理の内容を確認するための定期的な検査を行う体制及び手続

ハ　当該各事務に係る処理に不備があると認められた場合において、その報告、原因究明及び改善のための方策の検討を行う体制

(3) スキャナ保存制度の適時入力方式に係る要件の緩和

① 電子計算機処理システムについて、一般書類（資金や物の流れに直結・連動しない書類）をスキャナで読み取った際に必要とされる書類の大きさに関する情報の保存を不要とするとともに、カラー階調を必要とする要件につきグレースケール（いわゆる「白黒」）による読み取りも認めることとされました。

② 国税関係書類をスキャナで読み取る際の電子署名が不要とされたことを踏まえ、タイムスタンプを付すとともに、国税関係書類に係る記録事項の入力を行う者又はこの者を直接監督する者に関する情報を確認できるようにしておくことが要件とされました。

(4) 電子取引の取引情報に係る電磁的記録の保存制度における電子署名要件の廃止

電磁的記録の記録事項に行う電子署名が不要とされ、これに代え、電磁的記録の保存を行う者又はその者を直接監督する者に関する情報を確認できるようにしておくことが要件とされました。

ii　平成28年度税制改正

平成28年度税制改正では、スキャナ保存制度について、「原稿台と一体となったもの」に限定していたスキャナ装置の要件が廃止され、スマートフォン等による社外における読取りを可能とする等のスキャナ保存の要件緩和等の以下の改正が行われました。

これは、画質性能の高いカメラを搭載したスマートフォンやクラウドサービス等が発達してきていることから、データによる経理処理を行えるよう、スマートフォン等を使用して社外において経理処理前に国税関係書類の読み取りを行う仕組みの整備が課題とされたことが背景にあります。このような課題に対応し、適切な改ざん防止措置を講じた上で、利用者の更なる利便性の向上を図る観点から、社外における手続も可能とするなどの見直しが行われたものです。

(1) 国税関係書類の読み取りを行う装置に係る要件の緩和

国税関係書類の読み取りを行う装置について、「原稿台と一体となったもの」に限定する要件を廃止することとされました。

(2) 受領者等が読み取りを行う場合の手続の整備

①　国税関係書類の受領者等が読み取りを行う場合には、その国税関係書類に署名した上で、その受領等後、特に速やかにタイムスタンプを付さなければならないこととされました。

②　国税関係書類の受領者等が読み取りを行う場合には、その書類の大きさがＡ４以下である場合に限り、大きさに関する情報の保存を要しないこととされました。

③　国税関係書類の受領者等が読み取りを行う場合における相互けん制要件については、受領等事務と読み取り事務をそれぞれ別の者が行うこととする要件が不要とされ、これに代え、受領者等以外の別の者により国税関係書類に係る記録事項の確認を行うことが要件とされました。

(3) 相互けん制要件に係る小規模企業者の特例

小規模企業者に該当する保存義務者にあっては、定期的な検査を税務代理人が行うこととしている場合には、相互けん制要件を不要とすることとされました。

iii　令和元年度税制改正

令和元年度税制改正では、まず、電子帳簿・スキャナ保存制度の申請手続の簡素化・柔軟化として、認証を受けたソフトウェアの利用者の承認申請書の記載省略、新規に業務を開始した個人開業者の申請期限の特例の創設が行われ、スキャナ対象書類の範囲の拡充として、一定の要件の下、書類ごとに一回限り、過去の重要書類のスキャナ保存を可能化する改正等の以下の改正が行われました。

(1) 新たに業務を開始した個人の承認申請期限の特例の整備

新たに業務を開始した個人が国税関係帳簿書類の電磁的記録等による保存等の承認を受けようとする場合において、その承認を受けようとする国税関係帳簿書類の全部又は一部が、業務の開始の日から同日以後５月を経過する日までに保存等開始日が到来するものであるときは、その業務の開始の日以後２月を経過する日までに承認申請書を提出することができることとされました。

(2) 過去分重要書類のスキャナ保存の整備

スキャナ保存の承認を受けている保存義務者は、国税関係書類の電磁的記録の保存をもってその国税関係書類の保存に代える日（基準日）前に作成・受領をした重要書類について、あらかじめ、その書類の種類等を記載した適用届出書を税務署長等に提出した場合には、電磁的記録の保存に併せて、その電磁的記録の作成・保存に関する事務の手続を明らかにした書類の備付けを行った上で、一定の要件の下、スキャナ保存を行うことができることとされました。

(3) 一定のソフトウェアを使用する保存義務者の承認申請手続の簡素化

運用上の対応として、市販のソフトウェアのうち公益社団法人日本文書情報マネジメント協会(JIIMA)において電子帳簿保存又はスキャナ保存の要件適合性に係る認証を行ったソフトウェアを使用する保存義務者について、記載事項を簡素化した承認申請書を用いることができるほか、そのソフトウェアに係る書類の添付を省略することができる取扱いとされました。

iv　令和２年度税制改正

令和２年度税制改正では、企業等の生産性向上を促すため、電子取引の要件緩和として、書面の受領者が自由にデータを改変できないシステム等を利用している場合には電子取引に係るタイムスタンプを不要化する等の以下の改正が行われました。

電子取引を行った場合の電磁的記録の保存について、真実性の確保の要件を満たす措置の範囲に、次の措置が追加されました。

(1)　その電磁的記録の記録事項にタイムスタンプが付された後、その取引情報の授受を行うこと。

(2)　次の要件のいずれかを満たす電子計算機処理システムを使用して、その取引情報の授受及びその電磁的記録の保存を行うこと。

①　その電磁的記録の記録事項について訂正又は削除を行った場合には、これらの事実及び内容を確認することができること。

②　その電磁的記録の記録事項について訂正又は削除を行うことができないこと。

v　令和３年度税制改正……20頁で解説しています。

vi　令和４年度税制改正

令和４年度税制改正では、電子取引を行った場合の電子データ保存義務化について２年間の宥恕措置が設けられ、準備期間が設けられました。

具体的には、令和４年度税制改正において、令和３年度税制改正における電子帳簿保存法施行規則の改正附則の経過措置に以下の内容の宥恕規定が措置されました（令和３年12月27日財務省令80号）。

令和４年度税制改正大綱による電子取引の取引情報に関する改正

電子取引の取引情報に係る電磁的記録の保存への円滑な移行のための宥恕措置（経過措置）

令和４年１月１日から令和５年12月31日までの間に行う電子取引

につき

税務署長が保存要件に従って保存することができなったことについてやむを得ない事情があると認め

かつ

書面に出力して提示又は提出の求めに応じることができるようにしている場合には

その保存要件にかかわらず、その電子データの保存をすることができることとする

更に令和４年度税制改正の大綱（令和３年12月24日閣議決定）では、以下の運用上の配慮がなされることになりました。

【運用上の取扱い】

上記の場合の措置の適用については、その電子データの保存要件への対応が困難な事業者の実情に配意し、引き続き保存義務者から納税地等の所轄税務署長への手続きを要せずその出力書面等による保存を可能とするよう、運用上、適切に配慮することとする。

⇒運用上は、２年間は税務署長の事前承認を得ることなく、紙での保存を可能とする。

したがって、令和４年１月１日以後に行う電子取引の取引情報から、その電磁的記録を保存要件により電子データで保存しなければならないこととなりますが、対応が困難なやむを得ない事情がある場合には、令和５年12月31日までは電子データではなく書面等に出力して保存することができることとなりました。このやむを得ない事情については、税務調査があった場合には、その対応状況や今後の見通し等を答えられるようにしておくこととなりました。

また、タイムスタンプについて、総務大臣が認定する時刻認証業務がスタートすることから、その時刻認証業務に係るタイムスタンプがスキャナ保存制度及び電子取引データ保存制度の付与要件とされました。

vii　令和５年度税制改正

令和５年度税制改正では、経済社会のデジタル化を踏まえ、経理の電子化による生産性の向上、テレワークの推進、税務情報のデジタル化、優良な電子帳簿の普及・一般化に資する観点から、電子取引データや所得税、法人税、消費税等の帳簿書類を電子的に保存するための手続について、電子取引のデータ保存制度、スキャナ保存制度及び優良電子帳簿の範囲について、以下の改正が行われました。

(1) 電子取引のデータ保存制度

① システム対応が間に合わなかった事業者等への対応（新たな猶予措置）

令和４年度改正で措置された宥恕措置は、適用期限（令和５年12月31日）の到来をもって廃止されました。

令和５年度改正では、保存要件に従って電子取引データの保存ができなかったことについて相当の理由があると認める場合（事前手続不要）には、従前行われていた出力書面の提示・提出の求めに応じることに加え、電子取引データのダウンロードの求めに応じることができるようにしておけば、保存要件を不要としてその電子取引データの保存を可能とする、新たな猶予措置が整備されました。

② 検索機能の確保不要の場合の要件の改正

イ　電子取引データのダウンロードの求めに応じることを前提に、全ての検索機能の確保の要件が不要となる売上高基準が「1千万円以下」から「５千万円以下」に引き上げられました。

ロ　電子取引データを出力することにより作成した書面（整然とした形式及び明瞭な状態で出力され、取引年月日その他の日付及び取引先ごとに整理されたものに限ります。）の提示・提出の求め及びその電子取引データのダウンロードの求めに応じることができるようにしているときは、検索機能の確保の要件を満たしているものとされました。

(2) スキャナ保存制度の見直し

スキャナ保存制度の保存要件について、①入力（読み取り）を行った者等の情報（電子取引の場合を含む。）②スキャナで読み取った際の情報（解像度・階調・大きさ）の保存を不要とし、③帳簿の記録事項との間に、相互にその関連性を確認することができるよう求める書類が重要書類に限定されました。

(3) 優良電子帳簿の範囲の見直し

優良な電子帳簿に係る過少申告加算税の軽減措置の対象帳簿（所得税・法人税）の範囲について、課税所得に直接結びつきやすい経理誤り全体を是正しやすくするかどうかといった観点から合理化・明確化が行われました。

III 電子帳簿等保存制度の対象となる帳簿書類

1 国税関係帳簿書類の電磁的記録による保存制度の対象となる帳簿書類

この保存制度の対象となる帳簿書類は、国税関係帳簿書類（帳簿については、財務省令で定めるものを除きます。）の全部又は一部について、自己が最初の記録段階から一貫して電子計算機を使用して作成する帳簿及び自己が一貫して電子計算機を使用して作成する書類です（電帳法４①②）。

(1)「最低限の要件を満たす電子帳簿」の保存対象帳簿

対象となる国税関係帳簿については、財務省令で定めるものを除いたものを国税関係帳簿と定義付けしており、一定の国税関係帳簿が対象から除外されることとなります（国税関係帳簿については43頁参照）。

■「最低限の要件を満たす電子帳簿」の保存対象

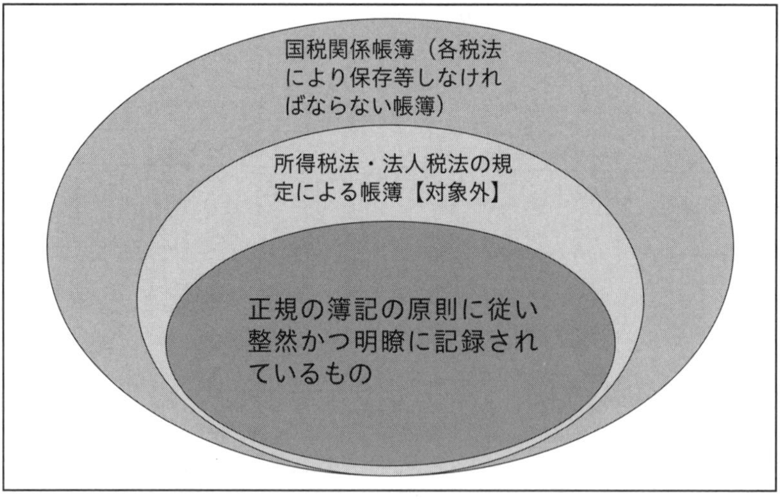

この財務省令で定める国税関係帳簿としては、「所得税法又は法人税法の規定により備付け及び保存をしなければならないこととされている帳簿であって、資産、負債及び資本に影響を及ぼす一切の取引につき、正規の簿記の原則（同法の規定により備付け及び保存しなければならないこととされている帳簿にあっては、複式簿記の原則）に従い、整然と、かつ、明瞭に記録されているもの以外のものとする。」（電帳規２①）と規定されています。したがって、所得税法又は法人税法による帳簿については、正規の簿記の原則等に従って記録される帳簿に限定されています。

Point!　正規の簿記の原則による帳簿に限定

この定義付けは、電子計算機出力マイクロフィルムによる保存（電帳法５①③)、他の国税に関する法律の規定の適用（電帳法８①）及び優良な電子帳簿に関連して過少申告があった場合の過少申告加算税の５％軽減規定（電帳法８④）にも適用され、同様の国税関係帳簿となります。

（参考）帳簿書類の保存の単位

国税関係帳簿書類に係る電磁的記録の備付け及び保存をもって当該国税関係帳簿書類の備付け及び保存に代えることができる国税関係帳簿書類の単位は、電子帳簿保存法４条の規定の適用に当たっては、一部の国税関係帳簿又は国税関係書類について適用することもできることになるので、例えば、保存義務者における次のような国税関係帳簿書類の作成・保存の実態に応じて、それぞれの区分のそれぞれの国税関係帳簿又は国税関係書類ごとに電磁的記録により保存することができることになります（電帳通4-2)。

①　電子帳簿保存法４条１項の規定（国税関係帳簿）を適用する場合

イ　仕訳帳及び総勘定元帳のみを作成している場合

ロ　イに掲げる国税関係帳簿のほか、現金出納帳、売上帳、仕入帳、売掛金元帳、買掛金元帳などの国税関係帳簿を作成している場合

ハ　イ又はロに掲げる国税関係帳簿を本店で作成するほか事業部若しくは事業所ごとに作成している場合

② 電子帳簿保存法４条２項の規定（国税関係書類）を適用する場合
イ　注文書の写しのみを作成している場合
ロ　イに掲げる国税関係書類のほか、領収書の写し、見積書の写し、請求書の写しなどの国税関係書類を作成している場合
ハ　イ又はロに掲げる国税関係書類を本店で作成するほか事業部若しくは事業所ごとに作成している場合

③ 電子帳簿保存法４条３項（スキャナ保存対象の国税関係書類）の規定を適用する場合
イ　作成又は受領した注文書、領収書、見積書、請求書などの国税関係書類を保存している場合
ロ　イに掲げる国税関係書類を本店で保存しているほか事業部若しくは事業所ごとに保存している場合

なお、国税関係帳簿又は国税関係書類の保存等に当たっては、基本的には合理的に区分できる国税関係帳簿又は国税関係書類の種類の単位ごと等、一定の継続性をもって保存等が行われることから、その国税関係帳簿又は国税関係書類に係る電磁的記録の保存等を開始した日（保存等に代える日）及び取りやめた日（保存等に代えることをやめた日）について認識できることが一般的であると考えられることから、それらの日について明確にしておく必要があります。

○自己が作成することの意義

> 電帳法４条１項、２項では、自己が一貫して作成すると規定されていますが、この「自己が」とは、保存義務者が主体となってその責任において行うことをいいます。したがって、保存義務者自身が作成しなければならないものではなく、例えば、国税関係帳簿書類に係る電子計算機処理を会計事務所や記帳代行業者に委託している場合も、これに含まれます（電帳通4-3)。

○最初の記録段階から一貫して電子計算機を使用して作成することの意義

> 電帳法4条1項の国税関係帳簿については、「最初の記録段階から一貫して電子計算機を使用して作成する場合」と規定していますが、これは、帳簿を備え付けて記録を蓄積していく段階の始めから終わりまで電子計算機の使用を貫いて作成する場合をいいます。
>
> なお、帳簿を備え付けて記録を蓄積していく段階の始めとは、帳簿の備付け等開始の日を指しますが、課税期間の定めのある国税に係る帳簿については、原則、課税期間の初日となります（電帳通4-4）。

(2)「優良な電子帳簿」の保存対象帳簿

「優良な電子帳簿」は、過少申告加算税の軽減措置（電帳法8④）の対象となる国税関係帳簿です。具体的には下記①、②の「最低限の要件を満たす電子帳簿」であって（電帳法8④）、修正申告等の起因となる以下のイ～ハで定めるものが対象となります（電帳規5①）。

① 電子帳簿保存法4条1項の規定により国税関係帳簿に係る電磁的記録の備付け及び保存をもって当該国税関係帳簿の備付け及び保存に代えている保存義務者の当該国税関係帳簿

② 電子帳簿保存法5条1項又は3項の規定により国税関係帳簿に係る電磁的記録の備付け及び当該電磁的記録の電子計算機出力マイクロフィルムによる保存をもって当該国税関係帳簿の備付け及び保存に代えている保存義務者の当該国税関係帳簿

イ　所得税　所得税法上の青色申告者が保存しなければならないこととされる仕訳帳、総勘定元帳その他必要な帳簿（所規58①、63①）

ロ　法人税　法人税法上の青色申告法人が保存しなければならないこととされる仕訳帳、総勘定元帳その他必要な帳簿（法規54、59①）

ハ　消費税　消費税法上の事業者が保存しなければならないこととされる次の帳簿

（イ）課税仕入れの税額の控除に係る帳簿（消法30⑦⑧一）

（ロ）特定課税仕入れの税額の控除に係る帳簿（消法30⑦⑧二）

（ハ）課税貨物の引取りの税額の控除に係る帳簿（消法30⑦⑧三）

（ニ）売上対価の返還等に係る帳簿（消法38②）

（ホ）特定課税仕入れの対価の返還等に係る帳簿（消法38の２②）

（ヘ）資産の譲渡等又は課税仕入れ若しくは課税貨物の保税地域からの引取りに関する事項に係る帳簿（消法58）

（注）　課税貨物の保税地域からの引取りを行う事業者については、上記（ハ）及び（ヘ）（課税貨物の保税地域からの引取りに関する事項に係るものに限ります。）が対象帳簿となります。また、資産の譲渡等又は課税仕入れを行う事業者は、それ以外の帳簿が対象となります

【令和５年度税制改正による対象帳簿の見直し】

上記のイ所得税及びロ法人税の帳簿については、令和６年１月１日以後に法定申告期限等が到来する所得税、法人税の帳簿から、以下の対象帳簿の範囲の合理化・明確化が行われています。

イ　所得税については、所得税法施行規則58条第１項に規定する「その他必要な帳簿」とは、電帳規５条第１項に規定する財務大臣の定める取引に関する事項である以下の表に記載する所得税に係る帳簿の種類に応じて、それぞれの事項に記載するものとなります。

所得税に係る帳簿の種類	財務大臣の定める取引に関する事項
不動産所得を生ずべき業務につき備え付ける帳簿	①　手形（融通手形を除きます。以下、本表において同じです。）上の債権債務に関する事項 ②　上記①以外の債権債務に関する事項（当座預金の預入れ及び引出しに関する事項を除きます。） ③　所得税法２条１項19号に規定する減価償却試算及び同項20号に規定する繰延資産（以下、本表において「減価償却資産等」といいます。）に関する事項 ④　収入に関する事項 ⑤　費用に関する事項

事業所得（農業から生ずる所得を除きます。）を生ずべき業務につき備え付ける帳簿	①　手形条の債権債務に関する事項 ②　売掛金（未収加工料その他売掛金と同様の性質を有するものを含みます。）に関する事項 ③　買掛金（未払加工料その他買掛金と同様の性質を有するものを含みます。）に関する事項 ④　上記①～③意外の債権債務に関する事項（当座預金の預入れ及び引出しに関する事項を除きます。） ⑤　減価償却資産等に関する事項 ⑥　売上げ（加工その他の役務の給付その他売上げと同様の性質を有するもの及び家事消費その他これに類するものを含みます。）その他収入に関する事項 ⑦　仕入れその他費用に関する事項
事業所得（農業から生ずる所得に限ります。）を生ずべき業務につき備え付ける帳簿	①　債権債務に関する事項（当座預金の預入れ及び引出しに関する事項を除きます。） ②　減価償却資産等に関する事項 ③　収入に関する事項 ④　費用に関する事項
山林所得と生ずべき業務につき備え付ける帳簿	①　債権債務に関する事項（当座預金の預入れ及び引出しに関する事項を除きます。） ②　減価償却資産等に関する事項 ③　山林の伐採・譲渡・家事消費その他これに類するものの収入に関する事項 ④　費用に関する事項

ロ　法人税については、法人税法施行規則54条に規定する「その他必要な帳簿」とは、手形（融通手形を除きます。）上の債権債務に関する事項、売掛金（未収加工料その他売掛金と同様の性質を有するものを含みます。）その他債権に関する事項（当座預金の預入れ及び引出しに関する事項を除きます。）、買掛金（未払加工料その他買掛金と同様の性質を有す

るものを含みます。）その他債務に関する事項、法人税法２条21号（定義）に規定する有価証券（商品であるものを除きます。）に関する事項、同条23号に規定する減価償却資産に関する事項、同条24号に規定する繰延資産に関する事項、売上げ（加工その他の役務の給付その他売上げと同様の性質を有するものを含みます。）その他収入に関する事項及び仕入れその他経費（賃金、給料手当、法定福利費及び厚生費を除きます。）に関する事項の記載に係るものをいいます。

（出所：国税庁　電子帳簿保存法一問一答（電子計算機を使用して作成する帳簿書類関係）問39）

これらの改正内容を表にすると以下のとおりとなります。

■ 申告所得税・法人税の優良な電子帳簿の対象範囲の合理化・明確化（改正後）

青色申告法人の場合、仕訳帳、総勘定元帳「その他必要な帳簿」(全ての青色関係帳簿)を備え、別表21に定めるところにより、取引に関する事項を記載しなければならない(法規54、59①)。(所規58、63①)

「その他必要な帳簿」についての対象範囲（申告所得税・法人税）の見直し（以下の記載事項に限定）

【法人税】の場合の見直しの考え方

申告(課税所得)に直接結びつきやすい経理誤り全体を是正しやすくするかどうかといった観点から以下の帳簿を対象とする。

P/L科目⇒課税標準や税額の計算に直接影響を及ぼすことを踏まえ、その科目に関する補助帳簿全て

B/S科目⇒P/L科目との関連性が強く、その科目の変動について把握する必要性が高い科目に関する補助帳簿に限定

帳簿の具体例	記載事項	別表21の区分
売上帳	売上げ（加工その他の役務の給付等売上げと同様の性質を有するものを含む。）その他収入に関する事項	11、12
仕入帳、経費帳、賃金台帳（所得税のみ）	仕入れその他の経費（法人税は、賃金・給料・法定福利費・厚生費を除く。）に関する事項	13，14
売掛帳	売掛金（未収加工料その他売掛金と同様の性質を有するものを含む。）に関する事項	4
買掛帳	買掛金（未払加工料その他買掛金と同様の性質を有するものを含む。）に関する事項	5
受取手形記入帳、支払手形記入帳	手形（融通手形を除く。）上の債権債務に関する事項	3
貸付帳、借入帳、未決済項目に係る帳簿	その他の債権債務に関する事項（当座預金を除く。）	6
有価証券受払い簿（法人税のみ）	有価証券（商品であるものを除く。）に関する事項（法人税のみ）	7
固定資産台帳	減価償却資産に関する事項	8
繰延資産台帳	繰延資産に関する事項	9

（注１）優良な電子帳簿に位置付けられない帳簿としては、現金出納帳（現金の出納に関する事項）、当座預金出納帳（当座預金の預入れ及び引出しに関する事項）、上記以外の資産台帳（上記以外の資産に関する事項）（別表21の区分1.2.10）がある。

（注２）所得税の場合は、費用（経費）に関する事項のうち、雇人費、青色専従者給与額及び福利厚生費（賃金台帳）も優良な電子帳簿の対象となる。

（注３）上記の改正は、令和６年１月１日以後に法定申告期限が到来する国税から適用される。あわせて対象帳簿の範囲を明確化するための運用上の措置が行われている。

これらの個人・法人の青色申告者及び消費税事業者の備え付ける帳簿を「特例国税関係帳簿」といいます。

過少申告加算税の軽減措置（電帳法８④）の適用を受けようとする場合には、適用を受けようとする税目に係る全ての特例国税関係帳簿を電子帳簿保存法施行規則５条５項の要件に従って保存し、あらかじめこの措置の

適用を受ける旨等を記載した届出書を提出する必要があります。

したがって、保存義務者が作成している特例国税関係帳簿の一部の帳簿が優良な電子帳簿である場合にも過少申告加算税の軽減措置を受けられることを前提としているわけではありません。

Point! 税目に係る全ての特例国税関係帳簿を要件に従って保存

なお、総勘定元帳や仕訳帳以外の帳簿は納税者が行う事業の業種や規模によって異なり、保存義務者によって作成している帳簿はまちまちですが、例えば、売上帳、経費帳、固定資産台帳、売掛帳、買掛帳等の帳簿を作成している場合には、各帳簿について電帳規５⑤の要件に従って保存する必要があります（出所：国税庁　電子帳簿保存法一問一答（電子計算機を使用して作成する帳簿書類関係）問39)。

関連 Q&A

問　業務上の必要性等から、一部の記載事項については手書きのノートや簿冊、表計算ソフト等においても補助的・重複的に記録している場合、これらのノート等も優良な電子帳簿としての要件を備えてなければ、過少申告加算税の軽減措置の適用を受けることは認められないのでしょうか。

答

記載事項の全てを「優良な電子帳簿」としての機能を備えた会計ソフトを用いて記録・保存を行っていれば、業務上の必要性等から一部の記載事項について手書きのノート、簿冊、表計算ソフト等において補助的・重複的に記録していたとしても、これらのノート等は、記載事項と同内容を記載した補助資料に過ぎない「優良な電子帳簿に加えて補助的に作成しているノート等」と考えられることから、それらが優良な電子帳簿の要件を満たしていないことを理由として過少申告加算税の軽減措置の適用を受けることができなくなることはありません。

出所：国税庁電帳法一問一答（電子計算機を使用して作成する帳簿書類）問42

問　複数の会計ソフトを使って優良な電子帳簿の機能を備えている場合でも加算税の軽減対象となるのでしょうか。

答

優良な電子帳簿の保存については、特に一つの会計ソフトで行うことまで求められておらず、その保存が複数の会計ソフトを使用して行われている場合であっても、それを理由として過少申告加算税の軽減措置が受けられなくなることはありません。

過少申告加算税の軽減措置の対象となる特例国税関係帳簿について優良な電子帳簿の要件を満たして保存等を行い、かつ、あらかじめその旨の届出書を提出していれば、複数の会計ソフトを使用して保存していても軽減措置の適用を受けることができます。

なお、この場合であっても、各帳簿間の記録事項の関連性を確認することができるようにしておく必要があります。

出所：国税庁電帳法一問一答（電子計算機を使用して作成する帳簿書類）問41

2　スキャナ保存制度の対象となる書類

この保存制度の対象となる書類は、国税関係書類（決算関係書類は除かれます。）の全部又は一部について、その国税関係書類に記載されている事項を一定の要件を満たすスキャナ装置（スキャナを使用する電子計算機処理システム）により、電磁的記録に記録する書類です（電帳法4③）。

この「スキャナ」とは、書面の国税関係書類を電磁的記録に変換する入力装置をいいます。したがって、例えば、スマートフォンやデジタルカメラ等も、この入力装置に該当すれば、保存対象となる「スキャナ」に含まれることになります（電帳通4-16）。社外でスマートフォンを使用して国税関係書類を読み取り、そのデータにより経理処理ができることになります。

■ 国税関係帳簿書類のスキャナ保存の区分

区分	内容	
帳　　簿	仕訳帳 総勘定元帳 一定の取引に関して作成されたその他の帳簿	スキャナ保存対象外
計算、整理 又は 決算関係書類	棚卸表 貸借対照表・損益計算書 計算、整理又は決算に関して作成されたその他の書類	スキャナ保存対象外

スキャナ保存対象

書類の名称・内容	書類の性格	書類の重要度（注）	入力
・契約書 ・領収書 及び恒久的施設との間の内部取引に関して外国法人等が作成する書類のうちこれらに相当するもの 並びにこれらの写し	一連の取引過程における開始時点と終了時点の取引内容を明らかにする書類で、取引の中間過程で作成される書類の真実性を補完する書類	資金や物の流れに直結・連動する書類のうち特に重要な書類	速やかに入力 ・ 業務サイクル後速やかに入力
・預り証 ・借用証書 ・預金通帳 ・小切手 ・約束手形 ・有価証券受渡計算書 ・社債申込書 ・契約の申込書 （定型的約款無し） ・請求書 ・納品書 ・送り状 ・輸出証明書 及び恒久的施設との間の内部取引に関して外国法人等が作成する書類のうちこれらに相当するもの 並びにこれらの写し	一連の取引の中間過程で作成される書類で、所得金額の計算と直結・連動する書類	資金や物の流れに直結・連動する書類	速やかに入力 ・ 業務サイクル後速やかに入力
・検収書 ・入庫報告書 ・貨物受領証 ・見積書 ・注文書 ・契約の申込書 （定型的約款有り） 及びこれらの写し	資金の流れや物の流れに直結・連動しない書類	資金や物の流れに直結・連動しない書類（重要度…低）	速やかに入力・業務サイクル後速やかに入力 適時に入力

（注）　重要度が低以外のものがいわゆる重要書類（法第４条第３項に規定する国税関係書類のうち、規則第２条第７項に規定する国税庁長官が定める書類以外の書類）、重要度が低のものが一般書類（規則第２条第７項に規定する国税庁長官が定める書類）です。

出所：国税庁電子帳簿保存法一問一答（スキャナ保存関係）問２

○　スキャナ保存制度の対象となる書類の具体的範囲

国税関係書類のうち、棚卸表、貸借対照表及び損益計算書並びに計算、整理又は決算に関して作成されたその他の書類（電帳規２④）を除く全ての書類が対象となります。除かれている書類は、税額を算出するための最も基本的な書類です。どの書類をスキャナにより保存するかは、保存義務者がその全部又は一部を選択することになります。

Point！　スキャナ保存は決算関係書類を除く

具体的には、取引の相手から受け取った書類や自己で作成して相手方に渡した書類の写しで、契約書、領収書、契約の申込書、請求書、納品書、見積書、注文書などの書類になります。

なお、スキャナ保存により電磁的記録の保存をもって国税関係書類の保存に代える日前に作成又は受領した重要書類については、所轄税務署長等に適用届出書を提出したときは、一定の要件の下、スキャナ保存をすることができます（出所：国税庁　電子帳簿保存法一問一答（スキャナ保存関係）問２）。

３　電子取引の取引情報に係る電磁的記録の保存制度の対象となる情報の範囲

所得税（源泉徴収に係る所得税を除きます。）及び法人税の保存義務者は、電子取引を行った場合には、一定の要件の下、その電子取引の取引情報に係る電磁的記録を保存しなければなりません（電帳法７）。

電子帳簿保存法２条５号《電子取引の意義》に規定する「電子取引」とは、取引情報（取引に関して受領し、又は交付する注文書、契約書、送り状、領収書、見積書その他これらに準ずる書類に通常記載される事項をいいます。）の授受を電磁的方式により行う取引をいいます。

この「電子取引」には、取引情報が電磁的記録の授受によって行われる取引は通信手段を問わず全て該当しますので、例えば、次のような取引も、これに含まれることになります（電帳通 2-2）。

イ　いわゆる EDI 取引

ロ　インターネット等による取引

ハ　電子メールにより取引情報を授受する取引（添付ファイルによる場合を含みます。）

ニ　インターネット上にサイトを設け、当該サイトを通じて取引情報を授受する取引

関連 Q&A

（保存すべき取引情報の留意点）

問　保存すべき取引情報で留意すべき点はありますか。

答

電子取引の取引情報に係る電磁的記録の保存に当たっては、次の点に留意する必要があります（電帳通 7-1）。

(1)　暗号化されていないものを保存

電子取引の取引情報に係る電磁的記録は、ディスプレイの画面及び書面に、整然とした形式及び明瞭な状態で出力されることを要しますので、暗号化されたものではなく、受信情報にあってはトランスレータによる変換後、送信情報にあっては変換前のもの等により保存することを要します。

ただし、情報セキュリティの観点からデータを暗号化して保存することも一般的になっていることから、暗号化されたデータを保存することを一律に認めないことは適当でなく、税務調査等の際に、確認が必要なデータを暗号化前の状態で速やかに確認することができることとなっている場合には、暗号化後のデータを保存することとして差し支えないこととされています。

(2)　確定情報のみを保存を容認

取引情報の授受の過程で発生する訂正又は加除の情報を個々に保存することなく、確定情報のみを保存することが認められています。

この場合の訂正又は加除のデータとは、確定データに至る前の情報をいうので、例えば、見積書の場合、前の見積金額を変更して、新たな見積金額として確定する場合には、各々の見積金額が確定データとなるので、最終的に合意に至った見積データのみを保存するのではなく、各々の見積データを保存しなければなりません。

(3)　単価等のマスター情報を含んで出力

取引情報に係る電磁的記録は、あらかじめ授受されている単価等のマスター情報を含んで出力されることを要します。

(4)　合理的な方法により編集したものを容認

見積りから決済までの取引情報を、取引先、商品単位で一連のものに組み替える、又はそれらの取引情報の重複を排除するなど、合理的な方法により編集（取引情報の内容を変更することを除きます。）をしたものを保存することが認められています。

（注）いわゆるEDI取引において、電磁的記録により保存すべき取引情報は、一般に「メッセージ」と称される見積書、注文書、納品書及び支払通知書等の書類に相当する単位ごとに、一般に「データ項目」と称される注文番号、注文年月日、注文総額、品名、数量、単価及び金額等の各書類の記載項目に相当する項目となることに留意する必要があります。

（電子メールで受け取った取引情報の保存方法）

問　電子メールを受信した場合、どのように保存すればよいのでしょうか。

答

電子メールにより取引情報を授受する取引（添付ファイルによる場合を含みます。）を行った場合については電子取引に該当します（電帳法２五）。したがって、その取引情報に係る電磁的記録の保存が必要となります（電帳法７）。この電磁的記録の保存とは、電子メール本文に取引情報が記載されている場合は当該電子メールを、電子メールの添付ファイルにより取引情報（領収書等）が授受された場合は当該添付ファイルを、それぞれ、ハードディスク、コンパクトディスク、D

ＶＤ、磁気テープ、クラウド（ストレージ）サービス等に記録・保存する状態にすることをいいます。

出所：国税庁　電子帳簿保存法一問一答（電子取引関係）問３

（保存対象の電子取引）は 242 頁に掲載しています。

（クレジットカードの利用明細データ）

問　クレジットカードの利用明細データは保存が必要ですか。

答

保存義務者が、その事業に関連するクレジットカードの利用明細データを受領した場合のように、個々の取引を集約した取引書類のデータを授受した場合には、クレジットカードの利用明細データ自体も電子取引の取引情報に該当することから、その電子データの保存が必要です。また、その利用明細データに含まれている個々の取引についても、請求書・領収書等データ（取引情報）を電子で授受している場合には、クレジットカードの利用明細データ等とは別途、その保存が必要となります。

出所：国税法　電子帳簿保存法一問一答（電子取引関係）問４

（クラウドサービスを利用した請求書等の取扱い）

問　当社は、取引先からクラウドサービスを利用して請求書等を受領しておりますが、クラウドサービスを利用して受領した場合には、電子取引に該当しますか。

答

クラウドサービスを利用して取引先から請求書等を受領した場合にも、電子取引に該当します。

請求書等の授受についてクラウドサービスを利用する場合は、取引の相手方と直接取引情報を授受するものでなくても、請求書等のデータをクラウドサービスにアップロードし、そのデータを取引当事者双方で共有するものが一般的ですので、取引当事者双方でデータを共有するものも取引情報の授受にあたり、電子取引に該当します。

出所：国税庁　電子帳簿保存法一問一答（電子取引関係）問６

（アプリ提供事業者からの利用明細等の保存の要否）

問　いわゆるスマホアプリによる決済を行いましたが、この際にアプリ提供事業者から利用明細等を受領する行為は、電子取引に該当しますか。

答

アプリ提供事業者から電磁的方式により利用明細等を受領する行為は、電子取引に該当します。そのため、その利用明細等に係る取引データについて保存する必要があります。

いわゆるスマホアプリを利用した際に、アプリ提供事業者から受領する利用明細に係る内容には、通常、支払日時、支払先、支払金額等が記載されていることから、電子帳簿保存法２条５号に規定する取引情報（取引に関して受領し、又は交付する注文書、契約書、送り状、領収書、見積書その他これらに準ずる書類に通常記載される事項）に該当し、その取引情報の授受を電磁的方式より行う場合には、電子取引に該当しますので、取引データを保存する必要があります。

出所：国税庁　電子帳簿保存法一問一答（電子取引関係）問７

（税金納付の領収書等）

問　ダイレクト納付等の電子納税を行った場合にメッセージボックスに格納される受信通知は保存する必要がありますか。

答

税務署窓口で現金納付した場合の領収証書などの領収に関する取引情報の記載があればその紙は保存する必要がありますが、ダイレクト納付等の電子納税の場合には、その受信通知（納付区分番号通知、納付完了通知）は取引情報に当たらず保存義務はありません。

eLTAX で電子納税を行った場合に画面上で確認できる納付済みの

確認メッセージ等についても、e-Taxの受信通知と同様に、それが「領収書」に相当する情報でない限り、取引情報に該当せず保存義務はありません。

出所：国税法　電子帳簿保存法一問一答（電子取引関係）問8

（インターネットバンキングを利用した振込）

問　インターネットバンキングを利用した振込等は、電子取引に該当しますか。該当する場合には、どのようなデータを保存すべきですか。

答

インターネットバンキングを利用した振込等も、電子取引に該当します。

保存しなければならないデータは、金融機関の窓口で振込等を行ったとした場合に受領する書面の記載事項（振込等を実施した取引年月日・金額・振込先名等）が記載されたデータになります。

保存方法は特に定めはありませんが、そのデータをダウンロードするか、PDFファイルやスクリーンショットを作成するなどの方法で保存することになります。

出所：国税法　電子帳簿保存法一問一答（電子取引関係）問9

（従業員が立替払いで領収書を電子データで受領した場合）

問　従業員が会社の経費等を立て替えた場合において、その従業員が支払先から領収書を電子データで受領した行為は、会社としての電子取引に該当しますか。該当するとした場合には、どのように保存すればよいのでしょうか。

答

従業員が支払先から電子データにより領収書を受領する行為についても、その行為が会社の行為として行われる場合には、会社としての電子取引に該当します。そのため、この電子取引の取引情報に係る電磁的記録については、従業員から集約し、会社として取りまとめて保存し、管理することが望ましいですが、集約するまでの一定の間、従業員のパソコンやスマートフォン等に電子データ自体は保存しておきつつ、検索機能を損なうことがないよう会社としても日付、金額、取引先の検索条件に紐づく形でそうした保存状況にあることを情報として管理しておくことも認められます。

なお、この場合においても、電子帳簿保存法施行規則４条１項各号に掲げる措置を行うとともに、税務調査の際には、その従業員が保存する電磁的記録について、税務職員の求めに応じて提出する等の対応ができるような体制を整えておく必要があり、電子データを検索して表示するときは、整然とした形式及び明瞭な状態で、速やかに出力することができるように管理しておく必要があります。

従業員が受領した領収書データの扱い

集約するまでの一定の間は、従業員の PC 等で領収書データを保存	⇒	会社でそうした保存状況を情報として管理することを容認

↓

その後、従業員から領収書等データを集約し、会社として保存・管理する必要

※いずれの場合も税務職員の求めに応じられる体制を整備

法人税法上、会社業務として従業員が立替払いした場合には、原則、その支払が会社の費用として計上されるべきものであることから、従業員が立替払いで領収書を電子データで受領した行為は、会社の行為として、会社と支払先との電子取引に該当すると考えることができます。

そのため、この電子取引の取引情報に係る電磁的記録については、従業員から集約し、会社として保存し、管理する必要がありますが、会社の業務フロー上、打ち出された紙ベースでの業務処理が定着して

おり、直ちに電子データを集約する体制を構築することが困難な場合も存在することも想定され得ることから、集約するまでの一定の間、従業員のパソコンやスマートフォン等により、請求書データを格納する方法により保存することを認めることが明らかにされています。

なお、この場合においても、その電子データの真実性確保の要件等を満たす必要があることから、例えば、正当な理由がない訂正及び削除の防止に関する事務処理規程に従って保存を行う等、電子帳簿保存法施行規則４条の規定に従って保存を行う必要があります。

また、このような場合であっても、本社の経理部等において一定の方法により規則性をもって検索することが可能な体制を構築することが求められるのは、税務調査の際には、税務職員の求めに応じて電磁的記録の提出を行う等の対応が求められることから、円滑に集約が行えるような状態として保存しておく必要があるためです。

したがって、結果として、税務調査の際に保存データの検索を行うに当たって特段の措置が取られておらず、整然とした形式及び明瞭な状態で、速やかに出力することができないような場合には、会社として、その電磁的記録を適正に保存していたものとは認められない点に注意する必要があります。

会社業務として従業員が立替払いした場合の電子取引の取引情報に係る情報の一部について、電子データが適正に保存されず、出力した書面のみが保存されているものがあったとしても、そのような事実のみをもって、直ちに青色申告の承認が取り消されたり、金銭の支出がなかったものと判断されたりするものではありません。

出所：国税庁　電子帳簿保存法一問一答（電子取引関係）問10

Ⅳ 電子帳簿保存法の各保存制度の保存要件

Ⅰにおいて説明したように、電子帳簿保存法は大別して４つの制度で構成されています。各制度において保存対象となる帳簿書類や情報は異なり、保存要件も異なります。

ここでは、令和３年度税制改正での改正項目の概要を押さえ、令和４年度・令和５年度の改正項目もあわせて確認しておきましょう。

1 令和３年度税制改正での改正項目の概要

(1) 事前承認制度の廃止

国税関係帳簿書類の電磁的記録等による保存制度の利用に当たっての事務負担を軽減する観点から、その承認制度が廃止されました（旧電帳法6～9、旧電帳規5～7)。これにより、これまで国税関係帳簿書類の電磁的記録等による保存制度の適用に当たって必要とされてきた事前手続が不要となり、国税関係帳簿書類の電磁的記録等による保存要件等を満たすことにより本制度を利用することが可能となりした（電帳法４①②③、5)。

事前承認を受けるハードルが高く、なかなか利用に結びつかなかったところもありましたので、事前承認制度の廃止により、保存要件の大幅な緩和や誰もが利用しやすい電子帳簿保存制度の創設によって、制度を利用するハードルが大きく下がり、飛躍的な利用者の増加が見込まれます。

事前承認制度の廃止

↓

保存要件を満たせばいつでも利用可能に

(2) 電子帳簿保存の対象となる国税関係帳簿の範囲の見直し

令和３年度の改正では、個人事業者の正規の簿記による青色申告を促進する観点から、国税関係帳簿の電磁的記録等による保存等について、対象となる国税関係帳簿が正規の簿記の原則又は複式簿記の原則に従って記録されるものに限定されました。

具体的には、国税関係帳簿の電磁的記録等による保存等について、所得税法又は法人税法の規定により備付け及び保存をしなければならないこととされている帳簿であって、資産、負債及び資本に影響を及ぼす一切の取引につき、正規の簿記の原則（法人税法の規定により備付け及び保存をしなければならないこととされている帳簿にあっては、複式簿記の原則）に従い、整然と、かつ、明瞭に記録されているもの以外のものが、対象となる国税関係帳簿の範囲から除外されました（電帳法４①、電帳規２①）。

これは、所得税法上の青色申告者は正規の簿記の原則に従い記録をしなければならないこと、法人税法上の青色申告法人は複式簿記の原則に従い記録をしなければならないこと、とそれぞれ定められていることを踏まえて（所規57①、法規53）、国税関係帳簿の電磁的記録等による保存等における対象帳簿についても、これらと同様の水準の記録を求めるものです。他方で、所得税法及び法人税法上の帳簿以外の帳簿については、こうした原則に従って記録をしなければならないこととされていないため、全ての帳簿が対象となります。

電子帳簿保存法の保存対象帳簿

⇒ | 所得税・法人税の青色申告と同様の記帳水準を求める。 |

(3)「最低限の要件を満たす電子帳簿」の創設

中小事業者（個人を含む）の実態として、その多くはパソコンを利用して経理事務を行っているものの、電子帳簿保存法の保存要件を満たしていないため、印刷して「電子的に作成された紙の帳簿」として保存しているのが実情である実態を踏まえ、国税関係帳簿の電磁的記録等による保存については、電子計算機処理システムの概要書等を備え付ける等の「最低限の要件を満たす電子帳簿」による保存が可能とされました。

会計ソフト等で帳簿作成するも「電子的に作成された紙の帳簿」としての保存が多いのが実態

⬇

モニター、説明書の備付け等の「最低限の要件を満たす電子帳簿」の利用により記帳水準向上

(4) ダウンロードの求めに応じること

税務調査の適正性・効率性を一定程度確保する観点から、「最低限の要件を満たす電子帳簿」の保存要件として、「国税に関する法律の規定によるその国税関係帳簿書類に係る電磁的記録の提示又は提出の要求に応じることができるようにしておくこと」（いわゆる「ダウンロードの求めに応じること」）が求められることとされました。この「ダウンロードの求めに応じること」とは、具体的には、国税関係帳簿書類の電磁的記録等による保存等を行っている対象帳簿書類のデータについて、税務調査の際、税務当局からの質問検査権の行使として行われるダウンロードの求めに応じることができるようにしておくことです。この求めに応じて税務当局にデータが提供されることにより、税務当局において、必要なデータの検索や訂正・削除・追加の有無等を確認することが可能となり、調査の適正性・効率性が一定程度確保されることとなります。なお、この求めに応じなかった場合や不十分な状態でデータが提供された場合には、保存要件を満たしていないことになり、その電磁的記録等は国税関係帳簿書類として扱われないこととなります（電帳法８①）。

ダウンロードの求めに応じて税務当局に提供されたデータ

↓

税務当局で必要なデータの検索、訂正・削除・追加の有無等を確認

↓

調査の適正性・効率性が一定程度確保

↓

求めに応じなかった場合等には保存要件を満たさないことに

↓

青色申告等の取消事由にも該当

(5) 優良な電子帳簿の場合のダウンロードの求め

優良な電子帳簿の保存等の要件（96頁参照）に従って保存等をしている者、すなわち、電磁的記録の訂正・削除・追加の履歴の確保、帳簿間での記録事項の相互関連制の確保や検索機能の確保といった要件を満たして適正に電子帳簿等保存を行っている者については、税務調査の適正性・効率性は既に一定程度確保されていると考えられることから、「国税関係帳簿書類に係る電磁的記録の提示又は提出の要求に応じること（ダウンロードの求めに応じること）ができるようにしておくこと」との要件は不要とされています（電帳規２②③、３①②）。

なお、ダウンロードの求めに応じることは保存要件とはされていませんが、応じる場合には、検索要件の「範囲を指定した条件設定」及び「２以上の任意の記録項目を組合せた条件設定」は不要とされます（電帳規５⑤一柱書）。

また、令和３年度改正後においては、「最低限の要件を満たす電子帳簿」の要件に従って保存等が行われていないことが青色申告の承認申請却下若しくは承認取消し又は通算予定法人に係る通算承認の承認申請却下の事由に該当することとされており、令和３年度改正前において求められていた電磁的記録の訂正・削除・追加の履歴の確保や検索機能の確保といった要

件に従って保存等が行われていないことは、これらの事由から除外されています（電帳法８③）。

Point!　青色承認取消事由の要件緩和

以下、それぞれの制度ごとに令和３年度改正をもとに、必要に応じて令和４年度・令和５年度改正の内容も織り込みながら保存要件を確認していきます。

2　国税関係帳簿の電磁的記録による保存の要件

令和３年度改正では、帳簿保存制度は、「最低限の要件を満たす電子帳簿」と「優良な電子帳簿」の２種類の保存制度に構成されることになりますが、このうち信頼性の高い従来の電子帳簿についてはインセンティブを設けることで記帳水準の向上を図ることとし、その保存要件については、電子帳簿保存法８条４項に定める過少申告加算税の軽減措置の対象となる国税関係帳簿の保存要件として、電子帳簿保存法施行規則５条５項１号に定められています。具体的には、「最低限の要件を満たす電子帳簿」の要件により保存を行っている国税関係帳簿で、①訂正・削除・追加履歴の確保、②帳簿間の相互関連性の確保、③検索機能の確保の保存要件を定めています。これらの保存要件は、「国税の納税義務の適正な履行に資するもの」として位置付けています（電帳法８④）。一方、最低限の要件で保存が可能となる「最低限の要件を満たす電子帳簿」については、電子帳簿保存法４条１項の国税関係帳簿の保存要件として定められています。

【令和３年度税制改正後の保存要件】

保存要件は下記のようになります。

(1)　最低限の要件を満たす電子帳簿の場合（正規の簿記の原則に従って記録されるものに限ります。）

①　電子計算機処理システムの開発関係書類等の備付け

② 見読可能装置の備付け等

③ 国税庁等の当該職員の質問検査権に基づくその国税関係帳簿書類に係る電磁的記録のダウンロードの求めがある場合には、これに応じることとすること

(2) 優良な電子帳簿の場合

① 電磁的記録の訂正・削除・追加の履歴の確保

② 各帳簿間での記録事項の相互関連性の確保

③ 電子計算機処理システムの開発関係書類等の備付け

④ 見読可能装置の備付け等

⑤ 検索機能の確保（検索項目を取引等の年月日、取引金額及び取引先に限定するとともに、保存義務者が国税庁等の当該職員の質問検査権に基づく電磁的記録のダウンロードの求めに応じることとする場合には、範囲指定及び項目を組み合わせて設定できる機能の確保が不要とされます。）

（加算税軽減措置）

上記の要件の全てを満たし、一定の国税関係帳簿（注）の保存等を行う者でその旨の届出書をあらかじめ提出した者については、その国税関係帳簿に係る電磁的記録に記録された事項に関し所得税、法人税又は消費税に係る修正申告又は更正があった場合（申告漏れについて、隠蔽し、又は仮装された事実がある場合を除きます。）には、その記録された事項に関し生じた申告漏れに課される過少申告加算税の額については、通常課される過少申告加算税の額から当該申告漏れに係る所得税、法人税又は消費税の5%に相当する金額を控除した金額とされます。

（注）「一定の国税関係帳簿」とは、所得税若しくは法人税の青色申告者が保存しなければならないこととされる仕訳帳、総勘定元帳その他必要な帳簿又は消費税の事業者が保存しなければならないこととされる帳簿をいいます。

■ 電子帳簿等保存制度［帳簿］の保存要件（自己が一貫して電子で作成）
※令和３年度改正後は、事前承認制を廃止し、２種類の保存制度に構成!!

最低限の要件を満たす電子帳簿

事前手続なし		
システムの開発関係書類等の備付け	見読可能装置の備付	税務調査でダウンロードの求めに応じる

注：正規の簿記の原則に従って記録されるものに限る。
※令4.1.1以後に備付けを開始する帳簿、保存を行う書類から適用。

優良な電子帳簿

事前届出により加算税軽減				
訂正・削除・追加履歴の確保	帳簿間の相互関連性確保	システムの開発関係書類等の備付け	見読可能装置の備付	検索機能の確保（取引年月日、金額、取引先に限定）

注：一定の国税関係帳簿（青色申告者、消費税事業者の備付ける帳簿）の保存を行う者については過少申告加算税を5%軽減する。
※令4.1.1以後に法定申告期限等が到来する国税から適用

■ 電子帳簿等保存制度の保存要件

自己がコンピュータを使用して作成する帳簿書類が対象
改正前は事前（備付け又は保存開始の３月前）に税務署長の承認が必要

	令和３年度改正前		令和３年度改正後		
要　　件	帳簿	書類	優良な電子帳簿	最低限の要件を満たす電子帳簿	書類
電磁的記録の訂正・削除・追加の事実及び内容を確認することができる電子計算機処理システムの使用	○		○		
帳簿間での記録事項の相互関連性の確保	○		○		
システムの開発関係書類等の備付け	○	○	○	○	○
見読可能装置の備付け等	○	○	○	○	○
検索機能の確保	○	○	○		
税務調査でダウンロードの求めに応じる				○	○
税務署長の承認	○	○			

注１：優良な電子帳簿について一定の国税関係帳簿（青色申告者、消費税事業者の備付ける帳簿）の保存を行う者で事前に届出を提出した者については過少申告加算税が5%軽減される。
　２：改正後の検索機能は検索項目を取引年月日、金額、取引先に限定。税務調査でダウンロードの求めに応じる場合には範囲指定・項目組合せ機能を不要。
　３：最低限の要件を満たす電子帳簿は正規の簿記の原則に従って記録されるものに限る。

参考　所得税の青色申告特別控除について

所得税の青色申告者に対する特典として青色申告特別控除があります。この控除には55万円、65万円、10万円の三種類があり、それぞれ次に掲げる要件が定められています（措法25の2、措規9の6、措通25の2-1）。

1　55万円の青色申告特別控除

次に掲げる要件を満たす場合に控除できます。

⑴　不動産所得又は事業所得を生ずべき事業を営んでいること。

⑵　これらの所得に係る取引を正規の簿記の原則（一般的には複式簿記）により記帳していること。

（注）青色申告者は、「資産、負債及び資本に影響を及ぼす一切の取引を正規の簿記の原則に従い、整然と、かつ、明瞭に記録し、その記録に基づき、貸借対照表及び損益計算書を作成しなければならない。」と記帳方法が規定されています。「正規の簿記」とは、損益計算書と貸借対照表が導き出せる組織的な簿記の方式をいい、一般的には複式簿記をいいます（出所：国税庁「はじめてみませんか？青色申告」）。

⑶　⑵の記帳に基づいて作成した貸借対照表及び損益計算書を確定申告書に添付し、この控除の適用を受ける金額を記載して、法定申告期限内に提出すること。

（注1）現金主義によることを選択している者は受けられません。

（注2）不動産所得の金額又は事業所得の金額の合計額（損益通算前の黒字所得金額の合計額）が55万円より少ない場合には、その合計額が限度となります。

（注3）不動産所得の金額、事業所得の金額から順次控除します。

2　65万円の青色申告特別控除

次に掲げる要件を満たす場合に控除できます。

⑴　上記1の要件に該当していること

⑵　次のいずれかに該当していること

①　その年分の事業に係る仕訳帳及び総勘定元帳について、電子帳簿保存を行っていること。

【令和3年度税制改正】

65万円青色申告特別控除の控除要件となる「電子帳簿保存を行っていること」については、「優良な電子帳簿」と「最低限の要件を満たす電子帳簿」のうち、信頼性の高い優良な電子帳簿についてインセンティブを設けることで記帳水準の向上を図ることとし、仕訳帳及び総勘定元帳について「優良な電子帳簿」の要件を満たしている場合に限るとされました（措法25の2④）。
　この改正は、令和4年分から適用されています（令3改正法附則34）。

② その年分の所得税の確定申告書、貸借対照表及び損益計算書等の提出を、確定申告書の提出期限までにe-Taxを使用して行うこと。

3　10万円の青色申告特別控除

上記1及び2の要件に該当しない青色申告者が控除を受けられます。

（注1）不動産所得の金額、事業所得の金額又は山林所得の金額の合計額（損益通算前の黒字所得金額の合計額）が10万円より少ない場合には、その金額が限度となります。

（注2）不動産所得の金額、事業所得の金額、山林所得の金額から順次控除します。

ⅰ 「最低限の要件を満たす電子帳簿」の保存要件

「最低限の要件を満たす電子帳簿」の保存義務者は、自己が最初の記録段階から一貫して電子計算機を使用して国税関係帳簿を作成する場合には、財務省令で定めるところにより、当該国税関係帳簿に係る電磁的記録の備付け及び保存をもって当該国税関係帳簿の備付け及び保存に代えることができますが（電帳法4①）、この財務省令で定める保存要件として、以下のものが定められています（電帳規2②）。

(1) 電子計算機処理システムの開発関係書類等の備付け（電帳規2②一イ～ニ、電帳通4-6）

国税関係帳簿に係る電磁的記録の備付け及び保存に併せて、次に掲げる書類の備付けを行うことが要件となります。

ただし、国税関係帳簿に係る電子計算機処理に保存義務者が開発したプログラム（電子計算機に対する指令であって、一の結果を得ることができるように組み合わされているものをいう。）以外のプログラムを使用する場合には①及び②に掲げる書類は除かれ、国税関係帳簿に係る電子計算機処理を他の者（当該電子計算機処理に当該保存義務者が開発したプログラムを使用する者を除きます。）に委託している場合には③に掲げる書類は除かれます。

① 当該国税関係帳簿に係る電子計算機処理システムの概要を記載した書類

具体的な書類の範囲…システム全体の構成及び各システム間のデータの流れなど、電子計算機による国税関係帳簿書類の作成に係る処理過程を総括的に記載した、例えば、システム基本設計書、システム概要書、フロー図、システム変更履歴書などの書類

② 当該国税関係帳簿に係る電子計算機処理システムの開発に際して作成した書類

具体的な書類の範囲…システムの開発に際して作成した（システム及びプログラムごとの目的及び処理内容などを記載した）、例えば、システム仕様書、システム設計書、ファイル定義書、プログラム仕様書、プログラムリストなどの書類

③ 当該国税関係帳簿に係る電子計算機処理システムの操作説明書

具体的な書類の範囲…入出力要領などの具体的な操作方法を記載した、例えば、操作マニュアル、運用マニュアルなどの書類

④ 当該国税関係帳簿に係る電子計算機処理並びに当該国税関係帳簿に係る電磁的記録の備付け及び保存に関する事務手続を明らかにした書類（当該電子計算機処理を他の者に委託している場合には、その委託に係る契約書並びに当該国税関係帳簿に係る電磁的記録の備付け及び保存に関する事務手続を明らかにした書類）

具体的な書類の範囲…入出力処理（記録事項の訂正又は削除及び追加をするための入出力処理を含む。）の手順、日程及び担当部署並びに電磁的記録の保存等の手順及び担当部署などを明らかにした書類

関連Q&A

（オンラインマニュアル等の操作説明書の備付けとしての取扱い）

問 いわゆるオンラインマニュアルやオンラインヘルプ機能に操作説明書と同等の内容が組み込まれている場合、操作説明書が備え付けられているものと考えてもよいでしょうか。

答

上記(1)のシステム関係書類等については、書面以外の方法により備え付けることもできることとされています（電帳通４－６本文なお書）ので、いわゆるオンラインマニュアルやオンラインヘルプ機能に操作説明書と同等の内容が組み込まれている場合には、それが整然とした形式及び明瞭な状態で画面及び書面に、速やかに出力することができるものであれば、操作説明書が備え付けられているものとして取り扱って差し支えないこととされています。

出所：国税庁　電子帳簿保存法一問一答（電子計算機を使用して作成する帳簿書類関係）問８

（備付けを要する事務手続関係書類の内容）

問　上記④の備え付けておくべき「国税関係帳簿に係る電子計算機処理に関する事務手続を明らかにした書類」とは、具体的にどのような内容を記載したものが必要となりますか。

答

備付けを要する事務手続関係書類（電帳規２②一ニ）については、電帳通4-6でこれに記載すべき事項が示されていますが、この備付けを要する事務手続関係書類に記載すべき事項のうち、入出力処理（記録事項の訂正又は削除及び追加をするための入出力処理を含みます。）の手順、日程及び担当部署などについて概要を示すと、例えば、次のような内容を記載したものが必要となります。また、電子計算機処理を他の者に委託している場合には、これらの書類に代えて委託契約書等を備え付けておく必要があります。

国税関係帳簿に係る電子計算機処理に関する事務手続を明らかにした書類（概要）

（入力担当者）

1　仕訳データ入出力は、所定の手続を経て承認された証票書類に基づき、入力担当者が行う。

（仕訳データの入出力処理の手順）

2　入力担当者は、次の期日までに仕訳データの入力を行う。

(1)　現金、預金、手形に関するもの取引日の翌日（営業日）
(2)　売掛金に関するもの請求書の発行日の翌日（営業日）
(3)　仕入、外注費に関するもの検収日の翌日（営業日）
(4)　その他の勘定科目に関するもの取引に関する書類を確認してから１週間以内

（仕訳データの入力内容の確認）
3　入力担当者は、仕訳データを入力した日に入力内容の確認を行い、入力誤りがある場合は、これを速やかに訂正する。

（管理責任者の確認）
4　入力担当者は、業務終了時に入力データに関するデータをサーバに転送する。管理責任者はこのデータの確認を速やかに行う。

（管理責任者の確認後の訂正又は削除の処理）
5　管理責任者の確認後、仕訳データに誤り等を発見した場合には、入力担当者は、管理責任者の承認を得た上でその訂正又は削除の処理を行う。

（訂正又は削除記録の保存）
6　５の場合は、管理責任者は訂正又は削除の処理を承認した旨の記録を残す。

出所：国税庁　電子帳簿保存法一問一答（電子計算機を使用して作成する帳簿書類関係）問９

(2)　見読可能装置の備付け等（電帳規２②二）

国税関係帳簿に係る電磁的記録の備付け及び保存をする場所にその電磁的記録の電子計算機処理の用に供することができる電子計算機、プログラム、ディスプレイ及びプリンタ並びにこれらの操作説明書を備え付け、その電磁的記録をディスプレイの画面及び書面に、整然とした形式及び明瞭な状態で、速やかに出力することができるようにしておくことが要件となります。

関連Q&A

（整然とした形式及び明瞭な状態）

問　整然とした形式及び明瞭な状態とはどのような状態なのですか。

答

「整然とした形式及び明瞭な状態」とは、書面により作成される場合の帳簿書類に準じた規則性を有する形式で出力され、かつ、出力される文字を容易に識別することができる状態をいいます（電帳通4-8)。

(クラウドサービス等を利用した場合の保存すべき場所)

問　クラウドサービスの利用や海外サーバでの保存は、保存すべき場所に保存したことになるのでしょうか。

答

電帳規２条２項２号に規定する保存をする場所（以下「保存場所」といいます。）に備え付けられている電子計算機とサーバとが通信回線で接続されているなどにより、保存場所において電磁的記録をディスプレイの画面及び書面に、同号に規定する「整然とした形式及び明瞭な状態で、速やかに出力することができる」ときは、クラウドサービスを利用する場合や、サーバを海外に置いている場合であっても、当該電磁的記録は保存場所に保存等がされているものとして取り扱われます。

Point!　**海外サーバ等でも保存すべき場所に保存したことに**

近年、コンピュータのネットワーク化が進展する中、通信回線のデータ送信の高速化も進み、コンピュータ間でデータの送受信が瞬時にできる状況となっていますが、電子帳簿保存法創設の趣旨（電帳法1）を踏まえ、保存場所に備え付けられている電子計算機と国税関係帳簿書類の作成に使用する電子計算機とが通信回線で接続されていることなどにより、保存場所において電磁的記録をディスプレイの画面及び書面に、それぞれの要件に従って、速やかに出力することができるときは、当該電磁的記録は保存場所に保存等がされているものとして取り扱われています（電帳通4-7注書)。

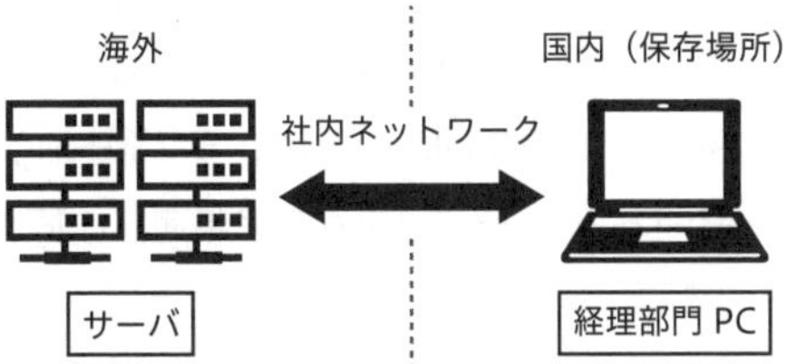

出所：国税庁　電子帳簿保存法一問一答（電子計算機を使用して作成する帳簿書類関係）問 13

(3) 税務調査でのダウンロードの求め（電帳規 2 ②三）

国税に関する法律の規定よる国税関係帳簿に係る電磁的記録の提示又は提出の要求に応じることができるようにしておくことが要件となります。ただし、保存義務者が「優良な電子帳簿」の要件（電帳規 5 ⑤一）に従ってその電磁的記録の備付け及び保存を行っている場合には、このダウンロードの求めに応じる要件は除かれます（電帳規 2 ②かっこ書）。

関連 Q&A

（税務調査におけるダウンロードの求めへの対応方法）

問　税務調査でのダウンロードの求めには、具体的にどのように応じる必要があるのですか。

答

（ダウンロードの求めの全てに応じる必要）

「国税に関する法律の規定よる当該国税関係帳簿に係る電磁的記録の提示又は提出の要求に応じることができるようにしておくこと。」とは、法の定めるところにより備付け及び保存が行われている国税関係帳簿又は保存が行われている国税関係書類若しくは電子取引の取引情報に係る電磁的記録について、税務職員から提示又は提出の要求（いわゆる「ダウンロードの求め」）があった場合に、そのダウンロードの求めに応じられる状態で電磁的記録の保存等を行い、かつ、実際にそのダウンロード（その電磁的記録を複製した写しとしての電磁的記録を提出すること）の求めがあった場合には、その求めに応じることをいいます。この規定の解釈は、電子帳簿保存法施行規則２条２項３号の「最低限の要件を満たす電子帳簿」を始め、同施行規則２条６項の「スキャナ保存」、同施行規則４条１項（電子取引の取引情報の保存）及び同施行規則５条５項（優良な電子帳簿）の同様の規定でも適用されます。

また、「その要求に応じること」とは、当該職員の求めの全てに応じた場合をいうのであって、その求めに一部でも応じない場合はこれらの規定の適用（電子帳簿等保存制度の適用・検索機能の確保の要件の緩和）は受けられないことになります。

Point！ ダウンロードの求めに一部でも応じなければ要件に従った保存が行われていないことに

したがって、その求めに一部でも応じず、かつ、電子帳簿保存法施行規則２条６項５号に掲げる要件（検索機能の確保に関する要件の全て）又は同施行規則５条５項に定める要件（優良な電子帳簿に関する要件。なお、国税関係書類については、これに相当する要件）が備わっていなかった場合には、電子帳簿保存法施行規則２条２項、３項、６項、３条、４条１項の規定の適用に当たって、要件に従って保存等が行われていないこととなるから、その保存等がされている電磁的記録又は電子計算機出力マイクロフィルムは国税関係帳簿又は国税関係書類（電子取引の取引情報に係る電磁的記録については国税関係書類以外の書類）とはみなされないこととなります。

（ダウンロードの対象範囲・提供形態）

また、ダウンロードの求めの対象については、法の定めるところにより備付け及び保存が行われている国税関係帳簿又は保存が行われている国税関係書類若しくは電子取引の取引情報に係る電磁的記録が対象となり、ダウンロードの求めに応じて行われる当該電磁的記録の提出については、税務職員の求めた状態で提出される必要があります（電帳通 4-14）。

このダウンロードの求めについては、当該電磁的記録が対象となることから、例えば、当該電磁的記録に関する履歴データ等のほか、当該電磁的記録を補完するための取引先コード表等も含まれることとなります。加えて、その提供形態については、その電磁的記録において通常出力が可能な範囲で、求めに応じた方法（例えば出力形式の指定等）により提供される必要があるため、例えば、ＣＳＶ出力が可能であって、税務職員がＣＳＶ出力形式でダウンロードを求めたにもかかわらず、検索性等に劣るそれ以外の形式で提出された場合は、当該ダウンロードの求めに応じたことにはなりません。

Point !　税務職員の求めた状態で提出しなければ、求めに応じたことにならない

（出力した書面や画面の提示等）

ダウンロードの求めに関する要件は、保存義務者において検索機能の確保の要件等に対応することが困難な場合であっても、保存すべき電磁的記録を複製した写しとしての電磁的記録が税務当局に提出されれば、税務当局の設備等を用いて検索等を行うことができることを踏まえて設けられたものです。そのため、このダウンロードの求めは、あくまで電磁的記録を複製した写しとしての電磁的記録の提出を求めるものであり、保存している電磁的記録を出力した書面を提示又は提出したり、電磁的記録を出力したディスプレイの画面を提示したりしたとしても、ここでいうダウンロードの求めに応じたことにはなりません。

Point !　書面や画面の提示等ではダウンロードの求めに応じたことにならない

（税務調査における国税関係帳簿書類以外の電磁的記録の提示等の要求）

ダウンロードの求めに応じる本規定の適用（検索機能の確保の要件の緩和）要件の対象とはなりませんが、税務調査においては、質問検査権の規定に基づき、税務職員が、当該国税関係帳簿書類以外の電磁

的記録、例えば、その他パソコンに存在する取引に関するメールやメモデータといった電磁的記録についても提示又は提出を求める対象となることに留意する必要があります。

出所：電帳通 4-14 より作成

Point !	保存義務対象外の電子データも質問検査権の対象（240 頁参照）

（ダウンロードの際のデータ形式や並び順）

問　ダウンロードの求めに応じる場合に、その提出の際のデータ形式や並び順について決まりはありますか。また記憶媒体自体の提示・提出は必要ですか。

答

税務職員が確認可能な状態で提供されれば形式や並び順は問いませんが、通常出力できるであろうファイル形式等（CSV 形式等）で提供される必要があります。

出力可能な形式でダウンロードを求めたにもかかわらず、検索性等の劣るそれ以外の形式で提供された場合は保存要件を満たさないことになります。

また、ダウンロードの求めに応じることには記憶媒体の提示・提出に応じることまで含まれていませんが、その記憶媒体についても、質問検査権に基づき確認を行う場合があります。

出所：国税庁　電子帳簿保存法一問一答（電子計算機を使用して作成する帳簿書類関係）問 21

（最低限の要件を満たす電子帳簿のダウンロード方法）

問　「最低限の要件を満たす電子帳簿」のダウンロードの求めに応じることができるようにしておく保存要件について、その帳簿データを画像ファイルや PDF 形式に変換して保存することは可能ですか。

答

一般的には検索性等の劣るものと考えられます。

したがって、検索性等を備えたデータ（ＣＳＶ形式等）も併せて保存しているなどの特段の事情がない限り、その画像ファイルやPDF形式に変換して保存されている帳簿データを提示・提出できるようにしている場合であっても、ダウンロードの求めに応じることができるようにしておく保存要件を満たして保存していることにはなりません。

ダウンロードの求めに応じることを保存要件としているのは、ダウンロードにより税務当局にデータが提供されることにより、税務当局では、必要なデータの検索や訂正・削除・追加の有無等を確認することが可能となり、税務調査の適正性・効率性を一定程度確保することができるからです。検索性等の面で劣る画像ファイルやPDF形式に変換して保存していたとしても、この要件を満たして保存しているとは言えません。

なお、例えば、記帳代行業者が会計ソフトにより電子帳簿を作成している場合について、ＰＤＦ形式に変換したデータを納税者に提供することが禁止されているわけではなく、検索性等を備えたＣＳＶ形式に出力したデータも併せて納税者に提供しておき、そのデータについてもダウンロードの求めに応じることができるようにしておくといった対応は可能です。

出所：国税庁　電子帳簿保存法一問一答（電子計算機を使用して作成する帳簿書類関係）問22

（税務調査のダウンロードの求めにおける通則法以外の質問検査権の行使）

問　税務調査でのダウンロードの求めは、国税通則法以外の規定による質問検査権の行使はあるのですか。

答

国税通則法74条の2から74条の6までの規定による質問検査権

の行使に基づく提示又は提出の要求のほか、以下のものが対象となります。

(1) 国税通則法の規定を準用する租税特別措置法、東日本大震災からの復興のための施策を実施するために必要な財源の確保に関する特別措置法（復興特別所得税・復興特別法人税）及び一般会計における債務の承継等に伴い必要な財源の確保に係る特別措置に関する法律（たばこ特別税）の規定による質問検査権の行使に基づくもの（措法 87 の 6 ⑪等、復興財確法 32 ①、62 ①、財源確保法 19 ①）
(2) 非居住者の内部取引に係る課税の特例、国外所得金額の計算の特例等に係る同種の事業を営む者等に対する質問検査権の行使に基づくもの（措法 40 の 3 の 3、措法 41 の 19 の 5 等）
(3) 国外財産調書・財産債務調書を提出する義務がある者に対する質問検査権の行使に基づくもの（国送法 7 ②）
(4) 支払調書等の提出に関する質問検査権の行使に基づくもの（措法 9 の 4 の 2 等）
(5) 相手国等から情報の提供要請があった場合の質問検査権の行使に基づくもの（実特法 9 ①）
(6) 報告事項の提供に係る質問検査権の行使に基づくもの（実特法 10 の 9 ①等）
(7) 納税の猶予の申請に係る事項に関する調査に係る質問検査権の行使に基づくもの（国税通則法 46 の 2 ⑪）
(8) 滞納処分に関する調査に係る質問検査権の行使に基づくもの（国税徴収法 141）

出所：電帳通 4-13 より作成

ii 「優良な電子帳簿」の保存要件

「優良な電子帳簿」の保存要件は、電帳法 8 条 4 項に定める過少申告加算税の軽減措置の対象となる国税関係帳簿の保存要件として、電帳規 5 条 5 項 1 号イ～ハに定められています。具体的な保存要件は、「最低限の要件を満たす電子帳簿」の要件により保存を行っている国税関係帳簿で、①訂正・削除・追加履歴の確保、②帳簿間の相互関連性の確保、③検索機能の確保となっています。これらの保存要件は、「国税の納税義務の適正な履行に資するもの」として位置付けています（電帳法８④）。

[国税の納税義務の適正な履行に資するものとする保存要件]

上記の国税関係帳簿に係る電磁的記録の備付け及び保存又はその電磁的記録の備付け及びその電磁的記録の電子計算機出力マイクロフィルムによる保存が、国税の納税義務の適正な履行に資するものとして以下に掲げる要件を満たしている場合とされています。

(1)　電磁的記録の訂正・削除・追加の履歴の確保（電帳規５⑤一イ⑴⑵）

国税関係帳簿に係る電子計算機処理に、次に掲げる要件を満たす電子計算機処理システム（「電子計算機処理に関するシステム」をいいます。以下同じ。）を使用すること。

①　国税関係帳簿に係る電磁的記録の記録事項について訂正又は削除を行った場合には、これらの事実及び内容を確認することができること。

②　国税関係帳簿に係る記録事項の入力をその業務の処理に係る通常の期間を経過した後に行った場合には、その事実を確認することができること。

関連Q&A

（電磁的記録の訂正又は削除）

問　電磁的記録の訂正又は削除とはどういうことをいうのですか。

答

この「訂正又は削除」とは、電子計算機処理によって、特例国税関係帳簿（189頁参照）に係る電磁的記録の該当の記録事項を直接に変更することのみをいうのではなく、該当の記録事項を直接に変更した場合と同様の効果を生じさせる新たな記録事項（いわゆる反対仕訳）を追加することもこれに含まれます（電帳通8-8）。

（訂正削除の履歴の確保の方法）

問　訂正削除の履歴の確保はどのような方法でするのですか。

答

例えば、次に掲げるシステム等によることとしている場合には、当該規定の要件を満たすものとして取り扱うこととされます（電帳通8-9）。

(1) 電磁的記録の記録事項を直接に訂正し又は削除することができるシステムで、かつ、訂正前若しくは削除前の記録事項及び訂正若しくは削除の内容がその電磁的記録又はその電磁的記録とは別の電磁的記録に自動的に記録されるシステム

(2) 電磁的記録の記録事項を直接に訂正し又は削除することができないシステムを使用し、かつ、その記録事項を訂正し又は削除する必要が生じた場合には、これを直接に訂正し又は削除した場合と同様の効果を生じさせる新たな記録事項（当初の記録事項を特定するための情報が付加されたものに限る。）を記録する方法（いわゆる反対仕訳による方法）

（訂正削除の履歴の確保の特例）

問　訂正削除の履歴の確保の特例とはどのようなものですか。

答

電磁的記録の記録事項の誤りを是正するための期間を設け、その期間がその電磁的記録の記録事項を入力した日から１週間を超えない場合であって、その期間内に記録事項を訂正し又は削除したものについて、その訂正又は削除の事実及び内容に係る記録を残さないシステムを使用し、電子帳簿保存法施行規則２条２項１号ニ《電磁的記録の保存等に関する事務手続を明らかにした書類の備付け》に掲げる書類に当該期間に関する定めがあるときは、要件を充足するものとして取り扱われます（電帳通8-10）。

Point! 1週間以内の訂正削除履歴は残さないことも可能

一定の期間について訂正削除の履歴を残さないシステムとしては、例えば、次の訂正又は削除の方法の区分に応じ、次のようなものが考えられます（国税庁　電子帳簿保存法一問一答（電子計算機を使用して作成する帳簿書類関係）問27）。

① 記録事項を直接に訂正し又は削除する方法

電磁的記録の記録事項に係る当初の入力日から訂正又は削除をすることができる期間を自動的に判定し、当該期間内における訂正又は削除については履歴を残さないこととしているシステム

② いわゆる反対仕訳により訂正し又は削除する方法

電磁的記録の記録事項に係る当初の入力日から訂正又は削除をすることができる期間を自動的に判定し、当該期間が経過するまでは記録事項を直接に訂正し又は削除することができるが、当該期間が経過した後においては反対仕訳の方法によってしか記録事項を訂正し又は削除することができないシステム

（訂正削除の履歴を残す必要があるもの）

問 訂正削除の履歴を残す必要がある「優良な電子帳簿に係る電磁的記録」とは、どのようなものですか。

答

各税法で定められている国税関係帳簿に係る記載事項に係る電磁的記録をいいます。その具体的な範囲については、帳簿が課税標準等・税額の計算・事後検証に資することをひとつの目的として備付け及び保存されるものであることを踏まえて判断する必要があり、例えば、固定資産台帳については、「固定資産を供用開始、除却した年月日及び事由」、「耐用年数」、「固定資産を事業に占有している割合」等も課税標準等・税額の計算・事後検証のために必要な情報であることから、それが帳簿に記載されている限りは訂正削除の履歴を残す必要が

あります。

出所：国税庁　電子帳簿保存法一問一答（電子計算機を使用して作成する帳簿書類関係）問27

（その業務の処理に係る通常の期間）

問「その業務の処理に係る通常の期間」とは、具体的にどの程度の期間ですか。

答

電子計算機に係る業務処理サイクルとしてデータの入出力を行う、日次、週次及び月次の期間をいいます。

電子計算機を利用している企業においては、データ入力又は入力データの更新（確定）処理などを一定の業務処理サイクル（日次、週次及び月次）で行うことが通例であり、また、その場合には、適正な入力を担保するために、その業務処理サイクルを事務処理規程等で定めることが通例であると考えられます。電子帳簿保存法施行規則５条５項１号イ⑵に規定する「その業務の処理に係る通常の期間」とは、このような各企業において事務処理規程等に定められている業務処理サイクルとしての入力を行う期間のことをいいます。

なお、電子帳簿保存法では、国税関係帳簿に係る電磁的記録は、原則として課税期間の開始の日に備え付けられ、順次これに取引内容が記録されていくことを前提としており、１年間分がまとめて課税期間終了後に記録されるといったケースを予定しているものではありませんが、外部委託やバッチ処理の場合など、業務処理サイクルとして多少長い期間を要するケースもあることから、最長２か月までの業務処理サイクルであれば、通常の期間として取り扱うこととしています。

Point!　**最長２ヵ月までなら通常の業務処理期間**

出所：国税庁　電子帳簿保存法一問一答（電子計算機を使用して作成する帳簿書類関係）問29

(2) 各帳簿間での記録事項の相互関連性の確保（電帳規5⑤一ロ）

国税関係帳簿に係る電磁的記録の記録事項とその国税関係帳簿に関連する国税関係帳簿（「関連国税関係帳簿」といいます。）の記録事項との間において、相互にその関連性を確認することができるようにしておくことが必要となります。

なお、その関連国税関係帳簿が、

イ　電子帳簿保存法4条1項の規定によりその関連国税関係帳簿に係る電磁的記録の備付け及び保存をもってその関連国税関係帳簿の備付け及び保存に代えられているもの

ロ　電子帳簿保存法5条1項又は3項の規定によりその電磁的記録の備付け及びその電磁的記録の電子計算機出力マイクロフィルムによる保存をもって、その関連国税関係帳簿の備付け及び保存に代えられているもの

である場合には、その電磁的記録又は電子計算機マイクロフィルムの記録事項との間において、相互にその関連性を確認することができるようにしておくことが必要となります。

関連Q&A

（帳簿間の関連性の確保の方法）

問　帳簿間の関連性の確保はどのような方法で行うのですか。

答

例えば、次に掲げる場合の区分に応じ、それぞれ次に掲げる情報が記録事項として記録されるときは、上記(2)の要件を満たすものとして取り扱うことになります（電帳通8-12）。

(1) 一方の国税関係帳簿に係る記録事項（個々の記録事項を合計したものを含みます。）が他方の国税関係帳簿に係る記録事項として個別転記される場合⇒相互の記録事項が同一の取引に係る記録事項であることを明確にするための一連番号等の情報

(2) 一方の国税関係帳簿に係る個々の記録事項が集計されて他方の国税関係帳簿に係る記録事項として転記される場合（(1)に該当する

場合を除きます。）⇒一方の国税関係帳簿に係るどの記録事項を集計したかを明らかにする情報

(3) 検索機能の確保（電帳規５⑤一ハ（1)～(3))）

国税関係帳簿に係る電磁的記録の記録事項の検索をすることができる、次の①～③を満たす機能を確保しておくことが要件となります。

① 取引年月日、取引金額及び取引先（「記録項目」という。）を検索の条件として設定することができること。

② 日付又は金額に係る記録項目については、その範囲を指定して条件を設定することができること。

③ 二以上の任意の記録項目を組み合わせて条件を設定することができること。

なお、保存義務者が国税に関する法律の規定よる国税関係帳簿に係る電磁的記録の提示又は提出の要求に応じることができるようにしている場合には、上記の②及び③の要件は保存要件から除かれます（電帳規５⑤一柱書)。

関連 Q&A

（検索機能）

問 検索機能とはどのようなものをいうのですか。

答

蓄積された記録事項から設定した条件に該当する記録事項を探し出すことができ、かつ、検索により探し出された記録事項のみが、ディスプレイの画面及び書面に、整然とした形式及び明瞭な状態で出力される機能をいいます。この場合、検索項目について記録事項がない電磁的記録を検索できる機能を含みます。

蓄積された記録事項から設定した条件に該当する記録事項を探し出すことができるとは、原則として、保存する電磁的記録から一課税期間を通じて必要な条件設定を行って検索ができることをいいますが、

一課税期間を通じて検索することが困難であることにつき合理的な理由があると認められる場合で、保存媒体ごとや一課税期間内の合理的な期間等に区分して必要な条件設定を行って検索することができることとしている場合にも認められています（電帳通8-13）。

（検索機能における記録項目）

問　検索機能における記録項目とはどのようなものですか。

答

上記①の「取引年月日、取引金額及び取引先」の意義は、それぞれ次のとおりです。

イ　取引年月日＝特例国税関係帳簿に記録すべき日付（取引年月日、記載年月日、約定年月日、受入年月日等）をいいます。

ロ　取引金額＝特例国税関係帳簿に記録すべき取引の金額又は資産の譲渡等の対価の額等をいい、単価及び残高を含みません。

ハ　取引先＝特例国税関係帳簿に記録すべき事項のうち、取引の相手方をいいます。

この考え方に基づいて、「取引年月日、取引金額及び取引先」の具体的な記録項目を例示すると、次に掲げる特例国税関係帳簿の区分に応じ、それぞれ次に定めるものがこれに該当します（電帳通8-14）。

(1) 仕訳帳⇒取引年月日及び取引金額
(2) 総勘定元帳⇒記載年月日及び取引金額
(3) 現金出納帳、売上帳及び仕入帳などの補助記入帳⇒取引年月日、取引金額及び取引先名称
(4) 売掛金元帳、買掛金元帳などの補助元帳⇒記録又は取引の年月日、取引金額及び取引先名称
(5) 固定資産台帳、有価証券受払い簿（法人税のみ）及び賃金台帳（所得税のみ）など資産名や社員名で区分して記録している帳簿⇒資産名又は社員名

（注）　一連番号等により帳簿間の関連性の確保の要件を確保することとしている

場合には、その一連番号等により特定国税関係帳簿の記録事項を検索することができるときについても要件を充足するものとして取り扱うこととされています。

（範囲を指定して条件設定を行う検索）

問　範囲を指定して条件を設定することができるとはどのような検索をいうのですか。

答

課税期間ごとに、日付又は金額の任意の範囲を指定して条件設定を行い検索ができることをいいます（電帳通8-15）。

（2以上の任意の記録項目の組合せの設定）

問　2以上の任意の記録項目を組み合わせて条件を設定するとは、どのようなものですか。

答

個々の国税関係帳簿に係る電磁的記録の記録事項を検索するに当たり、その国税関係帳簿に係る検索の条件として設定した記録項目（取引年月日、取引金額及び取引先）から少なくとも2の記録項目を任意に選択して、これを検索の条件とする場合に、いずれの2の記録項目の組合せによっても条件を設定することができることをいいます（電帳通8-16）。

3　国税関係書類の電磁的記録による保存の要件

【令和3年度税制改正後の保存要件】

保存要件は下記のようになります。

⑴　電子計算機処理システムの開発関係書類等の備付け

⑵　見読可能装置の備付け等

> ⑶　国税庁等の当該職員の質問検査権に基づくその国税関係書類に係る電磁的記録のダウンロードの求めがある場合には、これに応じることとすること

保存義務者は、国税関係書類の全部又は一部について、自己が一貫して電子計算機を使用して作成する場合には、財務省令で定めるところにより、その国税関係書類に係る電磁的記録の保存をもって当該国税関係書類の保存に代えることができるとされており（電帳法４②）、電子帳簿保存法施行規則２条３項に保存要件が規定されています。

財務省令では、「最低限の要件を満たす電子帳簿」の保存要件である電帳規２条２項の規定を準用することされています（電帳規２③）。

(1)　電子計算機処理システムの開発関係書類等の備付け（電帳規２③による準用後の電帳規２②一イ〜ニ）

国税関係書類に係る電磁的記録の備付け及び保存に併せて、次に掲げる書類の備付けを行うことが要件となります。

ただし、国税関係書類に係る電子計算機処理に保存義務者が開発したプログラム（電子計算機に対する指令であって、一の結果を得ることができるように組み合わされたものをいう。）以外のプログラムを使用する場合には①及び②に掲げる書類は除かれ、国税関係書類に係る電子計算機処理を他の者（当該電子計算機処理に当該保存義務者が開発したプログラムを使用する者を除きます。）に委託している場合には③に掲げる書類は除かれます。

①　当該国税関係書類に係る電子計算機処理システムの概要を記載した書類

②　当該国税関係書類に係る電子計算機処理システムの開発に際して作成した書類

③　当該国税関係書類に係る電子計算機処理システムの操作説明書

④　当該国税関係書類に係る電子計算機処理並びに当該国税関係書類に係る電磁的記録の備付け及び保存に関する事務手続を明らかにした書類（当該電子計算機処理を他の者に委託している場合には、その委託に係る契約書並びに当該国税関係書類に係る電磁的記録の備付け及び保存に関

する事務手続を明らかにした書類）

具体的な書類の範囲については、最低限の要件を満たす帳簿の規定を準用していますので87頁を参照してください（電帳通4-6、国税庁電子帳簿保存法一問一答（電子計算機を使用して作成する帳簿書類関係）問9）。

(2) 見読可能装置の備付け等（電帳規２③による準用後の電帳規２②二）

国税関係書類に係る電磁的記録の備付け及び保存をする場所にその電磁的記録の電子計算機処理の用に供することができる電子計算機、プログラム、ディスプレイ及びプリンタ並びにこれらの操作説明書を備え付け、その電磁的記録をディスプレイの画面及び書面に、整然とした形式及び明瞭な状態で、速やかに出力することができるようにしておくことが要件となります。

(3) 税務調査でのダウンロードの求め（電帳規２③による準用後の電帳規２②三）

国税に関する法律の規定よる国税関係書類に係る電磁的記録の提示又は提出の要求に応じることができるようにしておくことが要件となります。

ただし、保存義務者が検索機能として、取引年月日その他の日付を検索の条件として設定すること及びその範囲を指定して条件を設定することができる機能を確保して電磁的記録の保存を行っている場合には、(3)の税務調査でダウンロードの求めに応じる要件は除かれます（電帳規２③後段による電帳規２②柱書のかっこ書の読替え）。

4　国税関係書類のスキャナ保存制度の保存要件

保存義務者は、財務省令で定めるところにより、国税関係書類の保存に代えることができることとされており（電帳法４③）、電子帳簿保存法施行規則２条６項に保存要件が規定されています。

【令和３年度税制改正後の保存要件】

保存要件は下記のようになります。

(1)　入力期間の制限

⑵　一定水準以上の解像度及びカラー画像による読み取り
⑶　タイムスタンプの付与（改正後では、付与期間（改正前：3日以内）を記録事項の入力期間（最長約2月以内）と同様とするとともに、受領者等がスキャナで読み取る際に行う国税関係書類への自署を不要とするほか、電磁的記録について訂正又は削除を行った事実及び内容を確認することができるシステム（訂正又は削除を行うことができないシステムを含みます。）において、その電磁的記録の保存を行うことをもって、タイムスタンプの付与に代えることができることとされました。）
⑷　読み取った解像度等及び大きさ情報の保存（令和6年から削除）
⑸　ヴァージョン管理
⑹　入力者等情報の確認（令和6年から削除）
⑺　スキャン文書と帳簿との相互関連性の保持（令和6年から重要書類に限定）
⑻　見読可能装置の備付け
⑼　検索機能の確保（改正後では、検索項目を取引等の年月日、取引金額及び取引先に限定するとともに、保存義務者が国税庁等の当該職員の質問検査権に基づく電磁的記録のダウンロードの求めに応じることとする場合には、範囲指定及び項目を組み合わせて設定できる機能の確保が不要とされました。）
⑽　システムの開発関係書類等の備付け

また、スキャナ保存制度の電磁的記録の適正な保存を担保するため、①保存義務者のその電磁的記録に記録された事項に関し、隠蔽し、又は仮装された事実に基づき期限後申告若しくは修正申告又は更正若しくは決定等があった場合には、その記録された事項に関し生じた申告漏れ等に課される重加算税の額については、通常課される重加算税の額に当該申告漏れ等に係る本税の10％に相当する金額を加算した金額とされ、令和4年1月1日以後に法定申告期限等が到来する国税から適用されます。②改正後の要件を含めた保存要件を満たさない電磁的記録についても、保存しなければならないこととされました。

【令和５年度税制改正によるスキャナ保存制度の見直し】

スキャナ保存制度については、制度の利便性向上のための更なる保存要件の簡素化を行い、制度の利用促進を図る観点から、以下の保存要件について見直されました。

⑴　国税関係書類をスキャナで読み取った際の解像度、階調及び大きさに関する情報の保存要件が廃止されました。

⑵　国税関係書類に係る記録事項の入力者等に関する情報の確認要件が廃止されました。

⑶　相互関連性要件について、国税関係書類に関連する国税関係帳簿の記録事項との間において、相互にその関連性を確認することができるようにしておくこととされる書類が、契約書・領収書等の重要書類に限定されました。

（注）　上記の改正は、令和６年１月１日以後にスキャナ保存が行われるものから適用されます。

スキャナ保存制度の主な保存要件の一覧を示すと下図のとおりです。

■ 国税関係書類のスキャナ保存制度の保存要件一覧

	要　件	重　要 書　類 （注1）	一般 書類 （注2）	過去分 重要書類 （注3）
⑴	入力期間の制限（書類の受領等後又は業務の処理に係る通常の期間を経過した後、速やかに入力）（規2⑥一イ、ロ）	○		
⑵	一定水準以上の解像度（200dpi 以上）による読み取り（規2⑥二イ⑴）	○	○	○
	カラー画像による読み取り（赤・緑・青それぞれ256階調（約1677万色）以上）（規2⑥二イ⑵）	○	※1	○
⑶	タイムスタンプの付与（規2⑥二ロ）	○※2	○※3	○※3
⑷	ヴァージョン管理（訂正又は削除の事実及び内容の確認等）（規2⑥二ハ）	○	○	○
⑸	スキャン文書と帳簿との相互関連性の保持（規2⑥三）	○		○
⑹	見読可能装置（14インチ以上のカラーディスプレイ、4ポイント文字の認識等）の備付け（規2⑥四）	○	※1	○
	整然・明瞭出力（規2⑥四イ～ニ）	○	○	○
⑺	電子計算機処理システムの開発関係書類等の備付け（規2⑥六、同2②一）	○	○	○
⑻	検索機能の確保（規2⑥五）	○	○	○
	その他			※4、※5

（注）1　決算関係書類以外の国税関係書類（一般書類を除く）をいう。
2　資金や物の流れに直結・連動しない書類として規則第2条第7項に規定する国税庁長官が定めるものをいう。
3　スキャナ保存制度により国税関係書類に係る電磁的記録の保存をもって当該国税関係書類の保存に代えている保存義務者であって、その当該国税関係書類の保存に代える日前に作成又は受領した重要書類をいう。
4　※1　一般書類の場合、カラー画像ではなくグレースケールでの保存可。
※2　入力事項を規則第2条第6項第1号イ又はロに掲げる方法により当該国税関係書類に係る記録事項を入力したことを確認することができる場合には、その確認をもってタイムスタンプの付与に代えることができる。
※3　当該国税関係書類に係る記録事項を入力したことを確認することができる場合には、タイムスタンプの付与に代えることができる。
※4　過去分重要書類については当該電磁的記録の保存に併せて、当該電磁的記録の作成及び保存に関する事務の手続を明らかにした書類（当該事務の責任者が定められているものに限られます。）の備付けが必要。
※5　過去分重要書類については所轄税務署長等宛に適用届出書の提出が必要。
5　令和6年1月1日前に保存する国税関係書類については、上記表の要件のほか「解像度及び階調情報の保存」、「大きさ情報の保存」及び「入力者等情報の確認」が必要。

出所：国税庁電子帳簿保存法一問一答（スキャナ保存関係）問9

保存義務者は、国税関係書類（決算関係書類として財務省令で定めるものが除かれます。）の全部又は一部について、その国税関係書類に記載されている事項を財務省令で定める装置（スキャナ）により電磁的記録に記録する場合には、財務省令で定めるところにより、その国税関係書類に係る電磁的記録の保存をもって当該国税関係書類の保存に代えることができることとされています（電帳法４③前段）。

上記の財務省令で定める装置は、スキャナとされています（電帳規２⑤）。

また、スキャナ保存が財務省令で定めるところに従って行われていないときは、その保存義務者は、その電磁的記録を保存すべき期間その他の財務省令で定める要件を満たしてその電磁的記録を保存しなければならないこととされています（電帳法４③後段）。

Point！ 保存要件を満たさない電子データも保存義務

ただし、書面でその国税関係書類の保存が行われている場合は、原本が保存されていることから、電磁的記録の保存義務の対象から外されています。

上記の財務省令で定める書類は、国税関係書類のうち、棚卸表、貸借対照表及び損益計算書並びに計算、整理又は決算に関して作成されたその他の書類とされ、これらはスキャナ保存の対象書類とはなりません（電帳規２④）。

保存帳簿書類の中のスキャナ保存対象書類

	青色申告法人の保存帳簿書類（法規59①②）	保存期間
帳　簿	総勘定元帳、仕訳帳、現金出納帳、売掛金元帳、買掛金元帳、固定資産台帳、売上帳、仕入帳など	起算日から7年間
決算関係書類	棚卸表、貸借対照表及び損益計算書並びに決算に関して作成されたその他の書類	
書　類	**スキャナ保存の対象書類** ↓ 取引に関して、相手方から受け取った注文書、契約書、送り状、領収書、見積書その他これらに準ずる書類及び自己の作成したこれらの書類でその写しのあるものはその写し	

電子帳簿保存法施行規則２条６項以下の規定に定める保存要件は次のとおりです。

(1) 入力期間の制限（電帳規２⑥一イ、ロ）

次に掲げる方法のいずれかにより入力すること。

イ　早期入力方式

国税関係書類に係る記録事項の入力をその作成又は受領後、速やかに行うこと。

ロ　業務処理サイクル方式

国税関係書類に係る記録事項の入力をその業務の処理に係る通常の期間を経過した後、速やかに行うこと（国税関係書類の作成又は受領から入力までの各事務の処理に関する規程を定めている場合に限ります。）。

上記の「各事務の処理に関する規程」のサンプルについては、国税庁電子帳簿保存法一問一答（スキャナ保存関係）問52に掲載されており、ダウンロードできます。

関連 Q&A

（速やかに行うこと）

問　「速やかに行うこと」とは具体的にどのようにすればよいのですか。

答

早期入力方式の「速やかに」の適用に当たって、国税関係書類の作成又は受領後おおむね７営業日以内に入力している場合には、速やかに行っているものとして取り扱われます。

なお、業務処理サイクル方式の「速やかに」の適用に当たり、その業務の処理に係る通常の期間を経過した後、おおむね７営業日以内に入力している場合には同様に取り扱われます。

また、タイムスタンプを付す場合の期限である、スキャナ保存に係るタイムスタンプの付与（電帳規２⑥二ロ）及び電子取引に係るタイムスタンプの付与（電帳規４①二）の「速やかに」の規定の適用についても同様に扱われます（電帳通4-17）。

（業務の処理に係る通常の期間）

問　「業務の処理に係る通常の期間」とはどれくらいの期間ですか。

答

業務処理サイクル方式及びタイムスタンプを付す場合の期限であるスキャナ保存に係るタイムスタンプの付与（電帳規２⑥ニロ）の「その業務の処理に係る通常の期間」とは、国税関係書類の作成若しくは受領から入力（企業内でのチェックや決裁等を経てスキャナで読み取ること）まで又は作成若しくは受領からタイムスタンプを付すまでの通常の業務処理サイクルの期間をいいます。

なお、月をまたいで処理することも通常行われている業務処理サイクルと認められることから、最長２か月の業務処理サイクルであれば、「その業務の処理に係る通常の期間」として取り扱うこととされています。

また、電子取引の取引情報に係る電磁的記録の保存の要件であるタイムスタンプに係るタイムスタンプの付与（電帳規４①ニロ）の「その業務の処理に係る通常の期間」の適用に当たっても、同様に取り扱われます（電帳通4-18）。

（2）一定水準以上の解像度及びカラー画像による読み取り（電帳規２⑥ニイ⑴⑵）

①　解像度が、200dpi（日本産業規格Ｚ六〇一六附属書ＡのＡ・一・二に規定する一般文書のスキャニング時の解像度である25.4㎜当たり200ドット）以上で読み取るものであること。

②　赤色、緑色及び青色の階調がそれぞれ256階調以上で読み取るものであること。

（3）タイムスタンプの付与（電帳規２⑥ニロ⑴⑵）

①　タイムスタンプ付与の要件

次に掲げるいずれかによりタイムスタンプを付すことが要件となります（電帳規２⑥ニロ）。

イ　早期タイムスタンプ付与方式

国税関係書類の作成又は受領後、速やかに一の入力単位ごとの電磁的記録の記録事項に総務大臣が認定する時刻認証業務（電磁的記録に記録された情報にタイムスタンプを付与する役務を提供する業務をいいます。）に係る一定の要件を満たすタイムスタンプを付すこと。

ロ　業務処理サイクルタイムスタンプ付与方式

国税関係書類の作成又は受領からタイムスタンプを付すまでの各事務の処理に関する規程を定めている場合には、その業務の処理に係る通常の期間を経過した後、速やかにその記録事項にタイムスタンプを付すこと。

上記イ、ロの「速やかに」及び「その業務の処理に係る通常の期間」の具体的な期間については、入力期間の制限の際の期間と同様に扱うこととされています（111・112頁参照、電帳通4-17、4-18）。

上記のタイプスタンプは次に掲げる要件を満たすものに限られます（電帳規2⑥二ロ(1)(2)）。

ハ　保存期間中の変更の有無の確認

記録事項が変更されていないことについて、国税関係書類の保存期間を通じ、その業務を行う者に対して確認する方法その他の方法により確認することができること。

ニ　任意の期間の一括検証

課税期間中の任意の期間を指定し、当該期間内に付したタイムスタンプについて、一括して検証することができること。

タイムスタンプのしくみ

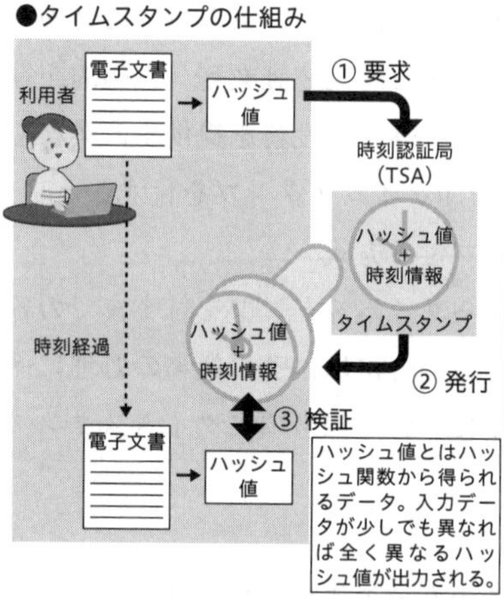

【タイムスタンプの流れ】
タイムスタンプはその刻印されている時刻以前にその文書が存在し（存在証明）、その時刻以降文書が改ざんされていないことを証明するもの（非改ざん証明）。
（注：電子署名は非改ざん証明と署名本人であることを証明するもの）
❶利用者が原本データのハッシュ値（電子文書の指紋に相当）を時刻認証局に送付し、❷認証局はそのハッシュ値に（日本標準時に基づく）時刻情報を付与したタイムスタンプを利用者に送付する。
税務調査時に保存期間中のデータの変更の有無を確認する場合には、❸原本データのハッシュ値とタイムスタンプのハッシュ値を比較する過程で、一致すれば改ざんされていないことを証明できる。
（出所：総務省「電子署名・認証・タイムスタンプ　その役割と活用」を基に作成）

②　タイムスタンプ付与不要の特例

スキャナ保存を行う際の入力期間までにタイムスタンプを付す場合には、その時刻証明機能によりそのタイムスタンプを付した後の電子データについて改ざんの有無を確認することが可能となっていますが、保存義務者がその入力期間までにその国税関係書類に係る記録事項を入力したことを確認することができる場合には、その入力後の電子データについて更なる入力による改ざんの有無の確認が可能であることから、このタイムスタンプは不要とされました（電帳規２⑥二柱書）。

なお、この「その入力期間までにその国税関係書類に係る記録事項を入力したことを確認することができる場合」については、その入力をした時点を確認することができる場合を指し、例えば、他者が提供・管理するクラウドサーバーにより保存を行い、その入力期限内に入力されたことの確認ができるようにその保存時刻の証明が客観的に担保されている場合等がこれに該当するものと考えられます。

（注）　一般書類の適時入力方式によるスキャナ保存や過去分重要書類のスキャナ保存については、スキャナによる入力要件は不要とされているため、入力した時点にかかわらず、その国税関係書類に係る記録事項を入力したことを確認することができる場合にはタイムスタンプは不要とされます（電帳規２⑦⑨、財務省「令和３年度税制改正の解説」p977）。

関連 Q&A

（タイムスタンプ付与の代替要件）

問　タイムスタンプは不要となる保存義務者がその入力期間までにその国税関係書類に係る記録事項を入力したことを確認することができる場合とはどのような場合ですか。

答

例えば、他者が提供するクラウドサーバ（電帳規２⑥二ハ（ヴァージョン管理システム）に掲げる電子計算機処理システムの要件を満たすものに限られます。）により保存を行い、そのクラウドサーバがNTP（Network Time Protocol）サーバと同期するなどにより、その国税関係書類に係る記録事項の入力がその作成又は受領後、速やかに行われたこと（その国税関係書類の作成又は受領から当該入力までの各事務の処理に関する規程を定めている場合にあってはその国税関係書類に係る記録事項の入力がその業務の処理に係る通常の期間を経過した後、速やかに行われたこと）の確認ができるようにその保存日時の証明が客観的に担保されている場合が該当します（電帳通4-26）。

この取扱いは、タイムスタンプ付与の代替要件として認められていることから、例えば、他者が提供するSaaS型のクラウドサービスが稼働するサーバ（自社システムによる時刻の改ざん可能性を排除したシステム）がNTPサーバ（ネットワーク上で現在時刻を配信するためのサーバ）と同期しており、かつ、スキャナデータが保存された時刻の記録及びその時刻が変更されていないことを確認できるなど、客観的にそのデータ保存の正確性を担保することができる場合がこれに該当することを明らかにしています。

なお、タイムスタンプの付与要件に代えて訂正削除履歴の残る（あるいは訂正削除できない）システムに保存する場合であっても、スキャナ保存に係る他の要件を満たす必要があります。

また、スキャナデータを異なるシステムやサーバに移行する際には、スキャナデータだけでなくデータを保存した時刻と、それ以降に改変されていないことの証明に必要な情報も引き継ぐ必要があります。

出所：国税庁　電子帳簿保存法一問一答（スキャナ保存関係）問30

（廃止された「特に速やかに」付するタイムスタンプ付与）

問　令和３年度税制改正で廃止された「特に速やかに」付するタイムスタンプ付与とはどのような制度ですか。

答

改正前は、国税関係書類の作成又は受領をする者がその国税関係書類をスキャナで読み取る場合には、その作成又は受領後その者が署名した当該国税関係書類について特に速やかにタイムスタンプを付さなければならないこととされ（旧電帳規３⑤ニロ）、この「特に速やかに」について、その作成又は受領後おおむね３営業日以内とされていましたが（旧電帳通4-23）、この規定が削除され、上記のとおりタイムスタンプは作成又は受領後、速やかに付すこととされ、作成又は受領からタイムスタンプを付すまでの各事務の処理に関する規程を定めている場合には、その業務の処理に係る通常の期間を経過した後、速やかにその記録事項にタイムスタンプを付すこととされました。

これは、タイムスタンプを付すまでに故意に行われる改ざんまでも防止できるものではなく、その効果は限定的であること等を踏まえ、こうした改ざんに対しては、新たな担保措置（重加算税の加重措置）を講ずることで対応することとした上で、スキャナ保存を行う際の入力期間までにタイムスタンプを付すことで足りることとされたものです。この改正に併せて、受領者等が読み取る際に行う国税関係書類への署名は不要とされました（電帳規２⑥ニロ、財務省「令和３年度税制改正の解説」p977）。

（タイムスタンプの「一の入力単位」）

問　タイムスタンプを付す「一の入力単位」とはどのようなことをいうのですか。

答

「一の入力単位」とは、複数枚で構成される国税関係書類は、その全てのページをいい、台紙に複数枚の国税関係書類（レシート等）を貼付した文書は、台紙ごとをいいます（電帳通4-19）。

例えば、3枚で構成される請求書の場合には、意味として関連付けられたものとして、3枚で一つの国税関係書類を構成しているため、一度に読み取る3枚が一の入力単位となります。また、台紙に小さなレシートなどを複数枚貼付した場合は、物理的に関連付けられたものとして、複数の国税関係書類を一回のスキャニング作業で電子化することとなるため、台紙が一の入力単位となることを明らかにしています。

一方で、ここにいう入力単位とは、意味として関連付けられたもの又は物理的に関連付けられたものをいいますので、お互いに意味として又は物理的に関係を持たない複数の国税関係書類を一度にスキャニングしたからといって、それをもって一の入力単位とできるいうことにはなりません。

なお、複数枚の国税関係書類を台紙に貼付してスキャニングした場合、検索機能によりそれぞれの国税関係書類ごとに適切に検索できる必要があり、加えて、重要書類の場合は、その国税関係書類に係る電磁的記録の記録事項と関連する帳簿の記録事項との関連性が明らかにされる必要があります。

（タイムスタンプと電磁的記録の関連性）

問　タイムスタンプと電磁的記録の関連性はどのように確保する必要がありますか。

答

タイムスタンプを付した国税関係書類に係る電磁的記録の記録事項の訂正又は削除を行った場合には、そのタイムスタンプを検証することによってこれらの事実を確認することができるものでなければなりません（電帳通 4-20）。

（タイムスタンプの保存期間中の変更の有無の確認における「その他の方法」）

問　タイムスタンプの要件である上記ハの保存期間中の変更の有無の確認（電帳規２⑥ニロ(1)）における「保存期間を通じてその業務を行う者に対して確認する方法その他の方法により確認することができること」の「その他の方法」とは、どのような方法ですか。

答

この「その他の方法」とは、国税関係書類に係る電磁的記録に付したタイムスタンプがそのタイムスタンプを付した時と同じ状態にあることを当該国税関係書類の保存期間を通じて確認できる措置をいいます（電帳通 4-21）。

例えば、タイムスタンプの有効期間等が過ぎる前に、タイムスタンプを付した記録事項に再度タイムスタンプを付すなどして、変更されていないことを確認することができる状態でその情報を保存する方法がこれに該当します。また、変更されていないことを確認するためにタイムスタンプを使用する場合、そのために使用するタイムスタンプは、パソコンのタイマーで作成したタイムスタンプなどではなく、信頼のおけるタイムスタンプでなければなりませんが、電子帳簿保存法施行規則２条６項２号ロに規定するタイムスタンプについては信頼のおけるものと認められることとなります。

なお、有効期限を超えたタイムスタンプについても、保存期間の満了までの期間が短期間で、かつ、次のａからｃまでの状態が確認できる場合には、保存期間満了まではその信頼性が維持されているものであり、有効性が保持されているものと認められます。

ａ　タイムスタンプの検証プログラムで、有効期限が切れていることを除いて、タイムスタンプが改ざんされていないことを検証し、対象記録事項のハッシュ値と改ざんされていないタイムスタンプに含まれる対象記録事項のハッシュ値が一致すること。
b　タイムスタンプが、総務大臣が認定する時刻認証業務を営む者から発行されたものであること。
c　タイムスタンプに用いた暗号アルゴリズムが危殆化していないこと。

（注）令和４年度税制改正において、令和４年４月１日以後に付すタイムスタンプは、「一般財団法人日本データ通信協会が認定する業務に係るもの」から「総務大臣が認定する時刻認証業務に係るもの」に変更されましたが、令和５年７月29日までに保存が行われるものについては、前者に係るものでも可能とされています。

(4) 読み取った解像度等及び大きさ情報の保存（旧電帳規２⑥二ハ⑴⑵）

この要件は、令和６年１月１日以後にスキャナ保存が行われるものから廃止されます。

国税関係書類をスキャナで読み取った際の次に掲げる情報を保存することが要件となります。

① 解像度及び階調に関する情報
② 国税関係書類の大きさに関する情報

ただし、国税関係書類の作成又は受領をする者がその国税関係書類をスキャナで読み取る場合に、その国税関係書類の大きさがＡ４以下であるときは、①に掲げる情報に限られます（旧電帳規２⑥二ハかっこ書）。

関連 Q&A

（スキャナ読み取り後の即時廃棄）

問　スキャナ保存を適用している場合、国税関係書類の書面（紙）は、スキャナで読み取った後、即時に廃棄しても問題ないでしょうか。

答

令和４年１月１日以後に保存を行う国税関係書類については、スキャナで読み取り、最低限の同等確認（電磁的記録の記録事項と書面の記載事項とを比較し、同等であることを確認（折れ曲がり等がないかも含む。）すること）を行った後であれば、即時に廃棄が可能です。

入力期間を経過した場合は、電磁的記録と合わせて国税関係書類の書面（紙）を保存する必要があります。

印紙が貼ってある書面をスキャナ保存しその書面を廃棄することも可能です。ただし、過誤納還付申請を行う場合には印紙の貼ってある書面の提示が必要です。

令和５年度の税制改正では、目視等により、その国税関係書類の記録事項について４ポイントの文字・記号を明瞭に確認することができる場合には、国税関係書類のスキャナでの読み取りを行った際の解像度、階調及びその国税関係書類の大きさに関する情報の保存までを求める必要性が乏しいことを踏まえ、これらの情報の保存の要件が廃止され、これらの情報の保存が不要とされました。

そのため、一定水準以上の解像度及びカラー画像による読み取りを含めた改正後の要件に従って保存がされている限り、仮にそのスキャナデータを出力した書面と紙原本が同じ大きさでなかったとしても問題ないことから、従来は紙原本の保存が必要とされていた「備え付けられているプリンタの最大出力より大きい書類を読み取った場合」であっても、その紙原本について、最低限の同等確認を行った後であれば、即時に廃棄しても差し支えないこととなりました。

出所：国税庁　電子帳簿保存法一問一答（スキャナ保存関係）問３

問　読み取った解像度の情報の保存が不要となりましたが、200dpi 以上の解像度を満たしているか、事後的にどのように確認・証明するのでしょうか。

答

JPEG 形式や TIFF 形式のデータは、プロパティ情報に解像度と縦横の画素数、階調などが格納されているので、プロパティ情報から保存時に満たすべき要件を満たしているかを確認することができます。

PDF 形式のデータについても、スキャニング時の解像度等がプロパティ情報に含まれていることから、専用のソフトによりそれらのデータを参照することや、PDF ファイルを JPEG ファイルに変更し、そのプロパティ情報を参照することなどで保存時に満たすべき要件を満たしているかを確認することができます。

税務調査等の際に解像度の確認があった場合には、プロパティ情報を提示するなどの方法で、スキャニング時の解像度等を説明することとなります。

出所：国税庁　電子帳簿保存法一問一答（スキャナ保存関係）問 26

(5) ヴァージョン管理（訂正又は削除の事実及び内容の確認）（電帳規 2 ⑥ニハ(1)(2)）

国税関係書類に係る電磁的記録の記録事項について、次に掲げる要件のいずれかを満たす電子計算機処理システムであることが要件となります。

① 国税関係書類に係る電磁的記録の記録事項について訂正又は削除を行った場合には、これらの事実及び内容を確認することができること。

② 国税関係書類に係る電磁的記録の記録事項について訂正又は削除ができないこと。

関連 Q&A

（訂正又は削除を行った場合）

問　訂正又は削除を行った場合とはどのような場合をいうのですか。

答

既に保存されている電磁的記録を訂正又は削除した場合をいうので、例えば、受領した国税関係書類の書面に記載された事項の訂正のため、相手方から新たに国税関係書類を受領しスキャナで読み取った場合などは、新たな電磁的記録として保存しなければなりません（電帳通 4-23）。

（訂正又は削除を行った場合の履歴確保の特例）

問　訂正又は削除を行った場合の履歴確保の特例が適用されるのは、どのような場合をいうのですか。

答

スキャナで読み取った国税関係書類の書面の情報の訂正又は削除を行った場合をいいますが、書面の情報（書面の訂正の痕や修正液の痕等を含みます。）を損なうことのない画像の情報の訂正は含まれません（電帳通 4-24）。

（これらの事実及び内容を確認することができるの意義）

問　「これらの事実及び内容を確認することができる」とはどういうことをいうのですか。

答

「これらの事実及び内容を確認することができる」とは、電磁的記録を訂正した場合は、例えば、上書き保存されず、訂正した後の電磁的記録が新たに保存されること、又は電磁的記録を削除しようとした場合は、例えば、当該電磁的記録は削除されずに削除したという情報が新たに保存されることをいいます。

したがって、スキャナで読み取った最初のデータと保存されている最新のデータが異なっている場合は、その訂正又は削除の履歴及び内容の全てを確認することができる必要があります。

なお、削除の内容の全てを確認することができるとは、例えば、削除したという情報が記録された電磁的記録を抽出し、内容を確認することができることをいいます（電帳通 4-25）。

(6) 入力者等情報の確認（旧電帳規２⑥三）

この要件は、令和６年１月１日以後にスキャナ保存が行われるものから廃止されます。

令和５年12月31日までは国税関係書類に係る記録事項の入力を行う者又はその者を直接監督する者に関する情報を確認することができるようにしておくことが要件となります。

(7) スキャン文書と帳簿との相互関連性の保持（電帳規２⑥三）

この要件は、令和６年１月１日以後にスキャナ保存が行われるものから、重要書類に限った要件となります。

令和５年12月31日までに行われるスキャナ保存については、一般書類についても相互関連性が求められます。

重要書類に係る電磁的記録の記録事項とその国税関係書類に関連する国税関係帳簿（電帳法２二に規定するもの）の記録事項との間において、相互にその関連性を確認することができるようにしておくことが要件となります。

その関連する国税関係帳簿が、

① 電子帳簿保存法４条１項の規定によりその国税関係帳簿に係る電磁的記録の備付け及び保存をもってその国税関係帳簿の備付け及び保存に代えられているもの

② 電子帳簿保存法５条１項又は３項の規定によりその電磁的記録の備付け及びその電磁的記録の電子計算機出力マイクロフィルムによる保存をもってその国税関係帳簿の備付け及び保存に代えられているもの

である場合には、その電磁的記録又は電子計算機出力マイクロフィルムの記録事項との間において、相互にその関連性を確認することができるようにしておくことが要件となります。

関連 Q&A

（帳簿書類間の関連性の確認方法）

問　帳簿書類間の関連性はどのように確認するのですか。

答

「関連性を確認することができる」とは、例えば、相互に関連する重要書類及び帳簿の双方に伝票番号、取引案件番号、工事番号等を付して、その番号を指定することで、重要書類又は国税関係帳簿の記録事項がいずれも確認できるようにする方法等によって、原則として全ての重要書類に係る電磁的記録の記録事項と国税関係帳簿の記録事項との関連性を確認することができることをいいます。

この場合、関連性を確保するための番号等が帳簿に記載されていない場合であっても、他の書類を確認すること等によって帳簿に記載すべきその番号等が確認でき、かつ、関連する重要書類が確認できる場合には帳簿との関連性が確認できるものとして取り扱われます（電帳通 4-27）。

（注） 帳簿との関連性がない重要書類についても、帳簿と関連性を持たない重要書類であるということを確認することができる必要があります。

（関連する国税関係帳簿）

問　関連する国税関係帳簿とはどのようなものが該当しますか。

答

「関連する国税関係帳簿（電帳法２二に規定するもの）」には、例えば、次に掲げる重要書類の種類に応じ、それぞれ次に定める国税関係帳簿がこれに該当します（電帳通 4-28）。

（1）契約書⇒契約に基づいて行われた取引に関連する帳簿（例：売上の場合は売掛金元帳等）等
（2）領収書⇒経費帳、現金出納帳等
（3）請求書⇒買掛金元帳、仕入帳、経費帳等
（4）納品書⇒買掛金元帳、仕入帳等
（5）領収書控⇒売上帳、現金出納帳等
（6）請求書控⇒売掛金元帳、売上帳、得意先元帳等

(8) 見読可能装置の備付け（一般書類はグレースケール可）((電帳規２⑥四)

国税関係書類に係る電磁的記録の保存をする場所にその電磁的記録の電子計算機処理の用に供することができる電子計算機、プログラム、映像面の最大径が35㎝（14インチ）以上のカラーディスプレイ及びカラープリンタ並びにこれらの操作説明書を備え付け、その電磁的記録をカラーディスプレイの画面及び書面に、次のような状態で速やかに出力することができるようにしておくことが要件となります。

① 整然とした形式であること。

② 当該国税関係書類と同程度に明瞭であること。

③ 拡大又は縮小して出力することが可能であること。

④ 国税庁長官が定めるところにより日本産業規格Ｚ八三〇五に規定する４ポイントの大きさの文字を認識することができること。

関連 Q&A

（拡大又は縮小して出力することが可能であることの意義）

問 「拡大又は縮小して出力することが可能であること」とは、Ａ４サイズの書類をＡ３サイズで出力できなければならないのでしょうか。

答

読み取った書類と同じ用紙サイズの範囲で拡大、縮小できれば構いません。

「拡大又は縮小して出力することが可能であること」とは、ディスプレイ及び書面に書類の一部分を拡大して出力することができればよく、拡大することに伴い、用紙のサイズを大きくして記録事項の全てを表示する必要はありません。また、小さな書類（レシート等）を出力する場合にはプリンタ及び用紙サイズの許す範囲で拡大し、又は大きな書類であれば縮小して記録事項の全てを出力することができれば構いません。

その他、例えば入力した書類がＡ３サイズであれば、Ａ４サイズの書類データ２つなどに分割されることなく、元のＡ３サイズの書類と同様の整然とした形式であること、保存されている電磁的記録の情報が４ポイントの文字・記号や階調が適切に再現されるよう読み取った書類と同程度に明瞭であることなどが必要となります（出所：国税庁　電子帳簿保存法一問一答（スキャナ保存関係）問35)。

（4ポイントの文字が認識できることの意義）

問　「４ポイントの文字が認識できること」とはどのように行うのですか。

答

上記 **(8)** ④の要件は、全ての国税関係書類に係る電磁的記録に適用されますので、日本産業規格 X6933 又は国際標準化機構の規格 12653-3 に準拠したテストチャートを電子計算機処理システムで入力し、カラーディスプレイの画面及びカラープリンタで出力した書面でこれらのテストチャートの画像を確認して、４ポイントの文字が認識できる場合のその電子計算機処理システム等を構成する各種機器等の設定等で全ての国税関係書類を入力し保存を行うことをいいます。

なお、これらのテストチャートの文字が認識できるか否かの判断に当たっては、拡大した画面又は書面で行っても差し支えありません（電帳通 4-29)。

（スキャン文書の圧縮保存）

問　スキャン文書について圧縮して保存することは認められないのでしょうか。

答

200dpi 以上の解像度及び赤・緑・青それぞれ 256 階調以上で JIS X6933 又は ISO 12653-3 のテストチャートの画像を読み取り、ディスプレイ及びプリンタで出力した書面で４ポイントの文字が認識できるような状態であれば、圧縮して保存して差し支えありません。

なお、スキャナ保存を行う国税関係書類に４ポイントの文字が使用されていない場合であっても、上記の方法によって４ポイントの文字が認識できる各種機器等の設定等で全ての国税関係書類をスキャナで読み取り、保存しなければなりませんが、スマートフォンやデジタルカメラ等を使用して読み取った画像の場合、機器によって縦横比が異なることから、圧縮して保持する際には、読み取った書類の縦横それぞれが、解像度の要件を満たす必要があることに注意してください（出所：国税庁　電子帳簿保存法一問一答（スキャナ保存関係）問36）。

（規定の解像度等の設定が困難な場合）

問　４ポイントの大きさの文字を認識することが困難である場合に、解像度等はどのように設定して入力すればよいのでしょうか。

答

JIS X6933又はISO 12653-3のテストチャートが手元にないなどの理由で４ポイントの大きさの文字が認識できる解像度等の設定が困難である場合には、読取り解像度が200dpi以上かつ赤・緑・青それぞれ256階調以上及び非圧縮（又は可逆圧縮）で入力していれば、４ポイントの大きさの文字が認識できるものとして取り扱われます（出所：国税庁　電子帳簿保存法一問一答（スキャナ保存関係）問37）。

（注）電帳規２⑦に規定する一般書類の場合は、いわゆるグレースケールでの保存でも可能です。

(9) システムの開発関係書類等の備付け（電帳規２⑥六、電帳通4-6）

上記ⅰ（1）の最低限の要件を満たす電子帳簿の保存要件であるシステムの開発関係書類等の備付けの規定（電帳規２②一）が準用されていますので、同様の内容になります。

国税関係書類に係る電磁的記録の備付け及び保存に併せて、次に掲げる書類の備付けを行うことが要件となります。

ただし、国税関係書類に係る電子計算機処理に保存義務者が開発したプログラム（電子計算機に対する指令であって、一の結果を得ることができるように組み合わされているものをいう。）以外のプログラムを使用する場合には①及び②に掲げる書類は除かれ、国税関係書類に係る電子計算機処理を他の者（当該電子計算機処理に当該保存義務者が開発したプログラムを使用する者を除きます。）に委託している場合には③に掲げる書類は除かれます。

① 当該国税関係書類に係る電子計算機処理システムの概要を記載した書類
具体的な書類の範囲…システム全体の構成及び各システム間のデータの流れなど、電子計算機による国税関係書類の作成に係る処理過程を総括的に記載した、例えば、システム基本設計書、システム概要書、フロー図、システム変更履歴書などの書類

② 当該国税関係書類に係る電子計算機処理システムの開発に際して作成した書類
具体的な書類の範囲…システムの開発に際して作成した（システム及びプログラムごとの目的及び処理内容などを記載した）、例えば、システム仕様書、システム設計書、ファイル定義書、プログラム仕様書、プログラムリストなどの書類

③ 当該国税関係書類に係る電子計算機処理システムの操作説明書
具体的な書類の範囲…入出力要領などの具体的な操作方法を記載した、例えば、操作マニュアル、運用マニュアルなどの書類の他、スキャナ装置、タイムスタンプ、検索機能及び訂正削除管理機能に関する操作要領

④ 当該国税関係書類に係る電子計算機処理並びに当該国税関係書類に係る電磁的記録の備付け及び保存に関する事務手続を明らかにした書類（当該電子計算機処理を他の者に委託している場合には、その委託に係る契約書並びに当該国税関係書類に係る電磁的記録の備付け及び保存に関する事務手続を明らかにした書類）
具体的な書類の範囲…入出力処理（記録事項の訂正又は削除及び追加をするための入出力処理を含む。）の手順、日程及び担当部署並びに電磁的記録の保存等の手順及び担当部署などを明らかにした書類の他、タ

イムスタンプに係る契約書

(10) 検索機能の確保（電帳規２⑥五イロハ）

国税関係書類に係る電磁的記録の記録事項の検索をすることができる次に掲げる要件を満たす機能を確保しておくことが要件となります。

① 取引年月日その他の日付、取引金額及び取引先（「記録項目」という。）を検索の条件として設定することができること。

② 日付又は金額に係る記録項目については、その範囲を指定して条件を設定することができること。

③ ２以上の任意の記録項目を組み合わせて条件を設定することができること。

なお、保存義務者が国税に関する法律の規定よる国税関係書類に係る電磁的記録の提示又は提出の要求に応じることができるようにしている場合には、上記の②及び③の要件は保存要件から除かれます（電帳規２⑥柱書）。

これは、その保存義務者から電子データが提供され、税務当局において必要な検索をできるような状態を整えておく場合には、検索主体は相違するものの、検索機能の確保の要件に相当する状態が一定程度確保されていると考えられることから、検索機能として最低限必要な上記①の要件以外の上記②及び③の要件の代替要件として位置付けられたものです（財務省「令和３年度税制改正の解説」p979）。

関連 Q&A

（検索機能の確保）

問 検索をすることができる機能を確保しておくこととは、どのような場合ですか。

答

システム上検索機能を有している場合のほか、次に掲げる方法により検索できる状態であるときは、当該要件を満たしているものとして取り扱われます（電帳通4-12）。

(1) 国税関係書類に係る電磁的記録のファイル名に、規則性を有して記録項目を入力することにより電子的に検索できる状態にしてお

く方法

(2) 当該電磁的記録を検索するために別途、索引簿等を作成し、当該索引簿を用いて電子的に検索できる状態にしておく方法

更に具体的には、保存システムに検索機能を有するものに限らず、例えば次のような方法により、検索対象となる記録事項を含んだファイルを抽出できる機能を確保している場合には、検索機能を確保しているものとして取り扱うことが明らかにされています。

イ　当該電磁的記録のファイル名に、規則性を持った形で記録項目を入力（例えば、取引年月日その他の日付（西暦）、取引金額、取引先の順で統一）して一覧性をもって管理することにより、フォルダ内の検索機能を使用して検索できる状態にしておく方法

ロ　エクセル等の表計算ソフトにより索引簿等を作成し、当該エクセル等の検索機能を使用して当該電磁的記録を検索できる状態にしておく方法

参考：国税庁　電子帳簿保存法一問一答（電子取引関係）問44

（同一の保存システム等によるスキャナ保存と電子取引に係るデータ保存）

問　電子取引に係るデータ保存制度で認められているような索引簿方式による検索機能の確保については、スキャナ保存についても適用は可能でしょうか。また、適用が可能な場合には、電子取引のものと兼ねた一覧表や保存システムによることも可能でしょうか。

答

一覧表を作成して、個々の保存ファイル名と対応させること（いわゆる索引簿方式）により検索機能を確保する方法は、スキャナ保存にも適用できます。

また、スキャナ保存と電子取引に係るデータ保存について、同じ索引簿や保存システムを使用することも、検索により探し出された記録

事項のみが整然とした形式及び明瞭な状態で出力されるのであれば、特段問題はありません。

ただし、スキャナ保存を行う場合には、スキャンしたデータのヴァージョン管理などの他の要件を満たす必要があります（出所：国税庁　電子帳簿保存法一問一答（スキャナ保存関係）問45）。

（スキャナ保存の検索機能における記録項目）

問　スキャナ保存の検索機能における記録項目とはどのようなものが該当するのですか。

答

例えば、次に掲げる国税関係書類の区分に応じ、それぞれ次に定める記録項目がこれに該当します（電帳通4-30）。

(1) 領収書⇒領収年月日、領収金額及び取引先名称
(2) 請求書⇒請求年月日、請求金額及び取引先名称
(3) 納品書⇒納品年月日及び取引先名称
(4) 注文書⇒注文年月日、注文金額及び取引先名称
(5) 見積書⇒見積年月日、見積金額及び取引先名称

(注) 一連番号等を国税関係帳簿書類に記載又は記録することにより電帳規２⑥三（帳簿書類間の関連性の確保）の要件を確保することとしている場合には、その一連番号等により国税関係帳簿（電帳法４①又は５①を適用しているものに限ります。）の記録事項及び国税関係書類（電帳法４③を適用しているものに限ります。）を検索することができる機能が必要となります。

検索項目である「取引年月日その他の日付、取引金額及び取引先」の意義は、それぞれ、次のとおりであり、この考え方に基づいて、主な国税関係書類の種類ごとに上記（1）～（5）の具体的記録項目を例示したものです。

イ　取引年月日その他の日付⇒国税関係書類に記載すべき日付をいいます。

なお、この日付は、基本的には国税関係書類の授受の基となる取引が行われた年月日を指しますが、その国税関係書類を授受した時

点でその発行又は受領の年月日として記載又は記録されている年月日を記録項目として用いても差し支えありません。

（注）国税関係書類を授受した時点でその発行又は受領の年月日として記載又は記録されている年月日を記録項目として用いる場面としては、例えば、納品書を納品の都度取り交わすのではなく、月にそれぞれの納品日をまとめて記載した納品書を授受した場合において、一つの国税関係書類に複数の取引年月日が記載又は記録されることとなるときが考えられますが、この場合、その発行又は受領の年月日として国税関係書類に記載又は記録されている年月日を記録事項として用いることができます。

ロ　取引金額⇒国税関係書類に記載すべき取引の金額又は資産の譲渡等の対価の額等をいい、単価及び残高を含みません。

ハ　取引先⇒取引先名称（国税関係書類に記載すべき取引先名称）をいいます。なお、取引先名称は必ずしも名称でなく、取引先コードが定められ、当該コード表が備え付けられている場合には、当該コードによる記録でも差し支えありません。

（テキスト化できない画像データへの取引年月日等の検索条件の設定）

問　スキャナで読み取った画像データをテキスト化することができない場合でも、検索の条件として取引年月日その他の日付、取引金額及び取引先を設定することができなければならないのでしょうか。

答

この検索機能は、①取引年月日その他の日付、取引金額及び取引先を検索の条件として設定することができること、②日付又は金額に係る記録項目についてはその範囲を指定して条件を設定することができること、③二以上の任意の記録項目を組み合わせて条件を設定することができることが要件となります。

したがって、スキャナで読み取った画像データをテキスト化して保存することができる機能などが備わっていない場合であっても、スキャナで読み取った国税関係書類に係る取引年月日その他の日付、取引金額及び取引先を手入力するなどして、検索の条件として設定することができるようにする必要があります。
　また、スキャナで読み取った画像データを保存しているフォルダ（以下「スキャナデータ保存フォルダ」といいます。）の中で、更に「取引先」ごとにフォルダを区分して保存しており、その区分したフォルダに保存している画像データに係る取引年月日その他の日付及び取引金額を手入力するなどして管理している場合に、スキャナデータ保存フォルダの中で「取引年月日その他の日付」及び「取引金額」について上記①から③までの検索の条件を設定することができるときは、検索機能の要件を満たすこととなります。
　なお、税務職員による質問検査権に基づくデータのダウンロードの求めに応じることができるようにしている場合には、上記②及び③の機能の確保は不要となります（出所：国税庁　電子帳簿保存法一問一答（スキャナ保存関係）問40）。

(11)　一般書類に係るスキャナ保存制度の適時入力方式（電帳規2⑦）

　保存義務者は、決算関係書類を除く国税関係書類のうち国税庁長官が定める資金やモノの流れに直結・連動しない書類である「一般書類」に記載されている事項を電磁的記録に記録する場合には、入力期間の制限及び相互関連性の保持の保存要件以外の要件を満たして、電磁的記録の保存に併せて、その電磁的記録の作成及び保存に関する「事務の手続を明らかにした書類」で、事務の責任者が定められているものの備付けを行うことにより、適時の入力によるスキャナによる保存を行うことができます。この保存を行う場合には、カラー階調を必要とする要件については、グレースケールつまり白黒での読取りも認められています。

　上記の「事務の手続を明らかにした書類」は、責任者、入力の順序、方法などの処理手続、さらにはアウトソーシングの際の事務の手続を定めることによる、適切な入力を確保するためのものです。この書類のサンプルについては、国税庁 電子帳簿保存法一問一答（スキャナ保存関係）問52に掲載されており、ダウンロードできます。

　この「一般書類」は、決算関係書類を除く国税関係書類のうち平成17

年国税庁長官告示４号に定められている書類（重要書類）以外の書類とされています。

関連 Q&A

（適時に入力する方法が可能な一般書類）

問　適時に入力する方法が可能な一般書類とは、具体的にどのような書類が対象となるのでしょうか。

答

国税関係書類のうち国税庁長官の定める書類（一般書類）については、入力期間の制限なく入力することができることとされており、その書類については平成17年国税庁告示４号により告示されています。

この告示により、例えば、次のような書類が入力期間の制限なく適時に入力することができます。

イ　保険契約申込書、電話加入契約申込書、クレジットカード発行申込書のように別途定型的な約款があらかじめ定められている契約申込書

ロ　口座振替依頼書

ハ　棚卸資産を購入した者が作成する検収書、商品受取書

ニ　注文書、見積書及びそれらの写し

ホ　自己が作成した納品書の写し

出所：国税庁　電子帳簿保存法一問一答（スキャナ保存関係）問46

（過去に受領等した書類のスキャナ保存の可否）

問　一般書類であれば、過去に遡って保存されている書類をスキャナ保存に代えてもいいのでしょうか。

答

資金や物の流れに直結・連動しない書類（平成17年国税庁告示４号に定めるもの）（一般書類）で、要件に沿って保存することが可能であれば、過去に受領等した書類についてもスキャナ保存ができます。

スキャナ保存が可能か否かについては、要件に沿った保存が可能か

否かで判断することとなります。電子帳簿保存法施行規則２条６項１号イ・ロでは、国税関係書類を受領等してから入力するまでの期間制限が規定されていますが、平成 17 年国税庁告示４号に定める一般書類については電子帳簿保存法施行規則２条７項により、この期間の制限がなく適時に入力できることから、これらの書類については、他の要件を満たす限り、過去において受領等した書類についてもスキャナ保存することが可能となります。

Point！	一般書類は過去に遡ってスキャナ保存可能

出所：国税庁　電子帳簿保存法一問一答（スキャナ保存関係）問 47

(一般書類のタイムスタンプ付与の時期)

問　一般書類について、タイムスタンプはいつまでに付せばいいのでしょうか。

答

一般書類へのタイムスタンプについては、次のいずれかにより付すこととなります。

① 作成又は受領後、おおむね７営業日以内（事務処理規程を定めている場合には、その業務の処理に係る通常の期間（最長２か月）を経過した後おおむね７営業日以内）に付す。

② （①の期間を過ぎたものについては）正しく読み取られていることを確認した都度付す。

一般書類に係るタイムスタンプについては、「①作成若しくは受領後、速やかに又は②当該国税関係書類をスキャナで読み取る際に」付すこととされています（電帳規２⑦後段の読み替え規定により②を追加)。したがって、作成又は受領後、通常のスキャナ保存と同様の入力期間内に入力した後タイムスタンプを付与するか、その期間経過後に入力する場合には、「スキャナで読み取る際に」すなわち、正しく読み取られていることを確認した都度タイムスタンプを付す必要があります。

出所：国税庁　電子帳簿保存法一問一答（スキャナ保存関係）問48

（過去分重要書類のスキャナ保存の入力期間の制限）

問　当社は過去分重要書類のスキャナ保存に当たって、対象となる書類が膨大にあるのですが、数か月間にわたってスキャナ保存の作業を行うことも可能でしょうか。

答

過去分重要書類のスキャナ保存については入力期間の制限はありませんので、数か月間にわたってスキャナ保存の作業を行うことも可能です。

令和元年度の税制改正により、スキャナ保存の承認を受けている保存義務者は、その承認を受けて保存を開始する日前に作成又は受領した重要書類（過去分重要書類）について、所轄税務署長等に適用届出書を提出したときは、一定の要件の下、スキャナ保存をすることができることとなりました（令和元年９月30日以後に提出する適用届出書に係る過去分重要書類から適用されます。）。適用届出書を提出した後は、その後の入力期間について制限はありません。これは、スキャナ保存の承認以前に作成・受領した書類が膨大であり、入力に相当の期間を要することが想定されるため、制限を設けないこととされたものです。そのため、例えば、数か月間にわたってスキャナ保存の作業を行うことも可能です。

Point!	過去分重要書類は適用届出書提出後入力期間の制限なく適時入力可能

ただし、適用届出書は従前において同一種類の過去分重要書類に係る適用届出書を提出している場合は提出することができません。これは、電磁的記録による保存等を断続的に行い、取りやめの都度、適用届出書の提出を繰り返し行うことにより、過去分重要書類について、その作成・受領後に「速やか」に行うことなく、継続的にスキャナ保

存を可能とする潜脱行為を防止する観点から措置されたものとされています。

なお、一般書類については、入力期間の制限なく適時に入力することができますので、適用届出書の提出は必要ありません。

出所：国税庁　電子帳簿保存法一問一答（スキャナ保存関係）問 53

（一般書類及び過去分重要書類の保存におけるタイムスタンプ付与の不要措置）

問　一般書類及び過去分重要書類の保存におけるタイムスタンプ付与の不要措置は受けられるのでしょうか。

答

「一般書類」及び「過去分重要書類」のスキャナ保存について、「国税関係書類に係る記録事項を入力したことを確認することができる場合」（電帳規２⑥二柱書）には、タイムスタンプの付与の要件（電帳規２⑥二ロ）に代えることができます。

なお、この「国税関係書類に係る記録事項を入力したことを確認することができる場合」とは、電子帳簿保存法取扱通達 4-26 の方法により確認できる場合がこれに該当します。

また、重要書類のスキャナ保存と異なり、一般書類及び過去分重要書類は入力期間の制限の保存要件が課されていませんので、その国税関係書類に係る記録事項の入力が、電帳規２⑥一イ又はロに掲げる方法（入力期間の制限）によりされていることの確認は不要です。したがって、入力した時点にかかわらず、入力した事実を確認できれば足りることになります（電帳通 4-32）。

参考　適正事務処理要件の廃止について（相互けん制、定期的な検査、再発防止）（旧電帳規３⑤四イロハ）

(1)　要件廃止の考え方

令和３年度税制改正において、適正事務処理要件が廃止されました。この適正事務処理要件は、スキャナによる読み取り前の紙段階で行われる改ざん等の不正を防止する観点から設けられていたものですが、組織ぐるみで故意に不正を企図した場合等までも防止できるものではなく、その効果は限定的であるとともに、定期的な検査まで紙原本を保存する必要が生じる等、事業者におけるペーパーレス化に十分に寄与していない状況にありました。

令和３年度の改正においては、こうした状況を踏まえ、事業者におけるペーパーレス化を一層促進する観点から、改ざん防止のための新たな担保措置（重加算税の加重措置）を講ずることとした上で、この適正事務処理要件が廃止されたものです。これにより、スキャナ保存制度の利用者は、原本の即時廃棄が可能となり、制度利用上のメリットを十分に享受できることとなると考えられます（財務省「令和３年度税制改正の解説」p978）。

しかしながら、事前承認制の廃止により、保存要件が順守されているかを当初の保存段階からしっかりと自己責任で管理する必要性が増したと言えます。税務調査の際に、保存要件に従った保存でないと認定された場合には、税法上の保存書類とはみなされなくなります。

今後は、日頃から保存要件に従った保存がなされているかをチェックができる適正な事務処理体制の確保やその運用体制、内部統制をしっかり行っていく必要があります。

そういった運用体制、内部統制の構築の参考に資するため、廃止された適正事務処理要件の概要を記します。

[適正事務処理要件の概要]

国税関係書類の作成又は受領から当該国税関係書類に係る記録事項の入力までの各事務について、その適正な実施を確保するために必要なものとして次に掲げる事項に関する規程を定めるとともに、これに基づき当該各事務を処理すること。

①　相互けん制

相互に関連する各事務について、それぞれ別の者が行う体制ただし、国税関係書類の作成又は受領をする者がその国税関係書類をスキャナで読み取る場合には、その作成又は受領に関する事務と読み取り事務の相互けん制は不要とされ、これに代え、受領者等以外の別の者が国税関係書類に係る電磁的記録の記録事項の確認を行うことが必要とされています。

② 定期的な検査

各事務に係る処理の内容を確認するための定期的な検査を行う体制及び手続

③ 再発防止体制

各事務に係る処理に不備があると認められた場合において、その報告、原因究明及び改善のための方策の検討を行う体制

(2) 要件廃止に伴って課された電磁的記録の保存義務

スキャナ保存が財務省令で定めるところに従って行われていないときは、その保存義務者は、その電磁的記録を保存すべき期間その他の財務省令で定める要件を満たしてその電磁的記録を保存しなければならないこととされていますが（電帳法４③後段)、この財務省令で定める要件として、その国税関係書類に係る電磁的記録について、当該国税関係書類の保存場所に、国税に関する法律の規定により当該国税関係書類の保存をしなければならないこととされている期間、保存が行われることとするとされています（電帳規２⑫)。

令和３年度の改正では紙原本の保存を一定期間必要とする適正事務処理要件は廃止することとされたことから、スキャナ保存を行う場合においては、スキャナ保存後、原本の即時廃棄が可能となります。そのため、税務調査において、スキャナ保存が要件に従って行われておらず、かつ、国税関係書類（紙原本）は廃棄されて存在せずに確認がもはやできない状況に円滑に対処する観点から、要件に従ってスキャナ保存が行われていない場合の国税関係書類に係る電磁的記録の保存措置が整備されたものです。

具体的には、国税関係書類に係る電磁的記録のスキャナ保存が保存要件に従って行われていない場合（その国税関係書類（紙原本）の保存が行われている場合を除きます。）には、保存義務者は、その国税関係書類の保存場所（その国税関係書類を紙原本として保存する場合の保存場所）に、その国税関係書類の保存をしなければならないこととされている期間（その国税関係書類を紙原本として保存する場合の保存期間)、その電磁的記録を保存しなければならないこととされました（電帳法４③後段、電帳規２⑫、財務省「令和３年度税制改正の解説」p979)。

（注１） 国税関係書類に係る電磁的記録のスキャナ保存が保存要件に従って行われていない場合であっても、その国税関係書類（紙原本）の保存が適正に行わ

れているときは、各税法の規定に基づく保存義務を履行しているものと考えられるため、その電磁的記録の保存が求められるものではありません（電帳法４③）。

（注２）　要件に従ってスキャナ保存が行われていない場合の国税関係書類に係る電磁的記録の保存が行われたときは、その電磁的記録は国税関係書類とはみなされません（電帳法８①）。なお、そのスキャナ保存は要件に従って行われていることにはならないため、青色申告の承認申請却下若しくは承認取消し又は通算予定法人の承認申請却下の事由に該当し得ることとなります（電帳法８③）。

（注３）　令和３年度の改正により整備された電磁的記録に係る重加算税の加重措置との関係でも、この保存措置により、保存要件に従ってスキャナ保存が行われていない場合であっても、この加重措置の適用の実効性が確保されることとなります（電帳法８⑤）。

5　電子取引の取引情報に係る電磁的記録の保存制度の保存要件

ⅰ　令和3年度改正

【令和3年度税制改正後の保存要件】
保存要件は下記のようになります。

電子取引の取引情報に係る電磁的記録の保存制度の保存要件の概要
（所得税・法人税の保存義務者が電子取引を行った場合）

必須的保存要件（電帳規4①柱書、②） 次の⑴から⑶に掲げる要件に従って保存	選択的保存要件 次のいずれかの措置を行う。
⑴　自社開発のプログラムを使用する場合には、電子計算機処理システムの概要を記載した書類の備付け	①　タイムスタンプが付された後の授受（電帳規4①一）
⑵　見読可能装置の備付け等 電子計算機、プログラム、ディスプレイ及びプリンタ並びにこれらの操作説明書を備え付け、電磁的記録をディスプレイの画面及び書面に、整然とした形式及び明瞭な状態で、速やかに出力することができるようにしておく	②　次のいずれかによりタイムスタンプを付すとともに、その電磁的記録の保存を行う者又はその者を直接監督する者に関する情報を確認することができるようにしておくこと（電帳規4①二）。 ⓐ　授受後、速やかに（7営業日以内）行う ⓑ　業務の処理に係る通常の期間（最長2か月）を経過した後、速やか（7営業日以内）に行う（取引情報の授受からその記録事項にタイムスタンプを付すまでの各事務の処理に関する規程を定めている場合に限る。）

⑶　検索機能の確保 ⓐ　取引年月日、金額、取引先を検索項目として設定 ⓑ　日付又は金額について範囲を指定して条件を設定 ⓒ　２以上の任意の記録項目を組み合わせて条件を設定	③　次のいずれかを満たすシステムを使用（電帳規４①三） ⓐ　訂正又は削除を行った場合にはその事実及び内容を確認することができること。 ⓑ　訂正又は削除を行うことができないこと。
☞税務調査でダウンロードの求めに応じる場合には範囲指定・項目組合せ機能が不要 ☞小規模事業者等で税務調査においてダウンロードの求めに応じる場合には全ての検索要件不要	④　正当な理由がない訂正及び削除の防止に関する事務処理の規程を定めて運用を行い、その事務処理規程の備付けを行うこと（電帳規４①四）。

電子取引に係るデータ保存制度の令和３年度の改正前後の比較

電子取引に係るデータ保存制度の概要	改正前の制度の概要	令和３年度税制改正
保存義務の内容	所得税（源泉徴収に係る所得税を除きます。）及び法人税に係る保存義務者は、電子取引を行った場合には、財務省令で定めるところにより、その電子取引の取引情報に係る電磁的記録を保存しなければならない（旧電帳法10）。	存置（電帳法７）。

書面又は電子計算機出力マイクロフィルムでの保存を容認（旧電帳法10条但書）	電磁的記録を出力することにより作成した書面又は電子計算機出力マイクロフィルムを、財務省令で定めるところにより保存する場合は、電子取引の取引情報に係る電磁的記録の保存を要しない。	旧電帳法10条のただし書を削除し、電子取引の取引情報に係る電磁的記録を保存要件に従って保存しなければならないこととした。
他の国税に関する法律の規定の適用	旧電帳法10条の規定により保存が行われている電子データ又は電子計算機出力マイクロフィルムについては、国税関係書類以外の書類とみなす（旧電帳法11②）。	財務省令で定めるところに従って保存が行われている電子データについては、国税関係書類以外の書類とみなす（電帳法8②）。
適正な保存を担保するための措置（電帳法8⑤）	無	スキャナ保存・電子取引情報保存制度の適正な保存を担保するための措置として、保存された電子データに関し申告漏れ等により重加算税が課される場合には10%加算

源泉徴収に係る所得税を除く所得税及び法人税に係る保存義務者は、電子取引を行った場合には、財務省令で定めるところにより、その電子取引の取引情報に係る電磁的記録を保存しなければならないこととされています（電帳法7)。電子取引の取引情報に係る電磁的記録の保存について規定した旧電子帳簿保存法10条では、ただし書として、「財務省令で定めるところにより、当該電磁的記録を出力することにより作成した書面又は電子計算機出力マイクロフィルムを保存する場合は、この限りでない。」とされており、つまり、電子取引の取引情報に係る電磁的記録の保存を要しないとされていましたが、税務手続の電子化を進める上での電子取引の重要

性に鑑み、他者から受領した電子データとの同一性が十分に確保されないことから、このただし書が削除され、その電磁的記録を保存しなければならないこととされました（電帳法７）。

Point！ 書面等へ出力して保存することが認められなくなりました。

上記の財務省令で定めるところに従って保存が行われている電子データに対する他の国税に関する法律の規定の適用については、その電子データを国税関係書類以外の書類とみなすとされています（電帳法８②）。

Point！ 保存要件に従った保存のみ書類とみなす

また、令和３年度税制改正では、スキャナ保存・電子取引情報保存制度の重加算税の加重措置が創設されました。これは、スキャナ保存・電子取引情報保存制度の適正な保存を担保するための措置として、保存された電子データに関し申告漏れ等により重加算税が課される場合には10％加算することとされました（電帳法８⑤）。

Point！ 重加算税の加重措置を創設

ⅱ　令和４年度改正

令和４年１月１日以後に行う電子取引からは、例外なくその電磁的記録を保存しなければならないこととされていましたが、対応未完了や準備中の事業者が多数いることや中小企業においては制度の認知が十分に進んでいないことなどから、令和４年度税制改正において、制度の円滑な移行のための宥恕措置が設けられました。

⑴　宥恕措置の内容

令和４年１月１日から令和５年 12 月 31 日までの間に行う電子取引につき、その取引情報に係る電子データを保存要件に従って保存をすることができなかったことについて、所轄税務署長がやむを得ない事情があると認め、かつ、その保存義務者が税務調査等の際にその電子データの出力書面（整然とした形式 及び明瞭な状態で出力されたものに限る。）の提示又は提出の求めに応じることができるようにしている場合には、その保存要件にかかわらず、その電子データの保存をすることができることとされました。

この措置は、あくまで電子取引の取引情報に係る電磁的記録の保存への円滑な移行のために期間を区切って宥恕措置を置くものであり、この制度を導入した令和３年度税制改正における電子帳簿保存法施行規則の一部改正省令の経過措置に加えて規定し、更にその措置内容は、電子取引に係る災害その他やむを得ない事情に係る宥恕措置を規定した電子帳簿保存法施行規則第４条第３項を読み替えて規定しています。

⑵　宥恕措置適用時の運用上の取扱い

令和４年度税制改正の大綱（令和３年12月24日閣議決定）では、「電子データの保存要件への対応が困難な事業者の実情に配意し、引き続き保存義務者から納税地等の所轄税務署長への手続を要せずその出力書面等による保存を可能とするよう、運用上、適切に配慮する」旨の記載がされ、この大綱を踏まえ、宥恕措置適用時の運用上の取扱いとして、電子取引の取引情報に係る電磁的記録の保存を要件に従って行うことができなかったことについてやむを得ない事情があると認められ、かつ、その電磁的記録を出力することにより作成した書面（整然とした形式及び明瞭な状態で出力されたものに限る。）の提示又は提出の要求に応じることができる場合には、その出力書面等の保存をもってその電磁的記録の保存を行っているものとして取り扱って差し支えないこととされました（旧電帳通7-11）。

⑶　出力書面の保存をもって適法に保存していることを明確化

これにより、令和４年１月１日から令和５年12月31日までの間に行う電子取引の取引情報に係る電磁的記録について、税務調査等の際に、その電磁的記録を出力することにより作成した書面の提示又は提出の要求に応じることができるようにしているときは、その出力書面の保存をもってその電磁的記録の保存をしているものとして取り扱って差し支えないこととし、もって、適法に保存義務を果たしていることとなることが明らかにされています（旧電帳通7-11解説）。

令和4・5年の電子取引データ保存の保存方法

①　原則：保存要件にしたがって電子データを保存

⇒令和4・5年に行う電子取引については宥恕措置が適用可

宥恕措置の適用要件

・保存要件にしたがって保存できなかったことについてやむを得ない事情がある
・税務調査等の際にプリントアウトしたものを提示・提出できるようにしている

手続不要で宥恕措置を適用

②　保存要件にかかわらず電子データを保存
③　保存すべき電子データをプリントアウトして保存

⇒令和5年10月からインボイス制度導入
⇒電子インボイスは電子取引データ保存と同様の保存方法

令和６年以降

◎宥恕措置の適用は終了
すべて保存要件にしたがって電子データを保存

ⅲ　令和５年度改正

令和４年度改正で設けられた宥恕措置は、適用期限の到来をもって廃止することとされ、令和５年度改正では、システム対応が間に合わなかったことにつき相当の理由がある事業者等に対する新たな猶予措置を設け、検索要件不要措置についても緩和がされました。これらの改正は、令和６年１月１日以後に行われる電子取引の取引情報に係る電磁的記録について適用されます。

(1)　猶予措置の内容

電子取引の取引情報に係る電磁的記録を保存要件に従って保存をすることができなかったことについて相当の理由がある保存義務者に対する猶予措置として、

①　申告所得税及び法人税に係る保存義務者が行う電子取引につき、納税地等の所轄税務署長が当該電子取引の取引情報に係る電磁的記録を保存要件に従って保存をすることができなかったことについて相当の理由があると認め（保存義務者からの手続は不要）、かつ、

②　その保存義務者が質問検査権に基づくその電磁的記録のダウンロードの求め及びその電磁的記録の出力書面（整然とした形式及び明瞭な状態で出力されたものに限られる。）の提示又は提出の求めに応じること

ができるようにしている場合には、その保存要件にかかわらず、その電磁的記録の保存をすることができることとされました（電帳規4③）。

(2) 「相当の理由」の意義

この「相当の理由」の意義については、猶予措置が電子取引の取引情報に係る電子データの保存要件への対応が困難な事業者の実情に配意して設けられたものであることから、例えば、その電磁的記録そのものの保存は可能であるものの、保存要件に従って保存するためのシステム等や社内のワークフローの整備が間に合わない等といった、自己の責めに帰さないとは言い難いような事情も含め、要件に従って電磁的記録の保存を行うことが困難な事情がある場合を対象とするものであり、資金的な事情を含めた事業者の経営判断についても考慮がなされることとなります。

ただし、システム等や社内でのワークフローの整備が整っており、電子取引の取引情報に係る電磁的記録を保存要件に従って保存できる場合や資金繰りや人手不足等のような理由ではなく、単に経営者の信条のみに基づく理由である場合等、何ら理由なく保存要件に従って電磁的記録を保存していない場合には、この猶予措置の適用はないこととされています（出所：国税庁電帳法取扱通達解説（趣旨説明）7 － 12より作成）。

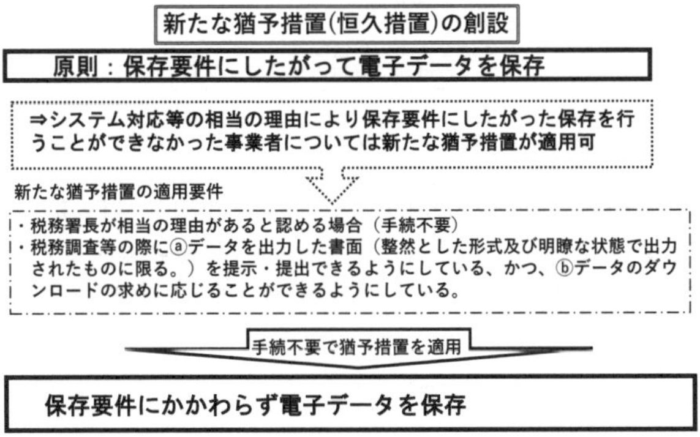

（注）令和5年末までの宥恕措置は適用期限到来をもって廃止。

(3) 検索機能の確保の要件の見直し等

中小・零細事業者にとって、電子取引データ保存制度の保存要件で最も事務負担がかかると言われているのが検索機能の確保です。

対応策としては、対応するシステムを導入する、システムを導入しない場合には、表計算ソフトなどで索引簿を作成する、あるいは規則的なファイル名を付す方法などにより、授受した取引データを速やかに出力又は提示できるようにしておかなければなりません。

申告所得税及び法人税の全ての保存義務者が授受した電子データを電子保存してもらうために、検索要件の全てを不要とする場合が次のとおり拡充されました。

⑴　保存義務者が国税庁等の当該職員の質問検査権に基づく電磁的記録のダウンロードの求めに応じることができるようにしている場合には、検索要件の全てを不要とする措置について、対象者が次のとおり拡充されました（電帳規４①）。

①　その判定期間に係る基準期間における売上高が5,000万円以下（改正前：1,000万円以下）である保存義務者を対象とする（判定期間及び基準期間については162頁参照）。

②　その電磁的記録の出力書面（整然とした形式及び明瞭な状態で出力され、取引年月日その他の日付及び取引先ごとに整理されたものに限る。）の提示又は提出の求めに応じることができるようにしている保存義務者と対象とする。

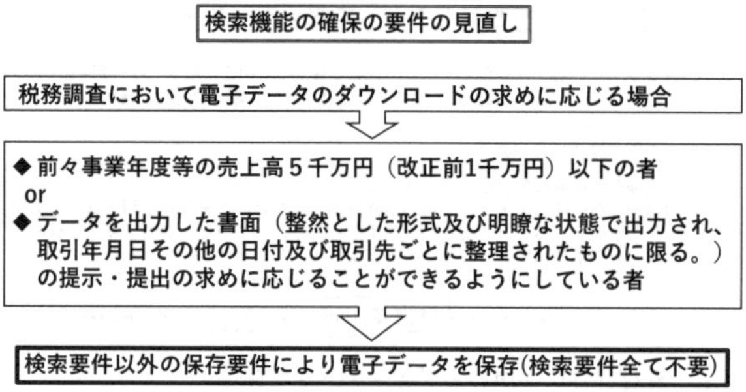
検索機能の確保の要件の見直し
税務調査において電子データのダウンロードの求めに応じる場合
◆前々事業年度等の売上高５千万円（改正前1千万円）以下の者
or
◆データを出力した書面（整然とした形式及び明瞭な状態で出力され、取引年月日その他の日付及び取引先ごとに整理されたものに限る。）の提示・提出の求めに応じることができるようにしている者
検索要件以外の保存要件により電子データを保存(検索要件全て不要)

これらの保存要件等を一覧にすると次のようになります。

電子取引のデータ保存制度の保存要件等

保存方法	適用要件	保存要件	データ・出力書面による保存	ダウンロード
①原則どおりの保存要件で保存（電帳規4①）	－	真実性・可視性の要件により保存	データによる保存	求めに応じれば範囲指定・項目組合せの検索要件不要
R5.12.31までの宥恕措置（運用上の対応）	やむを得ない事情があり、出力書面の提示等	なし（電子インボイスの保存要件非該当）	出力書面による保存が可能	－
② 新たな猶予措置を適用して保存	相当の理由があり、出力書面の提示等	なし（電子インボイスの保存要件非該当）	データによる保存	求めに応じることが前提
③ 売上高5千万円以下の者の検索要件不要措置を適用して保存	判定期間の基準期間における売上高が5千万円以下	検索要件以外の真実性・可視性の要件により保存	データによる保存	求めに応じることが前提
④ 書面の提示等の求めに応じる者の検索要件不要措置を適用して保存	日付・取引先ごとに整理した出力書面の提示等	検索要件以外の真実性・可視性の要件により保存	データによる保存及び必要に応じて提示等のための出力書面の保存	求めに応じることが前提

(2)　電磁的記録の記録事項にタイムスタンプを付す場合には、その電磁的記録の保存を行う者又はその者を直接監督する者に関する情報を確認することができるようにしておかなければなりませんでしたが（電帳規４①二）、この電磁的記録の保存を行う者等に関する情報の確認要件が廃止され、電磁的記録の保存を行う者又はその者を直接監督する者に関する情報の確認が不要となります。

ⅳ　保存要件

保存義務者は、電子取引を行った場合には、その電子取引の取引情報に係る電磁的記録を、その取引情報の受領が書面により行われたとした場合又はその取引情報の送付が書面により行われその写しが作成されたとした場合に、国税に関する法律の規定により、その書面を保存すべきこととなる場所に、その書面を保存すべきこととなる期間、次に掲げる **(1) 必須的保存要件**及び **(2) 選択的保存要件**に従って保存しなければなりません。

(1) 必須的保存要件

次の①から③に掲げる要件に従って保存しなければなりません。

①　電子計算機処理システムの概要を記載した書類の備付け

自社開発のプログラムを使用する場合には、電子取引の取引情報に係る電磁的記録の保存に併せて、その電磁的記録に係る電子計算機処理システムの概要を記載した書類の備付けを行うこととなります（電帳規４条１項柱書による電帳規２条６項６号において準用する同条２項１号（イに係る部分に限ります。）の要件）。

他の者が開発したプログラムを使用する場合には、この書類の備付けは必要ありません。

②　見読可能装置の備付け等

電磁的記録の保存をする場所にその電磁的記録の電子計算機処理の用に供することができる電子計算機、プログラム、ディスプレイ及びプリンタ並びにこれらの操作説明書を備え付け、当該電磁的記録をディスプレイの画面及び書面に、整然とした形式及び明瞭な状態で、速やかに出力することができるようにしておくこと（電帳規４条１項柱書きによる電帳規２条２項２号の要件）。

③　検索機能の確保

当該国税関係書類に係る電磁的記録の記録事項の検索をすることができる機能（次に掲げる要件を満たすものに限ります。）を確保しておくこと（電帳規４条１項柱書きによる電帳規２条６項５号の要件）。

イ　取引年月日その他の日付、取引金額及び取引先（ロ及びハにおいて「記録項目」という。）を検索の条件として設定することができること。

（注１）　令和３年度税制改正においては、検索機能の確保の要件について、電帳規２条６項５号の規定を準用していることから、検索項目が、「取引年月日、その他の日付、取引金額その他の国税関係書類の種類に応じた主要な記録項目」（改正前）から「取引年月日その他の日付、取引金額及び取引先」（改正後）に限定されました。

ロ　日付又は金額に係る記録項目については、その範囲を指定して条件を設定することができること。

ハ　２以上の任意の記録項目を組み合わせて条件を設定することができること。

◆検索機能の確保要件を緩和等する措置

検索機能の確保要件を緩和又は不要とする措置としては次のものが挙げられます。

⑴　保存義務者が国税に関する法律の規定による電磁的記録の提示又は提出の要求に応じることができるようにしている（いわゆるダウンロードの求めに応じる）場合には、範囲指定・項目組合せ機能の確保が不要となります（電帳規４①柱書）。

⑵　保存義務者がその判定期間に係る基準期間における売上高が5,000万円以下（令和５年末までの電子取引は1,000万円）である事業者であって（例えば、前々事業年度の売上高が5,000万円以下の事業者）、保存義務者が国税に関する法律の規定による電磁的記録の提示又は提出の要求に応じることができるようにしている場合には、検索要件全体が不要となります（電帳規４①柱書、②）。

⑶　保存義務者が国税に関する法律の規定による電磁的記録を出力することにより作成した書面で整然とした形式及び明瞭な状態で出力され、取引年月日その他の日付及び取引先ごとに整理されたものの提示若しくは提出の要求に応じることができるようにしている場合であって、当該電磁的記録の提示等の要求に応じることができるようにしている場合には、検索要件全体が不要となります（電帳規４①柱書）（この制度は、令和６年１月１日以後に行う電子取引の取引情報から適用されます。）。

（注：上記⑵及び⑶の制度については、161頁以下で詳しく説明しています。）

(2) 選択的保存要件

次の①から④に掲げる措置のいずれかを行って、保存しなければなりません。

なお、これらの措置は保存義務者の任意により自由に選択することが可能です。また、取引データの授受の方法は種々であることから、その授受したデータの様態に応じて複数の改ざん防止措置を使い分けることも認められており、混在しても差し支えありません。

さらに、電子データの格納先や保存場所についても、例えば、取引の相手先ごとに取引データの授受を行うシステムが異なっている場合や書類の種類ごとに取引データの授受を行うシステムが異なっている場合において、取引データの授受の方法等に応じて保存場所が複数のシステムに分かれること等は差し支えないこととされています。

ただし、整然とした形式及び明瞭な状態で、速やかに出力することができるようにしておく必要があります（出所：国税庁　電子帳簿保存法一問一答（電子取引関係）問28）。

① 電磁的記録の記録事項にタイムスタンプが付された後、その取引情報の授受を行うこと（電帳規４①一）。

② 次に掲げる方法のいずれかにより、当該電磁的記録の記録事項にタイムスタンプを付すこと（令和６年１月１日前に行った電子取引の取引情報については、その電磁的記録の保存を行う者又はその者を直接監督する者に関する情報を確認することができるようにしておく必要があります。）（電帳規４①二）。

イ　当該電磁的記録の記録事項にタイムスタンプを付すことを当該取引情報の授受後、速やかに行うこと。

ロ　当該電磁的記録の記録事項にタイムスタンプを付すことをその業務の処理に係る通常の期間を経過した後、速やかに行うこと（当該取引情報の授受から当該記録事項にタイムスタンプを付すまでの各事務の処理に関する規程を定めている場合に限ります。）。

（注） 令和３年度税制改正においては、選択的保存要件の一つである、当該取引情報の授受後遅滞なく、当該電磁的記録の記録事項にタイムスタンプを付すとともに、当該電磁的記録の保存を行う者又はその者を直接監督する者に関する情報を確認することができるようにしておくことという要件について、タイムスタンプの付与期間である「遅滞なく」が見直され、上記のいずれかによることとされました（電帳規４①二）。

電帳規４①二による「速やかに」はおおむね７営業日以内、最長２か月の業務サイクルであれば「業務の処理に係る通常の期間」として取り扱うとされています（電帳通7-4、7-5）。

③ 次に掲げる要件のいずれかを満たす電子計算機処理システムを使用して当該取引情報の授受及び当該電磁的記録の保存を行うこと（電帳規４①三）。

イ　当該電磁的記録の記録事項について訂正又は削除を行った場合には、これらの事実及び内容を確認することができること。

ロ　当該電磁的記録の記録事項について訂正又は削除を行うことがで

きないこと。

④　当該電磁的記録の記録事項について正当な理由がない訂正及び削除の防止に関する事務処理の規程を定め、当該規程に沿った運用を行い、当該電磁的記録の保存に併せて当該規程の備付けを行うこと（電帳規4①四)。

関連 Q&A

（令和5年度改正前後の電子取引の保存要件）

問　令和5年4月1日から令和6年3月31日までの事業年度に行った電子取引について、令和6年1月1日以後に保存を行えば、令和5年度の税制改正後の保存要件に従って保存することはできますか。

答

令和5年度税制改正後の保存要件は、令和6年1月1日以後に行う電子取引について適用されます（令5改正電帳規附則2②)。したがって、令和5年12月31日までに行った電子取引の取引情報に係る電子データについては、改正前の保存要件により保存する必要があります。

なお、令和4年1月1日以後に行う電子取引の取引情報に係る電子データについては、その出力した書面等を保存する措置は廃止されています。ただし、令和4年度税制改正において整備された「電子取引の取引情報に係る電磁的記録の保存への円滑な移行に向けた宥恕措置」により、令和4年1月1日から令和5年12月31日までの間に行う電子取引については、事実上、出力した書面の保存は可能とされています。

出所：国税庁　電子帳簿保存法一問一答（電子取引関係）問13

（電子取引の種類に応じた保存方法）

問　電子取引を行った場合において、取引情報をデータとして保存する場合、どのような保存方法が認められるでしょうか。

答

電子取引を行った場合には、取引情報を保存することとなりますが、例えば次に掲げる電子取引の種類に応じて保存することが認められます。

1　電子メールに請求書等が添付された場合

(1) 請求書等が添付された電子メールそのもの（電子メール本文に取引情報が記載されたものを含みます。）をサーバ等（運用委託しているものを含みます。以下同じです。）自社システムに保存する。

(2) 添付された請求書等をサーバ等に保存する。

2　発行者のウェブサイトで領収書等をダウンロードする場合

(1) ＰＤＦ等をダウンロードできる場合

①　ウェブサイトに領収書等を保存する。

②　ウェブサイトから領収書等をダウンロードしてサーバ等に保存する。

(2) ＨＴＭＬデータで表示される場合

①　ウェブサイト上に領収書を保存する。

②　ウェブサイト上に表示される領収書をスクリーンショットし、サーバ等に保存する。

③　ウェブサイト上に表示されたＨＴＭＬデータを領収書の形式に変換（ＰＤＦ等）し、サーバ等に保存する。

3　第三者等が管理するクラウドサービスを利用し領収書等を授受する場合

(1) クラウドサービスに領収書等を保存する。

(2) クラウドサービスから領収書等をダウンロードして、サーバ等に保存する。

4　従業員がスマートフォン等のアプリを利用して、経費を立て替え

た場合

従業員のスマートフォン等に表示される領収書データを電子メールにより送信させて、自社システムに保存する。

この場合にはいわゆるスクリーンショットによる領収書の画像データでも構いません。

なお、これらのデータを保存するサーバ等は可視性及び真実性の要件を満たす必要があります。

出所：国税庁　電子帳簿保存法一問一答（電子取引関係）問32

（クラウドサービスで取引を行った場合）

問　取引相手と直接電子データを授受することのないクラウドサービスでも電子取引に当たると言われましたがなぜですか。

答

取引相手と直接電子データを授受することのないクラウドサービスでも、これを利用して取引先から請求書等を受領した場合には、電子取引に該当します。

請求書等の授受についてクラウドサービスを利用する場合は、取引の相手方と直接取引情報を授受するものでなくても、請求書等のデータをクラウドサービスにアップロードし、そのデータを取引当事者双方で共有するものが一般的ですので、取引当事者双方でデータを共有するものも取引情報の授受にあたり、電子取引に該当します。取引先と直接電子データの授受をするかどうかで電子取引か否かを判断するわけではないことになります。

例えば、クラウド上で一時的に保存されたデータをダウンロードして保存するようなシステムの場合には、データの訂正削除が可能と考えられますので、受領したデータに電子帳簿保存法施行規則４条１項１号のタイムスタンプの付与が行われていない場合には、受領者側でタイムスタンプを付与すること又は同項４号に定める事務処理規程に基づき、適切にデータを管理することが必要です。

電子計算機を使用して請求書を作成して、クラウドサービスを利用して取引先に電磁的な請求書を発行する場合に、その請求書を書面にも出力して、郵送等により取引先に対して発行する場合には、原則、その請求書（控）を紙で保存する必要があります（参考158頁参照）。

保存義務者が一貫して電子計算機を使用してこの請求書を作成する場合には、「国税関係書類の電磁的記録による保存」として、保存要件に従って、その請求書に係る電磁的記録の保存をもって、その書面の保存に代えることができることになります（電帳法４②）。

出所：国税庁　電子帳簿保存法一問一答（電子取引関係）問4、6

（スマホアプリを使って取引を行った場合）

問　スマホアプリを使って決済を行い、アプリ提供事業者から利用明細書をもらいましたが、これは電子取引になるのですか。

答

アプリ提供事業者から電子データで利用明細等を受領する行為は、電子取引に該当します。そのため、当該利用明細等に係る取引データについて保存する必要があります。

いわゆるスマホアプリを利用した際に、アプリ提供事業者から受領する利用明細に係る内容には、通常、支払日時、支払先、支払金額等が記載されていることから、電子帳簿保存法２条５号に規定する取引情報に該当します。そして、その取引情報の授受を電磁的方式より行う場合には、電子取引に該当することになります。

この取引情報の保存にあたっては、アプリ提供事業者から提供された利用明細等の利用方法が、クラウド上で一時的に保存されたデータをダウンロードして保存するようなシステムの場合には、一般的に受領者側におけるデータの訂正削除が可能と考えられますので、受領したデータに電子帳簿保存法施行規則４条１項１号のタイムスタンプの付与が行われていない場合には、受領者側でタイムスタンプを付与すること又は同規則４条１項４号に定める事務処理規程に基づき、適切にデータを管理することが必要です。また、対象となるデータは原則、検索できる状態で保存することが必要ですので、このデータが添付された電子メールについて、当該メールソフト上で閲覧できるだけでは十分とは言えません。検索要件が不要となる場合にはこの限りではありません（電帳規４①柱書、②)。

出所：国税庁　電子帳簿保存法一問一答（電子取引関係）問4、7

（クレジットカードの利用明細データを利用している場合）

問　クレジットカードを利用して、その利用明細データを受領した場合には、その利用明細である電子データも保存する必要がありますか。

答

保存義務者が、その事業に関連してクレジットカードの利用明細データを受領した場合のように、個々の取引を集約した取引書類のデータを授受した場合には、クレジットカードの利用明細データ自体も電子取引の取引情報に該当することになります。この場合には、利用明細データである電磁的記録の保存が必要です。

また、その利用明細データに含まれている個々の取引についても、請求書・領収書等データ（取引情報）を電磁的に授受している場合には、クレジットカードの利用明細データ等とは別途、その保存が必要となります。

出所：国税庁　電子帳簿保存法一問一答（電子取引関係）問4

（電子と書面で同じ内容の取引情報を受け取った場合の扱い）

問　電子取引で受け取った取引情報について、同じ内容のものを書面でも受領した場合、書面を正本として取り扱うことを取り決めているときでも、電子データも保存する必要がありますか。
【電子＋紙】

答

電子データと書面の内容が同一であり、書面を正本として取り扱うことを自社内等で取り決めている場合には、その書面の保存のみで足ります。ただし、書面で受領した取引情報を補完するような取引情報が電子データに含まれているなどその内容が同一でない場合には、書面、電子データいずれについても保存が必要です。

通常、請求書は一つで取引を行うことから、正本・副本がある場合その正本を保存すれば足りることになります。ただし、書面で受領した取引情報に加えて、その詳細をメール本文で補足している場合等、その電子データに正本を補完するような取引情報が含まれている場合等には、正本である書面の保存に加えて、電子データの保存も必要になります。

出所：国税庁　電子帳簿保存法一問一答（電子取引関係）問14

（同一の請求書をクラウドと電子メールの２通りの方法で電子により受領した場合）

問　取引先との間で、同一の請求書をクラウドサービスと電子メールで２つ受領した場合、２つとも保存する必要がありますか。
【電子＋電子】

答

請求書をクラウドサービスにより受領したものと電子メールにより受領したものがある場合のように、同一の請求書を２つの電子取引により受領したときについては、それが同一のものであるのであれば、いずれか一つの電子取引に係る請求書を保存しておけばよいこととなります。

電子取引の取引データについて、２つの電子取引により同一の取引データを受領した場合には、いずれの取引データを保存する必要があるのか問題となりますが、それらの取引データが同一の内容であれば同一の請求書を重複して保存することとなるため、いずれかの電子取引に係る請求書を保存しておけばよいこととなります。

なお、同じ取引先との請求書データを保存する場合に、合理的な理由がない状態で規則性なく保存先を散逸させ、保存データの検索を行うに当たっても特段の措置がとられず、整然とした形式及び明瞭な状態で、速やかに出力することができないような場合は、その保存方法については認められないこととなります。

出所：国税庁　電子帳簿保存法一問一答（電子取引関係）問31

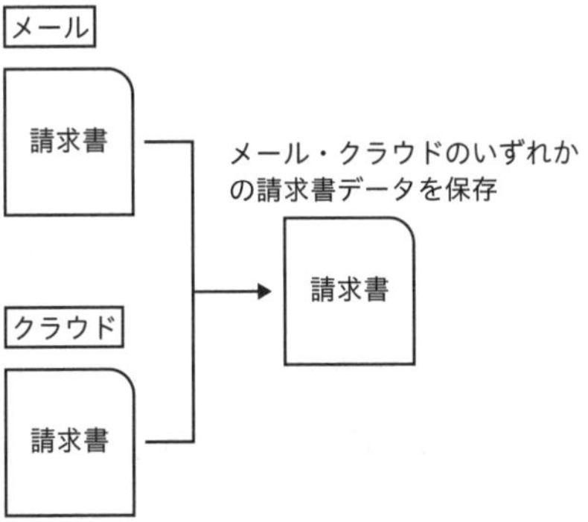

（検索機能の確保とは何が必要か）

問　電子取引の取引情報に係る電磁的記録の保存に当たり、どのような検索機能を有していればいいのですか。

答

電子取引の取引情報に係る電磁的記録の保存に当たり、以下の要件を満たす検索機能を確保する必要があります。

(1) 取引年月日その他の日付、取引金額及び取引先を検索の条件として設定することができること。

(2) 日付又は金額に係る記録項目については、その範囲を指定して条件を設定することができること。

(3) 二以上の任意の記録項目を組み合わせて条件を設定することが

できること。

取引情報の保存については、サーバ等に保存する場合や、クラウドサービス等を利用する場合が考えられますが、その保存方法にかかわらず、保存義務者は上記の要件を満たして検索をすることができる必要があります。

なお、税務職員による質問検査権に基づくダウンロードの求めに応じることができるようにしている場合には、(2) 及び (3) の要件は不要、一定の小規模事業者等については、全ての検索機能の確保の要件が不要となります。

また、ダウンロードの求めに応じられる状態で電磁的記録の保存を行い、税務調査で実際にダウンロードの求めがあった場合に、一部でもその求めに応じなかった場合には、検索要件の緩和の規定の適用は受けられません。

出所：国税庁　電子帳簿保存法一問一答（電子取引関係）問 42、電帳通 7-9

（記録項目を組み合わせた条件設定）

問 「二以上の任意の記録項目を組み合わせて条件を設定することができること」には、「ＡかつＢ」のほか「Ａ又はＢ」といった組合せも含まれますか。

答

「Ａ又はＢ」の組合せは必要ありません。

二の記録項目の組合せとしては、「ＡかつＢ」と「Ａ又はＢ」とが考えられますが、このうち、「Ａ又はＢ」の組合せについては、それぞれの記録項目により二度検索するのと実質的に変わらない（当該組合せを求める意味がない）ことから、これを求めないこととしています。

出所：国税庁　電子帳簿保存法一問一答（電子取引関係）問 43

（段階的な検索ができるもの）

問 一の記録項目により検索をし、それにより探し出された記録事項を対象として、別の記録項目により絞り込みの検索をする方式は、要件を満たすこととなりますか。

答

段階的な検索ができるものも要件を満たすこととなります。

「二以上の任意の記録項目を組み合わせて条件を設定することができること」とは、必ずしも「ＡかつＢ」という組合せで検索できることのみをいうのではなく、一の記録項目（例えば「Ａ」）により検索をし、それにより探し出された記録事項を対象として、別の記録項目（例えば「Ｂ」）により再度検索をする方式も結果は同じであることから要件を満たすこととなります。

出所：国税庁　電子帳簿保存法一問一答（電子取引関係）問43

（検索要件が不要となる場合①）

問　売上高が５千万円以下である場合、検索要件が不要となる場合があると聞いたのですが、どのような場合ですか。

答

電子取引の取引情報に係る電磁的記録の検索要件については、保存義務者がその判定期間に係る基準期間における売上高が5,000万円以下（令和６年１月１日前に行った電子取引の取引情報については1,000万円以下）である事業者である場合に、その保存義務者が国税に関する法律の規定による電磁的記録の提示又は提出の要求に応じることができる、いわゆる税務調査でダウンロードの求めに応じることができるようにしている場合には、電帳規２条６項６号の検索要件の全てが不要とされています（電帳規４①柱書）。

なお、ダウンロードの求めに応じられる状態で電磁的記録の保存を行い、税務調査で実際にダウンロードの求めがあった場合に、一部でも求めに応じなかった場合には、検索要件は不要とはならず、検索機能を確保する必要があります。さらに検索機能が確保できなかった場合には、保存要件に従って保存が行われていないこととなり、国税関係書類以外の書類とみなされません（電帳通7-9、電帳法８②）。

電子取引を行った場合で検索要件が不要となる場合

事業者 （電帳規４②一）	個人事業者（業務を行う個人をいいます。）	法人
判定期間 （電帳規４②二）	電子取引を行った日の属する年の１月１日から12月31日までの期間	電子取引を行った日の属する事業年度（法人税法13条及び14条（事業年度）に規定する事業年度）
基準期間 （電帳規４②三）	その年の前々年	その事業年度の前々事業年度（当該前々事業年度が１年未満である法人については、その事業年度開始の日の２年前の日の前日から同日以後１年を経過する日までの間に開始した各事業年度を合わせた期間）
保存義務者がその判定期間に係る基準期間における売上高が5,000万円以下（令和６年１月１日前に行った電子取引の取引情報については1,000万円以下）である事業者である場合⇒税務調査でダウンロードの求めに応じることができるようにしている場合には、検索要件の全てが不要		

（注）　売上高が5,000万円を超えるかどうかの判断基準については、消費税法37条の中小事業者の仕入れに係る消費税額の控除の特例（簡易課税制度）の課税期間に係る基準期間における課税売上高の判断基準の例によりますが、例えば、判定期間に係る基準期間がない新規開業者、新設法人の初年（度）、翌年（度）の課税期間などについては、検索機能の確保の要件が不要となります。

出所：国税庁　電子帳簿保存法一問一答（電子取引関係）問45

（売上高の判定）

問　「判定期間に係る基準期間の売上高が5,000万円以下の場合」とは、どのように判断すればいいのですか。

答

個人事業者については、電子取引を行った年の前々年の１月１日から12月31日の売上高、法人については、電子取引を行った事業年度の前々事業年度の売上高が、5,000万円を超えるかどうかで判断することになります。基準期間が1年でない法人については、基準期間の売上高を基準期間に含まれる事業年度の月数で除し、これに12を乗じて算出した金額を用いて5,000万円を超えるかどうかで判断します。ここでいう「売上高」は、営業外収入や雑収入を含んでおらず、結果として、消費税法上の「課税売上高」とはその内容を異にしています。例えば、

① 個人事業者の場合は、「商品製品等の売上高、役務提供に係る売上高、農産物の売上高（年末において有する農産物の収穫した時の価額を含みます。）、賃貸料又は山林の伐採又は譲渡による売上高」をいい、家事消費高及びその他の収入は含まれません。

② 法人の場合は、「一般的に売上高、売上収入、営業収入等として計上される営業活動から生ずる収益」をいい、いわゆる営業外収益や特別利益は含まれません。

出所：国税庁　電子帳簿保存法一問一答（電子取引関係）問45

（検索要件が不要となる場合②）

問 電子取引の取引データを書面に出力し、取引年月日や取引先ごとに整理されたものの提示等の要求に応じることができるようにしている場合には、検索要件が不要となる場合があると聞いたのですが、どのような場合ですか。

答

保存義務者が国税に関する法律の規定による電磁的記録を出力することにより作成した書面で整然とした形式及び明瞭な状態で出力され、取引年月日その他の日付及び取引先ごとに整理されたものの提示若しくは提出の要求に応じることができるようにしている場合であって、当該電磁的記録の提示等の要求に応じることができるようにしている場合には、検索要件全体が不要となります（電帳規4①柱書）（こ

の制度は、令和６年１月１日以後に行う電子取引の取引情報から適用されます。）。

この「電磁的記録を出力した書面であって、取引年月日その他の日付及び取引先ごとに整理されたものの提示若しくは提出の要求に応じることができるようにしている場合」については、次に掲げるいずれかの方法により、電子取引の取引情報に係る電磁的記録を出力することにより作成した書面が、課税期間ごとに日付及び取引先について規則性を持って整理されている必要があります。

①　課税期間ごとに、取引年月日その他の日付の順にまとめた上で、取引先ごとに整理する方法

②　課税期間ごとに、取引先ごとにまとめた上で、取引年月日その他の日付の順に整理する方法

③　書類の種類ごとに、①又は②と同様の方法により整理する方法

（注）③は法人税法等により書類を保存する場合の管理の実務と同様、種類ごとに区分した上で、その区分ごとに①又は②の方法で整理することも認められることを明らかとしたものです。

なお、このように整理された出力書面を基に、保存する電磁的記録の中から必要な電磁的記録を探し出せるようにしておく必要があり、かつ、探し出した電磁的記録をディスプレイの画面に速やかに出力できるようにしておく必要があります。

また、電磁的記録を書面に出力する時期については特段の定めはありませんが、それを整理するためには一定の作業を要すると思われます。遅滞なく提示等ができるように書面出力して整理しておくといった準備を事前にしていなかった場合には、検索機能の確保の要件が不要となるための条件を満たしていないと判断される可能性があることから、日頃から書面出力して整理しておくことが望ましいと考えられます。

出所：電帳通 7-3 、国税庁　電子帳簿保存法一問一答（電子取引関係）問 46

（複数の取引がまとめて記録されているデータの扱い）

問　1ヶ月分の取引がまとめて記録された納品書データを授受した場合、検索要件の記録項目については、記録されている個々の取

引ごとの取引年月日その他の日付及び取引金額を設定する必要がありますか。

答

検索要件の記録項目としては、個々の取引ごとの取引年月日及び取引金額として記録されているものをそれぞれ用いる方法のほか、その電子取引データを授受した時点でその発行又は受領の年月日として記録されている年月日及びその電子取引データに記録された取引金額の合計額を用いる方法としても、その取扱いが各課税期間において自社で一貫した規則性を持っていれば差し支えないこととされています。

これは、一つの電子取引データに複数の取引がまとめて記録されているような場合、それは内訳として記録されているものなのか、それともあくまで個々の独立した取引であるが便宜的に一つの電子取引データに記録されているものなのかについては、必ずしも判然としないことがあることから、その電子取引データを授受した時点でその発行又は受領の年月日として記録されている日付をもって、検索機能における記録項目である「取引年月日その他の日付」として用いても、その取扱いが各課税期間において自社で一貫した規則性を持っている限り差し支えないこととされていることによります。

この場合における取引金額での検索については、「取引年月日その他の日付」が個々の取引年月日によって検索できるようにしているのであれば「取引金額」についても個々の取引金額で検索できるようにする必要があり、「取引年月日その他の日付」がその電子取引データの発行又は受領の年月日によって検索できるようにしているのであれば「取引金額」についてもその電子取引データに記録された取引金額の合計額で検索できるようにしておく必要があります。

出所：電帳通 4-30、国税庁　電子帳簿保存法一問一答（電子取引関係）問 49

（異なる取引条件に応じた複数の見積金額の検索方法）

問　１回の見積りに関して、異なる取引条件等に応じた複数の見積金額が記録された見積書データを授受した場合、検索機能における記録項目である「取引金額」についてはどのように設定すればいいですか。

答

課税期間において自社で一貫して規則性を持っている限り、見積書データに記録されている見積金額のうちいずれの見積金額を用いても差し支えないこととされています。

取引条件等を変えることで見積金額が変わる場合、取引条件等に応じた複数の金額を示した見積書が提示される場合があります。こうした場合の対応としては、最もシンプルな取引条件での見積金額で検索できるようにしておく方法、実際に発注することとなった見積金額で検索できるようにしておく方法、最も高額又は低額の見積金額で検索できるようにしておく方法等が考えられますが、自社内で統一したルールを定めてそれに即して検索機能を設定するとともに、そのルールを税務調査の際に説明できるようにしていれば、見積書データに記録されている見積金額のうちいずれの見積金額を用いても差し支えないこととされています。

ただし、検索については一課税期間を通じて行えることが基本的には必要ですが、課税期間の途中でルールを変更してしまうと適切に検索が行えなくなるおそれがあるため、課税期間中はルールを変更しないようにする必要があります。

出所：国税庁　電子帳簿保存法一問一答（電子取引関係）問50

（検索機能を有するシステムを有しない場合の検索）

問　電子取引の取引データを保存するシステムを有しない場合、どのようにすれば検索機能の確保の要件を満たすこととなりますか。

答

例えば、エクセル等の表計算ソフトにより、取引データに係る取引年月日その他の日付、取引金額、取引先の情報を入力して一覧表を作成することにより、そのエクセル等の機能により、入力された項目間で範囲指定、二以上の任意の記録項目を組み合わせて条件設定をすることが可能な状態であれば、検索機能の確保の要件を満たすものと考えられます。

Point！　システムを導入しなくても検索機能を確保できる方法がある

また、保存すべき取引データについて、税務職員のダウンロードの求めに応じることができるようにしておき、当該取引データのファイル名を「取引年月日その他の日付」、「取引金額」、「取引先」を含み、統一した順序で入力しておくことで、取引年月日その他の日付、取引金額、取引先を検索の条件として設定することができるため、検索機能の確保の要件を満たすものと考えられます。

また、ファイル名の入力により検索要件を満たそうとする場合については、「取引先」ごとにフォルダを区分して保存しており、その区分したフォルダに保存している取引データのファイル名を「取引年月日その他の日付」及び「取引金額」を入力して管理しておくことでも、取引年月日その他の日付、取引金額及び取引先を検索の条件として設定することができるときは、検索機能の要件を満たすことになります。

(1) 一覧表の作成により検索機能を満たそうとする例

ファイル名には①、②、・・・と通し番号を入力する。エクセル等により以下の表を作成する。

〈索引簿（サンプル)〉

連番	日付	金額	取引先	備考
①	20240131	110,000	㈱霞商店	請求書
②	20240210	330,000	国税工務店㈱	注文書
③	20240228	330,000	国税工務店㈱	領収書
④				

(注) 索引簿のサンプルについては、国税庁 HP からダウンロードできます（https://www.nta.go.jp/law/joho-zeikaishaku/sonota/jirei/0021006-031.htm）。

(2) ファイル名の入力により検索機能を満たそうとする例

2024年（令和６年）11月30日付の株式会社霞商事からの20,000円の請求書データの場合　⇒「20241130_㈱霞商事_20,000」

※　取引年月日その他の日付は和暦でも西暦でも構いませんが、混在は抽出機能の妨げとなることから、どちらかに統一して入力する必要があります。

出所：国税庁　電子帳簿保存法一問一答（電子取引関係）問44

電子取引の取引情報に係る電磁的記録を保存するにあたって、上記により検索機能を確保したとするならば、電帳規４条１項４号に定める事務処理規程に基づき、適切にデータを管理していれば、タイムスタンプ等の設備投資を行うことなく、保存要件を満たすことができると考えられます。

※　事務処理規程のサンプルについては、170頁を参照。

	保存要件
○	自社開発のプログラム使用でなければ電子計算機処理システムの概要の備付け不要（電帳規４①柱書）
○	見読可能装置の備付け等（電帳規４①柱書）
○	検索機能の確保（電帳規４①柱書）
○	正当な理由がない訂正及び削除の防止に関する事務処理の規程を定めて運用を行い、その事務処理規程を備え付ける（電帳規４①四）

（訂正又は削除の履歴の確保の要件）

問　訂正又は削除の履歴の確保の要件を満たすためには、具体的どのようなシステムであればよいのですか。

答

訂正又は削除の履歴の確保の要件を満たしたシステムとは、例えば、

(1) 電磁的記録の記録事項に係る訂正・削除について、物理的にできない仕様とされているシステム

(2) 電磁的記録の記録事項を直接に訂正又は削除を行った場合には、訂正・削除前の電磁的記録の記録事項に係る訂正・削除の内容について、記録・保存を行うとともに、事後に検索・閲覧・出力ができるシステム

等が該当するものと考えられます。

具体的には、例えば、他者であるクラウド事業者が提供するクラウドサービスにおいて取引情報をやりとり・保存し、利用者側では訂正削除できない、又は訂正削除の履歴（ヴァージョン管理）が全て残るクラウドシステムであれば、通常、この電子計算機処理システムの要件を満たしているものと考えられます。

出所：国税庁　電子帳簿保存法一問一答（電子取引関係）問35

（正当な理由がない訂正及び削除の防止に関する事務処理の規程とは）

問　「正当な理由がない訂正及び削除の防止に関する事務処理の規程」とはどのようなものを設ければいいのですか。

答

電子取引の取引情報に係る電磁的記録の選択的保存要件としては、タイムスタンプを用いたもの、一定の要件を満たすシステムを使用したものと、この事務処理規程の備付けを行うこととされています。前二者は設備投資が必要ですが、事務処理規程の備付けは運用上の規程を定めてこれをしっかり運用することにより保存要件を満たすことになりますので、設備投資が難しい保存義務者にとっては、採用しやすい要件と考えられます。

この「正当な理由がない訂正及び削除の防止に関する事務処理の規

程」とは、例えば、次に掲げる区分に応じ、それぞれ次に定める内容を含む規程がこれに該当します（電帳通 7-7）。

(1) 自らの規程のみによって防止する場合
①　データの訂正削除を原則禁止 ②　業務処理上の都合により、データを訂正又は削除する場合（例えば、取引相手方からの依頼により、入力漏れとなった取引年月日を追記する等）の事務処理手続（訂正削除日、訂正削除理由、訂正削除内容、処理担当者の氏名の記録及び保存） ③　データ管理責任者及び処理責任者の明確化
(2) 取引相手との契約によって防止する場合
①　取引相手とデータ訂正等の防止に関する条項を含む契約を行うこと。 ②　事前に上記契約を行うこと。 ③　電子取引の種類を問わないこと。

（正当な理由がない訂正及び削除の防止に関する事務処理の規程のサンプル）

問「正当な理由がない訂正及び削除の防止に関する事務処理の規程」を定めて運用する措置を行うことを考えていますが、具体的にはどのような規程を設ければいいですか。

答

「正当な理由がない訂正及び削除の防止に関する事務処理の規程」は、この規程によって電子取引の取引情報に係る電磁的記録の真実性を確保する観点から必要な措置として要件とされたものです。

この規程については、どこまで整備すればデータ改ざん等の不正を防ぐことができるのかについて、事業規模等を踏まえて個々に検討する必要がありますが、必要となる事項を定めた規程としては、例えば、次のサンプルが考えられます。

なお、規程に沿った運用を行うに当たっては、業務ソフトに内蔵されたワークフロー機能で運用することとしても差し支えありません。

「電子取引データの訂正及び削除の防止に関する事務処理規程」のサンプル（法人の例・個人事業者の例）については、国税庁 HP からダウンロードできます。

出所：国税庁　電子帳簿保存法一問一答（電子取引関係）問 29

（保存要件の判定方法）

問　自社で使用する電子取引用のソフト等について、電子帳簿保存法の保存要件を満たしているかは、どのようにして判定すればいいですか。

答

まずは、そのソフトウェアの取扱説明書等で電子帳簿保存法の要件を満たしているか確認することになります。

また、公益社団法人日本文書情報マネジメント協会（以下「JIIMA」といいます。）において、市販のソフトウェア及びソフトウェアサービス（以下「ソフトフェア等」といいます。）を対象に、電子帳簿保存法における要件適合性の確認（認証）を行っており、JIIMA が確認（認証）したソフトウェア等については、JIIMA のホームページ等でも確認することができます。

従前は、使用する電子取引用のソフト等が電子帳簿保存法の要件に適合しているかについて、商品の表示等のみに頼っている状況でしたが、こうした状況を踏まえ、保存義務者の予見可能性を向上させる観点から、JIIMA がソフトウェア等の法的要件認証制度を開始しました。

なお、電子帳簿保存法の保存等の要件には、事務手続関係書類の備付けに関する事項等、機能に関する事項以外の要件も満たす必要がありますので注意が必要です。

出所：国税庁　電子帳簿保存法一問一答（電子取引関係）問 57

（JIIMA により認証されたソフトウェア）

問　JIIMA により認証されたソフトウェアとはどのようなものですか。

答

JIIMA が電子帳簿保存法に規定する機能要件に適合するか機能の仕様について取扱説明書等で確認を行い、法的要件を満たしていると判断し認証されたソフトウェア等をいいます。

また、認証を受けたソフトウェア等は、国税庁及び JIIMA のホームページに記載される認証製品一覧表に明示されるほか、そのソフトウェア等の説明書等に認証番号などが記載されています。

認証制度開始時からの電子帳簿及びスキャナ保存用のソフトウェア等に係る認証制度に加えて、令和３年４月以降は、電子書類及び電子取引に係るソフトウェア等についても認証を行っています。

なお、認証を受けたソフトウェア等は、以下に示す「認証ロゴ」を使用できることから、そのソフトウェアが JIIMA から認証されたものであるか否かについては、この認証ロゴによって判断することもできます。

ただし、以下の「認証ロゴ」は令和５年６月現在で使用しているものを記載していますので、使用に当たっては説明書等で認証番号などを確認する必要があります。

(参考)

《認証ロゴ（令和５年６月現在使用されている主なもの)》

電子取引ソフト 010101 JIIMA 法的要件認証 令和2年改正法令基準　若しくは　010101 JIIMA 101010 電子取引ソフト 法的要件認証 令和2年改正法令基準

又は

スキャナ保存ソフト JIIMA 法的要件認証 令和3年改正法令基準　若しくは　010101 JIIMA 101010 電子取引ソフト 法的要件認証 令和3年改正法令基準

出所：国税庁　電子帳簿保存法一問一答（電子取引関係）問 58

V 他の国税に関する法律の規定の適用

1 国税関係帳簿書類に係る電磁的記録等に対する各税法の規定の適用

電子帳簿保存法4条1項、2項若しくは3項前段又は5条各項のいずれかに規定する保存要件に従って備付け及び保存が行われている国税関係帳簿又は保存が行われている国税関係書類に係る電磁的記録又は電子計算機出力マイクロフィルムに対する各税法の適用については、その電磁的記録又は電子計算機出力マイクロフィルムを当該国税関係帳簿又は当該国税関係書類とみなすとされています（電帳法8①）。

この電磁的記録若しくは電子計算機出力マイクロフィルムによる保存等を行った場合には、電子帳簿保存法4条、5条により国税関係帳簿書類の保存等に代えることができるとされていますので、保存要件等に従って保存等を行っていれば、国税関係帳簿書類の保存等の義務は履行されたことになりますが、これらの規定だけでは国税関係帳簿書類とみなされているわけではありませんので、各税法の適用にあたっては、その国税関係帳簿書類とみなして適用することとしているものです。

Point!	保存要件に従って保存していれば国税関係帳簿書類とみなされる。

令和3年度税制改正前においては、国税関係帳簿書類の電磁的記録等による保存等の承認を受けているその国税関係帳簿書類に係る電磁的記録又は電子計算機出力マイクロフィルムをその国税関係帳簿書類とみなすこととされており、事前承認制度を前提として、一部の保存要件を満たさなくなった場合であったとしても、承認を受けて保存等が行われている限りにおいては、その電磁的記録等を国税関係帳簿書類とみなすこととされていました。

事前承認制度の廃止に伴って、その保存要件に従って保存が行われていない電磁的記録は、原則として、国税関係帳簿又は国税関係書類とみなされないこととされました。

これにより、例えば、仕入れに係る消費税額の控除を適用する場合には、その控除に係る帳簿及び請求書等の保存が必要とされていますが（消法30⑦）、請求書等のスキャナ保存が保存要件に従って行われていない場合には、その控除の適用が否認され得ることとなります。

関連 Q&A

（保存要件に従った保存でなくなった場合）

問　保存期間の途中で電磁的記録による保存をとりやめ、保存要件に従った保存でなくなった場合にはどのようにすればいいのですか。

答

国税関係帳簿書類の電磁的記録による保存等の適用を受けている国税関係帳簿書類について、その保存期間の途中で電磁的記録による保存等を取りやめることとした場合には、その取りやめることとした国税関係帳簿については、取りやめることとした日において保存等をしている電磁的記録及び保存している電子計算機出力マイクロフィルムの内容を書面に出力して保存等をしなければなりません。

これは、電磁的記録による保存等を取りやめることとした国税関係帳簿又は国税関係書類については、取りやめることとした日以後の新たな記録分等について書面で保存等をしなければなりませんが、同日において保存等をしている電磁的記録及び保存している電子計算機出力マイクロフィルムの内容を書面に出力して、残りの保存期間、保存等をしなければならないことを明らかにしたものです。

また、スキャナ保存が行われている国税関係書類に係る電磁的記録について、その保存期間の途中でその保存要件に従った電磁的記録による保存を取りやめることとした場合には、その電磁的記録の基となった国税関係書類を保存しているときはその国税関係書類を、廃棄している場合には、その取りやめることとした日において適法に保存している電磁的記録を、それぞれの要件に従って保存しなければなりません（電帳通 4-35）。

令和３年度税制改正前においても、国税関係帳簿書類の電磁的記録等による保存等の承認取りやめの届出書を提出した場合には、その承認取りやめ届出書に記載された国税関係帳簿書類については、その届出書を提出した日において保存等をしている電磁的記録及び電子計算機出力マイクロフィルムの内容を書面に出力して保存等をしなければならない取扱いとされていましたが（旧電帳通 7-1）、事前承認制が廃止されたため、同様の取扱いとすることとされたものです。

2　電子取引の取引情報に係る電磁的記録等に対する各税法の規定の適用

電子帳簿保存法７条の規定により保存要件に従って保存が行われている電子取引の取引情報に係る電磁的記録に対する各税法の適用については、その電磁的記録を国税関係書類以外の書類とみなすこととされました（電帳法８②）。

これは、電子取引の取引情報は電子帳簿保存法７条により創設的に保存義務を課したものであり、各税法に基づいて保存義務が課されたものではないため、国税関係書類以外の書類とみなすこととされたものです。

Point!　保存要件に従って保存していれば国税関係書類以外の書類とみなされる。

したがって、保存要件に従って保存が行われていない電磁的記録については、他者から受領した電子データとの同一性が担保されないことから、保存書類と扱わないこととし、保存要件に従って保存が行われている電磁的記録のみ「国税関係書類以外の書類」とみなすこととされています。

この「国税関係書類以外の書類」とみなされる電磁的記録については、所得税法及び法人税法における保存書類とみなされるものではありませんが、申告内容を確認するための書類となり得ることとなります。

なお、保存要件に従って保存が行われていない電磁的記録については、「国税関係書類以外の書類」とみなされないことから、申告内容を確認するためのものとして扱われるためには、納税者における追加的な説明や資料提出が必要となるものと考えられます。

3 災害その他やむを得ない事情に係る宥恕措置の整備

(1) スキャナ保存に係る宥恕規定

スキャナ保存に係る保存義務者が、災害その他やむを得ない事情により、保存要件に従って国税関係書類に係る電磁的記録のスキャナ保存をすることができなかったことを証明した場合には、その保存要件にかかわらず、その電磁的記録の保存をすることができることとされています（電帳規２⑧）。ただし、その事情が生じなかったとした場合において、その保存要件に従ってその電磁的記録の保存をすることができなかったと認められるときは、この限りでないこととされています（電帳規２⑧ただし書）。

また、災害その他やむを得ない事情が生じる前に過去分重要書類のスキャナ保存を行っている保存義務者についても、その事情により保存要件に従ってその過去分重要書類に係る電磁的記録の保存をすることができないこととなったことを証明した場合には宥恕措置が適用されます（電帳規２⑪）。この措置は、既に適用届出書を提出し、過去分重要書類の保存を行っている者がその保存要件を充足できないこととなった場合が対象であり、その事情が生じた場合であっても、適用届出書を提出せずに過去分重要書類の保存を行うことができるものではありません（電帳通４-33）。

この宥恕措置は、保存要件に従って国税関係書類に係る電磁的記録のスキャナ保存が行われていない場合において、その原本である国税関係書類が廃棄されているときは、各税法の規定に基づく保存義務が履行されていないものとして扱われることとなり、また、青色申告の承認取消し等の事由にも該当し得ることになる点を踏まえて、災害等の保存義務者の責めに帰すことができない状況において、保存要件を満たすことが困難となった場合には、それを保存義務者において証明することにより、その保存要件にかかわらずその電磁的記録の保存を行うことができることとされたものです。

なお、災害等の事情が生じる前に作成又は受領した国税関係書類について、災害等の事情が生じた時点で既にスキャナ保存を行う際の入力期間を経過しているなど保存要件を満たしていなかった場合等については、「その事情が生じなかったとした場合において、その保存要件に従ってその電磁的記録の保存をすることができなかったと認められるとき」に該当するため、本措置の適用はないことになります。

災害等の場合の宥恕規定

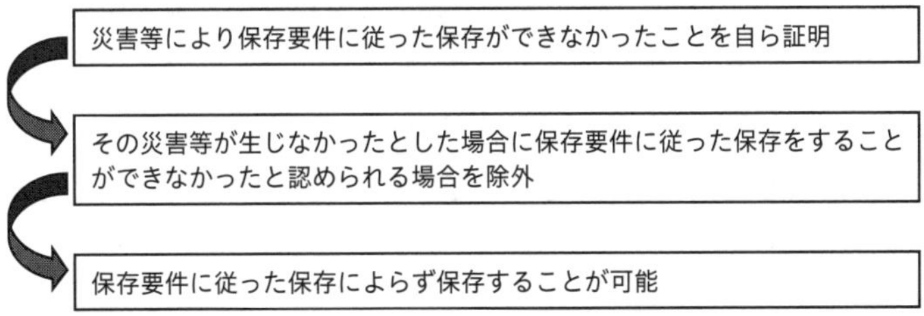

災害等により保存要件に従った保存ができなかったことを自ら証明
その災害等が生じなかったとした場合に保存要件に従った保存をすることができなかったと認められる場合を除外
保存要件に従った保存によらず保存することが可能

(2) 電子取引に係る宥恕規定

電子取引の取引情報に係る電磁的記録について、令和３年度税制改正において電磁的記録の出力書面等による保存措置が廃止されたため、保存要件に従ってその電磁的記録の保存が行われていない場合には、「国税関係書類以外の書類」とみなされず、また、青色申告の承認取消し等の事由にも該当し得ることから、保存義務者の責めに帰すことができない状況における保存要件充足の困難性を考慮し、スキャナ保存の場合と同様の宥恕措置が設けられています（電帳規４③）。

(3) 国税関係帳簿書類の電磁的記録等の扱い

国税関係帳簿書類の電磁的記録等による保存等が保存要件に従って行われていない場合には、その電磁的記録等の内容を出力した書面を保存する取扱いとされていることから（電帳通4-35、174頁参照）、保存要件に従って保存が行われない場合における電磁的記録の保存等の措置及びこれに伴う上記の宥恕措置はその必要性が乏しいと考えられるため、設けられていません。

(4)「災害その他やむを得ない事情」の意義

電子帳簿保存法に設けられた宥恕規定と同様の規定は、消費税法30条7項ただし書等にもあります。「災害その他やむを得ない事情」とは一般的にはどのようなものをいうのかについては消費税法基本通達11-2-22（同通達8-1-4による）において、次に掲げるところによるとされています。

①「災害」とは、震災、風水害、雪害、凍害、落雷、雪崩、がけ崩れ、地滑り、火山の噴火等の天災又は火災その他の人為的災害で自己の責任によらないものに基因する災害をいう。

②「やむを得ない事情」とは、①に規定する災害に準ずるような状況又は当該事業者の責めに帰することができない状況にある事態をいう。

これと同様の規定が電帳通4-33、7-11においても規定されています。この「災害その他やむを得ない事情」の意義は、スキャナ保存（電帳規2⑧)、過去分重要書類（電帳規2⑪）及び電子取引（電帳規4③）の宥恕規定でも同様です。

4　「相当の理由」がある場合の猶予措置の創設

(1) 令和５年末までの電子取引に係る宥恕措置

令和３年度改正により令和４年１月１日以後に行う電子取引からは、例外なくその電磁的記録を保存しなければならないこととされていましたが、令和４年度改正では、制度の周知が十分行き届いてなかったことやシステム対応が間に合わない、社内ワークフローの整備が間に合わないなどの声が聞かれ、期間を区切った宥恕措置として 令和４年１月１日から令和５年 12月31日までの間に申告所得税及び法人税に係る保存義務者が行う電子取引につき、その電子取引の取引情報に係る電子データを保存要件に従って保存をすることができなかったことについて、所轄税務署長がやむを得ない事情があると認め、かつ、その保存義務者が税務調査等の際にその電子データの出力書面の提示又は提出の求めに応じることができるようにしている場合には、その保存要件にかかわらず、その電子データの保存をすることができることとされました。

この宥恕措置は、あくまで電子取引の取引情報に係る電磁的記録の保存への円滑な移行のために期間を区切って宥恕措置を置くものであり、この制度を導入した令和３年度税制改正における電子帳簿保存法施行規則の一部改正省令の経過措置に加えて規定し、更にその措置内容は、電子取引に係る災害その他やむを得ない事情に係る宥恕措置を規定した電子帳簿保存法施行規則第４条第３項を読み替えて規定しています。

さらに、運用上の取扱いとして、税務調査等の際に、その電磁的記録を出力することにより作成した書面の提示又は提出の要求に応じることができるようにしているときは、その出力書面の保存をもってその電磁的記録の保存に代えることができることとされていました（旧電帳通 7-11）。

(2) 令和６年以降の電子取引に係る猶予措置

上記の電子取引の取引情報に係る電磁的記録の保存への円滑な移行のための宥恕措置は、適用期限の到来をもって廃止することとされました。

しかしながら、令和６年１月以降においても、システム等や社内のワークフローの整備が間に合わない等といった事業者が一定数見込まれており、こうした状況を踏まえ、税務署長が相当の理由があると認め、かつ、保存義務者が税務調査等の際に、税務職員からの求めに応じ、その電子データ及びその電子データを出力することにより作成した書面（以下「出力書面」といいます。）の提示又は提出をすることができる場合には、その保存時に満たすべき要件にかかわらず電子データの保存が可能とされ、柔軟に電子データの保存を認めることのできる措置（猶予措置）が電子帳簿等保存制度に位置付けられました（電帳規４③）（注：「相当の理由」の意義については 147 頁を参照してください。）。

この制度は、宥恕措置と異なり、その電子データの保存に代えてその出力書面のみを保存する対応は認められず、猶予措置の適用を受ける場合には、電子データ自体を保存するとともに、その電子データ及び出力書面について提示又は提出をすることができる必要があります（電帳通 7-13）。

電子帳簿保存法施行規則４条３項の但し書きにおいて、「相当の理由」がなかったとした場合において、保存時に満たすべき要件に従って電子データの保存をすることができなかったと認められるときは、この限りではないとされていますが、この規定が適用される場面としては、例えば、令和６年１月１日以後に行う電子取引の取引情報について保存時に満たすべき要件に従って電子データの保存を行わないことを明らかにしている場合等が該当するとされています（出所：国税庁　電子帳簿保存法一問一答（電子取引関係）問61）。

関連 Q&A

（相当の理由の確認があった場合の対応等）

問　相当の理由があるのか税務署に確認された場合にはどのように対応すればよいのでしょうか。また、相当の理由があると認められた場合には、その後の電子取引の全てについて、保存時に満たすべき要件が不要になるのでしょうか。

答

仮に、税務調査等の際に、税務職員から「猶予措置の適用にあたって、保存時に満たすべき要件に従って保存をすることができなかったことに関する相当の理由があるのか」等の確認等があった場合には、システム等や社内のワークフローの整備が間に合わない等といった事情も含め、要件に従って電子データの保存を行うための環境が整っていない事情についての各事業者における対応状況や今後の見通しなどを具体的に説明すれば差し支えないとされています。

また、電帳法施行規則４条３項に規定する猶予措置について、税務署長が「要件に従って保存することができなかったことについて相当の理由がある」と認めた場合には、その「要件に従って保存することができなかったこと」が解消されるまでの間は保存時に満たすべき要件にかかわらず電子データの保存をすることができますが、その事情が解消された後に行う電子取引については、当然猶予措置は適用されませんので、電帳法施行規則４条１項の規定する保存要件に従った電子データの保存が必要になります（出所：国税庁　電子帳簿保存法一問一答（電子取引関係）問62）。

（システム更改に伴い保存要件に従った保存が困難となった場合の猶予措置の適用）

問　**今後システム更改を予定しており、新しいシステムでは検索要件を備えた上でのデータ保存が困難な状況になります。この場合は、電帳法施行規則４条３項の猶予措置は適用できますか。**

答

この猶予措置は、令和６年１月以降においてもシステム等や社内のワークフローの整備が間に合わない等といった事業者が一定数見込まれる状況を踏まえて、その電子データの保存時に満たすべき要件への対応が困難な事業者の実情に配意した措置です。

したがって、既に原則的な保存時に満たすべき要件に従って電子取引のデータ保存が可能である事業者については、この猶予措置の対象とはなりません。

ただし、事業規模の大幅な変更などの事業実態の変化があり、資金繰りや人手不足等の理由があって要件に従って保存することができなかった場合には「相当の理由がある」と認めた場合に該当すると考えられるので、この猶予措置の対象となります。

システム更改に伴う猶予措置の適用にあたっては、仮に税務調査等の際に税務職員から確認等があった場合には、新システムでの対応状況や今後の更改予定などを具体的に説明すれば差し支えないとされています（出所：国税庁　電子帳簿保存法一問一答（電子取引関係）問63）。

（保存スペースの関係から書面を破棄した場合の猶予措置の適用）

問　**電帳法施行規則４条１項かっこ書きにより検索機能の確保の要件が不要とされる「電磁的記録を出力した書面であって、取引年月日その他の日付及び取引先ごとに整理されたものの提示若しくは提出の要求に応じることができる」ようにして保存していたものについて、電子取引データを書面に出力して保存していたものを、書類の保存スペースの関係から、その書面を廃棄して電子**

データのみを保存する場合、猶予措置の適用は可能ですか。

答

適切に電子取引のデータ保存ができていたにもかかわらず、その後、特段の事情もなく書類の保存スペースの関係から電磁的記録を出力した書面を破棄したことにより、保存要件を満たすことができなくなった場合については、「要件に従って保存することができなかったことについて相当の理由がある」と認められませんので、猶予措置の適用はありません。

ただし、書類の保存スペースの関係から電磁的記録を出力した書面を破棄する場合に、事後的に日付、金額、取引先、範囲指定、項目組合せの要件を満たす検索機能を確保したうえで、電磁的記録を 出力した書面の廃棄と引き換えに電子データのみを保存していた場合は、検索機能の要件を確保していることになります（出所：国税庁　電子帳簿保存法一問一答（電子取引関係）問64）。

（出力書面の整理方法）

問　令和６年以降の電子取引に係る猶予措置は、税務調査等の際に、税務職員からの求めに応じ、その電子データ及びその電子データを出力することにより作成した書面の提示又は提出をすることが要件となっていますが、その出力書面の整理方法はどのようにすればいいのですか。

答

出力書面の整理方法については法令上特段の規定はされていませんが、税務職員の求めに応じて提示等を行う必要がある書面については、その提示等を遅滞なく行う必要があることを踏まえると、例えば書面で保存している国税関係書類と同様に整理する方法で整理しておく等、税務職員の求めに応じて遅滞なく提示等ができるように、適切に管理しておくことが望ましいとされています。

なお、この猶予措置では、電子データの保存に代えてその電子データを出力することにより作成した書面による保存をすることは認められませんで、令和６年１月１日以後に行う電子取引については、電子データそのものの保存が必要となります（出所：国税庁　電子帳簿保存法一問一答（電子取引関係）問65）。

5 青色申告等の承認取消しに関する規定の適用

保存義務者の帳簿書類の備付け、記録又は保存が、電磁的記録による保存等（電帳法４①②）若しくはスキャナによる保存（電帳法４③前段）、電子計算機出力マイクロフィルムによる保存（電帳法５各項）又は電子取引の取引情報に係る電磁的記録の保存（電帳法７）を行っている場合に、その保存義務者が青色申告者である個人若しくは法人又は通算予定法人であり、それぞれの電磁的記録等に係る保存要件に違反している場合には、青色申告又は通算予定法人に係る通算承認の承認申請却下又は承認取消事由に該当することになります（電帳法８③）。

これらの保存要件違反を承認申請却下又は承認取消事由としたのは、青色申告者又は通算予定法人が国税関係帳簿書類をこれらの電磁的記録等により保存する場合において、その帳簿書類の保存目的を達成するためには、保存場所、保存年数等の要件だけではなく、電子帳簿保存法に基づく保存要件も充足する必要があることが考慮されたものです。

Point!　帳簿書類の保存目的達成のためには電帳法の保存要件充足も必要

電子帳簿保存法の改正を受けて、「法人の青色申告の承認の取消しについて」（事務運営指針）が令和３年11月30日付で改正され、電子帳簿保存法の要件に従っていない場合における青色申告の承認の取消しに当たっては、電磁的記録の備付け又は保存の程度（電磁的記録に代わる書面等による備付け又は保存の有無とその程度を含みます。）、今後の改善可能性等を総合勘案の上、真に青色申告書を提出するにふさわしいと認められるかどうかを検討し、法人税法第127条第１項の規定の適用を判断するとされています。

「個人の青色申告の承認の取消しについて」（事務運営指針）についても令和３年12月２日付で同様の改正が行われています。

参考　電帳法８条３項３号の規定による読み替え後の法人税法127条１項１号

（青色申告の承認の取消し）

第127条　第121条第１項（青色申告）の承認を受けた内国法人につき次の各号のいずれかに該当する事実がある場合には、納税地の所轄税務署長は、当該各号に定める事業年度まで遡つて、その承認を取り消すことができる。この場合において、その取消しがあつたときは、当該事業年度開始の日以後その内国法人が提出したその承認に係る青色申告書（納付すべき義務が同日前に成立した法人税に係るものを除く。）は、青色申告書以外の申告書とみなす。

一　その事業年度に係る帳簿書類の備付け、記録又は保存が前条第１項又は電子計算機を使用して作成する国税関係帳簿書類の保存方法等の特例に関する法律第４条第１項、第２項若しくは第３項前段（国税関係帳簿書類の電磁的記録による保存等）、第５条各項（国税関係帳簿書類の電子計算機出力マイクロフィルムによる保存等）若しくは第７条（電子取引の取引情報に係る電磁的記録の保存）のいずれかに規定する財務省令で定めるところに従つて行われていないこと　当該事業年度

二～四　省略

（下線部分が読み替えにより追加した条文）

6　民間事業者等が行う書面の保存等における情報通信の技術の利用に関する法律の適用除外

国税関係帳簿書類については、e-文書通則法３条（電磁的記録による保存）及び４条（電磁的記録による作成）の規定は、適用しないこととされています（電帳法6）。

e-文書通則法３条及び４条においては、民間事業者等は、法令の規定により書面により行わなければならないこととされている作成又は保存について、その法令の規定にかかわらず、主務省令で定めるところにより、書面等の作成又は保存に代えてその書面等に係る電磁的記録の作成又は保存

を行うことができるとされています。

このe-文書通則法の書面の作成又は保存は、民間事業者等が納税者の立場で行わなければならないものも含まれることになります。

しかしながら、国税関係帳簿書類の作成又は保存については、適正公平な課税の確保の観点から、電子帳簿保存法に規定する要件の下で行わなければならないことから、国税関係帳簿書類については、e-文書通則法3条（電磁的記録による保存）及び4条（電磁的記録による作成）の規定は、適用しないこととされているものです（電帳法6）。

参考　e-文書通則法

（電磁的記録による保存）

第3条　民間事業者等は、保存のうち当該保存に関する他の法令の規定により書面により行わなければならないとされているもの（主務省令で定めるものに限る。）については、当該法令の規定にかかわらず、主務省令で定めるところにより、書面の保存に代えて当該書面に係る電磁的記録の保存を行うことができる。

2　前項の規定により行われた保存については、当該保存を書面により行わなければならないとした保存に関する法令の規定に規定する書面により行われたものとみなして、当該保存に関する法令の規定を適用する。

（電磁的記録による作成）

第4条　民間事業者等は、作成のうち当該作成に関する他の法令の規定により書面により行わなければならないとされているもの（当該作成に係る書面又はその原本、謄本、抄本若しくは写しが法令の規定により保存をしなければならないとされているものであって、主務省令で定めるものに限る。）については、当該他の法令の規定にかかわらず、主務省令で定めるところにより、書面の作成に代えて当該書面に係る電磁的記録の作成を行うことができる。

2　前項の規定により行われた作成については、当該作成を書面により行わなければならないとした作成に関する法令の規定に規定する書面により行われたものとみなして、当該作成に関する法令の規定を適用する。

3　第1項の場合において、民間事業者等は、当該作成に関する他の法令の規定により署名等をしなければならないとされているものについては、当該法令の規定にかかわらず、氏名又は名称を明らかにする措置であって主務省令で定めるものをもって当該署名等に代えることができる。

VI 優良な電子帳簿に係る過少申告加算税の軽減措置

1 制度導入の理由

これまでは電子帳簿保存制度を利用するに当たってはハードルが高く、なかなか利用に結びつかなかったところもありました。そのため、令和３年度税制改正において国税関係帳簿書類の電磁的記録等による保存等の要件が大幅に緩和されました。また、誰もが利用しやすい電子帳簿保存制度を創設することによって、制度を利用するハードルが大きく下がったため、飛躍的に利用者が増加することが考えられます。

一方で、記帳水準の向上に資するという観点からは、事後検証可能性の高い令和３年度改正前の電子帳簿保存法の要件を満たす電子帳簿については、いわば経理誤りを是正しやすい環境を自ら整えているものといえるため、最低限の要件を満たす電子帳簿との差別化を図り、その普及を進めていく必要があります。そのため、その令和３年度改正前の電子帳簿保存法の要件に相当する要件を満たした電子帳簿については、「優良な電子帳簿」と位置付けて、その電子帳簿に記録された事項に関して修正申告書の提出又は更正（以下「修正申告等」といいます。）があった場合でも、その申告漏れについて課される過少申告加算税の額を軽減するインセンティブ措置が設けられました。

2 軽減措置の概要

具体的には、一定の国税関係帳簿に係る電磁的記録の備付け及び保存又はその電磁的記録の備付け及び電子計算機出力マイクロフィルムの保存が、国税の納税義務の適正な履行に資するものとして一定の要件を満たしている場合におけるその電磁的記録又は電子計算機出力マイクロフィルム

（課税期間の初日以後引き続きその要件を満たして備付け及び保存が行われているものに限ります。）に記録された事項に関し修正申告等があった場合の過少申告加算税の額については、通常課される過少申告加算税の金額からその修正申告等に係る過少申告加算税の額の計算の基礎となるべき税額の5%に相当する金額を控除した金額とすることとされました（電帳法8④、電帳令2、3、電帳規5①～⑤）。この措置の適用がある場合には、過少申告加算税に係る「賦課決定通知書」にその旨が付記されます（電帳規5⑧）。

なお、過少申告加算税の額の計算の基礎となるべき税額に、電磁的記録等に記録された事項に係るもの以外の事実に基づく税額があるときは、これを控除した税額が基礎となるべき税額となります。

この措置は、「優良な電子帳簿」を促進するためのインセンティブ措置であるため、その税額の計算の基礎となるべき事実で隠蔽し、又は仮装されたものがあるときは、適用しないこととされています（電帳法8④ただし書）。

■ 優良な電子帳簿に係る過少申告加算税の軽減措置

優良な電子帳簿について、あらかじめその旨の届出書を提出した一定の国税関係帳簿（個人・法人の青色申告者、消費税事業者の備付ける帳簿）の保存を行う者については、過少申告加算税が5%軽減される（電帳法8④）。

「最低限の要件を満たす電子帳簿」として備付け及び保存に代えている国税関係帳簿（電帳法8④）

であって、

修正申告等の起因となる事項に係る所得税、法人税及び消費税に関する帳簿（電帳規5①）

のうち

あらかじめ、これらの帳簿に係る電磁的記録に記録された事項に関し修正申告等があった場合には電帳法8④の適用を受ける旨の届出書を提出している場合におけるその帳簿（電帳規5①）

上記の帳簿に係る電磁的記録の備付け及び保存が、

国税の納税義務の適正な履行に資するものとして、訂正・削除・追加履歴の確保、帳簿間の相互関連性確保、検索機能の確保の保存要件を満たしている場合で（電帳規5⑤一）

課税期間の初日以後（電帳令2）引き続き要件を満たして保存が行われているものに修正申告等があった場合　⇒　過少申告加算税を5%軽減

3 令和５年度税制改正による対象帳簿の見直し

令和５年度税制改正では、信頼性の高い電子帳簿への更なる移行を目指す観点から、過少申告加算税の軽減措置の対象となる優良な電子帳簿について、所得税及び法人税に係る優良な電子帳簿の範囲を合理化・明確化することにより、一層の普及・一般化を図ることとされました。

令和５年度の改正は、所得税法上の青色申告者又は法人税法上の青色申告法人が保存しなければならないこととされる帳簿のうち、仕訳帳及び総勘定元帳以外の必要な帳簿（補助簿）について、申告（課税所得）に直接結びつきやすい経理誤り全体を是正しやすくするかどうかといった観点から、課税標準や税額の計算に直接影響を及ぼす損益計算書に記載する科目についてはその科目に関する補助簿の全てを、貸借対照表に記載する科目については損益計算書に記載する科目との関連性が強くその科目の変動について把握する必要性が高い科目に関する補助簿のみを、それぞれ対象とすることを意図しています。改正された対象帳簿については、64頁以下を参照してください。

これらの帳簿に係る電磁的記録の備付け及び保存が「国税の納税義務の適正な履行に資するものとして財務省令で定める要件」（すなわち優良な電子帳簿の要件）を満たしている場合に、過少申告加算税の軽減措置が適用されます。

4 軽減措置の対象となる帳簿

軽減措置の対象となる「一定の国税関係帳簿」とは、次の（1)、(2）の規定により保存等を行っている国税関係帳簿（最低限の要件を満たす電子帳簿）であって（電帳法８④一・二)、

(1)　電子帳簿保存法４条１項の規定により国税関係帳簿に係る電磁的記録の備付け及び保存をもって当該国税関係帳簿の備付け及び保存に代えている保存義務者の当該国税関係帳簿

(2)　電子帳簿保存法５条１項、３項の規定により国税関係帳簿に係る電

磁的記録の備付け及び当該電磁的記録の電子計算機出力マイクロフィルムによる保存をもって当該国税関係帳簿の備付け及び保存に代えている保存義務者の当該国税関係帳簿

修正申告等の基因となる事項に係る次のイ～ハの帳簿（以下「**特例国税関係帳簿**」といいます。）をいうこととされています（電帳規5①）。

イ　所得税法上の青色申告者が保存しなければならないこととされる仕訳帳、総勘定元帳その他必要な帳簿（所規58①、63①）

上記の「その他必要な帳簿」については、令和6年1月1日以後の法定申告期限等が到来するものについては、財務大臣の定める取引に関する事項の記載に係るものに限られます（令和5年3月31日財務省告示93号）。

ロ　法人税法上の青色申告法人が保存しなければならないこととされる仕訳帳、総勘定元帳その他必要な帳簿（法規54、59①）

上記の「その他必要な帳簿」については、令和6年1月1日以後の法定申告期限等が到来するものについては、次の記載事項の区分に応じ、例えば次に定める帳簿が該当します（電帳規5①、電帳通8-2）。

①　手形（融通手形を除く。）上の債権債務に関する事項＝受取手形記入帳、支払手形記入帳

②　売掛金（未収加工料その他売掛金と同様の性質を有するものを含む。）に関する事項＝売掛帳

③　その他債権に関する事項（当座預金の預入れ及び引出しに関する事項を除く。）＝貸付帳、未決済項目に係る帳簿

④　買掛金（未払加工料その他買掛金と同様の性質を有するものを含む。）に関する事項＝買掛帳

⑤　その他債務に関する事項＝借入帳、未決済項目に係る帳簿

⑥　法人税法2条21号（定義）に規定する有価証券（商品であるものを除く。）に関する事項＝有価証券受払い簿（法人税のみ）

⑦　法人税法2条23号に規定する減価償却資産に関する事項＝固定資産台帳

⑧　法人税法2条24号に規定する繰延資産に関する事項＝繰延資産

台帳

⑨　売上げ（加工その他の役務の給付その他売上げと同様の性質を有するもの等を含む。）その他収入に関する事項＝売上帳

⑩　仕入れその他経費又は費用（法人税においては、賃金、給料手当、法定福利費及び厚生費を除く。）に関する事項＝仕入帳、経費帳、賃金台帳（所得税のみ）

ハ　消費税法上の事業者が保存しなければならないこととされる次の帳簿

（イ）　課税仕入れの税額の控除に係る帳簿（消法30⑦⑧一）

（ロ）　特定課税仕入れの税額の控除に係る帳簿（消法30⑦⑧二）

（ハ）　課税貨物の引取りの税額の控除に係る帳簿（消法30⑦⑧三）

（ニ）　売上対価の返還等に係る帳簿（消法38②）

（ホ）　特定課税仕入れの対価の返還等に係る帳簿（消法38の２②）

（ヘ）　資産の譲渡等又は課税仕入れ若しくは課税貨物の保税地域からの引取りに関する事項に係る帳簿（消法58）

（注）　課税貨物の保税地域からの引取りを行う事業者については、上記（ハ）及び（ヘ）（課税貨物の保税地域からの引取りに関する事項に係るものに限ります。）が対象帳簿となります。また、資産の譲渡等又は課税仕入れを行う事業者は、それ以外の帳簿が対象となります。

過少申告加算税の軽減措置（電帳法８④）の適用を受けようとする場合には、適用を受けようとする税目に係る全ての特例国税関係帳簿を電子帳簿保存法施行規則５条５項の要件に従って保存し、あらかじめこの措置の適用を受ける旨等を記載した届出書を提出する必要があります。

Point !	税目に係る全ての特例国税関係帳簿を要件に従って保存

なお、総勘定元帳や仕訳帳以外の帳簿は納税者が行う事業の業種や規模によって異なり、保存義務者によって作成している帳簿はまちまちですが、例えば、売上帳、経費帳、固定資産台帳、売掛帳、買掛帳等の帳簿を作成している場合には、各帳簿について電帳規５⑤の要件に従って保存する必要があります（出所：国税庁　電子帳簿保存法一問一答（電子計算機を使

用して作成する帳簿書類関係）問39）。

令和５年度改正前の規定は、所得税法上の青色申告者又は法人税法上の青色申告法人が保存しなければならないこととされる帳簿全てを指すことを意図して電帳規５①柱書が規定されており、これらの帳簿に係る電磁的記録の備付け及び保存が優良な電子帳簿の要件を満たしている場合に、過少申告加算税の軽減措置が適用されることになっていました（出所：国税庁　電子帳簿保存法一問一答（電子計算機を使用して作成する帳簿書類関係）旧問39）。

関連 Q&A

（過少申告加算税の軽減措置の適用の要件）

問　課税期間を通じて保存要件を満たして保存等を行っていなければ、軽減措置の適用はないとのことですか、具体的な内容を教えてください。

答

課税期間を通じて優良な電子帳簿に関する保存要件を満たして特例国税関係帳簿の保存等を行っていなければ、その課税期間について過少申告加算税の軽減措置の適用はありません（電帳通8-1）。

過少申告加算税の軽減措置の適用を受けようとする過少申告加算税の基因となる修正申告等に係る課税期間の初日（業務を開始した日の属する課税期間については、その業務を開始した日）から引き続き所定の要件を満たして対象帳簿（特例国税関係帳簿）の保存等を行っている必要があります（電帳令2）。そのため、課税期間の途中から特例国税関係帳簿について要件を満たして保存等をしていた場合には、その課税期間については過少申告加算税の軽減措置の対象にはなりません。また、電子帳簿保存法８条４項では「引き続き当該要件を満たしてこれらの備付け及び保存が行われているものに限る。」とされていることから、その要件については、保存期間を通じて満たしている必要があります。

Point ! 課税期間の初日から保存要件を満たしている必要。

具体的には、軽減措置の対象となる課税期間に係る修正申告書の提出又は更正の時に継続して当該要件を充足して備付け及び保存が行われていなければなりません。

なお、令和４年１月１日以後に法定申告期限が到来する国税について、修正申告書又は更正に係る課税期間の初日から令和３年度改正前の電子帳簿保存法４条１項の承認を受けている改正後の特例国税関係帳簿に相当する国税関係帳簿に係る電磁的記録の保存等をしている場合には、当該国税関係帳簿について、同日前の期間を含めた課税期間を通して優良な電子帳簿の保存要件を満たして保存等が行われているものとして、過少申告加算税の軽減措置を適用することができます（令３改正法附則82⑦）。

（過少申告加算税の軽減措置の範囲）

問　軽減対象となる過少申告の範囲として、所得税の所得控除の適用誤り等についても対象となるのですか。

答

過少申告加算税の軽減措置の対象となるのは、過少申告加算税の額の計算の基礎となるべき税額のうち、「電磁的記録等に記録された事項に係る事実に係る税額」ですが、その税額とは、法人税、地方法人税及び消費税（地方消費税を含みます。）であれば当該基礎となるべき税額の全てをいい、所得税（復興特別所得税を含みます。）であれば、その基礎となるべき税額のうち、国税関係帳簿の備付け義務があり、かつ、当該帳簿に基づき計算される所得に係る税額が対象となります。

Point ! 軽減対象は帳簿に基づき計算される全ての税額

所得税（復興特別所得税を含みます。）の場合は、帳簿の備付け義務があり、その帳簿に基づき計算される事業所得、不動産所得及び山林所得の過少申告が対象となり、仮に、一時所得などの申告漏れ、所得税の所得控除（保険料控除、扶養控除等）の適用誤りにより過少申告があり、過少申告加算税が生じた場合には、この軽減措置の対象とはなりません。

一方で、修正申告等による所得金額の増加により所得税の所得控除等（配偶者控除、基礎控除等）が過大となって、帳簿に基づき計算される所得と帳簿に基づき計算されない所得があった場合には、帳簿に基づき計算される所得の申告漏れに伴う所得控除等の異動は、「電磁的記録等に記録された事項に係るもの以外の事実」に当たらないこととなり、この軽減措置の対象となります（電帳通8-3）。

Point!　**帳簿に基づき計算されない所得控除誤りは対象外**

(1)　軽減加算税適用届出書

保存義務者は、あらかじめ、特例国税関係帳簿に係る電磁的記録又は電子計算機出力マイクロフィルムに記録された事項に関し修正申告等があった場合にはこの軽減措置の適用を受ける旨及び特例国税関係帳簿の種類等を記載した届出書（以下「軽減加算税適用届出書」といいます。）を納税地等の所轄税務署長（上記ハ（ハ）及び（ヘ）（課税貨物の保税地域からの引取りに関する事項に係るものに限ります。）の帳簿については、納税地等の所轄税関長。以下「所轄税務署長等」といいます。）に提出している必要があります（電帳規5①）。

関連Q&A

（軽減加算税適用届出書の提出時期）

問　軽減加算税適用届出書はあらかじめ届け出るとのことですが、いつまでに届け出ればいいのですか。

答

軽減加算税適用届出書は、この軽減措置の適用を受けようとする国税の法定申告期限までに所轄税務署長等に提出されている場合には、その軽減加算税適用届出書は、あらかじめ、所轄税務署長等に提出されているものとして取り扱うこととされています（電帳通 8-5）。

この「あらかじめ」の適用に当たっては、その軽減加算税適用届出書が、過少申告加算税の特例措置の適用のために提出されるものであることから、その過少申告加算税の納税義務の成立の時期である法定申告期限（通法 15 ②十四）までに提出があれば、この「あらかじめ」提出があったものと取り扱うこととされています。

Point!　**法定申告期限までに「軽減措置適用届出書」提出**

また、令和４年１月１日前において現に令和３年度の税制改正前の承認を受けている国税関係帳簿（以下「承認済国税関係帳簿」といいます。）について、その承認済国税関係帳簿が特例国税関係帳簿である場合には、この軽減措置の適用を受けることが可能ですが、この場合においても、あらかじめ、軽減加算税適用届出書の提出が必要となります（令３改正法附則 82 ⑦、出所：国税庁　電子帳簿保存法一問一答（電子計算機を使用して作成する帳簿書類関係）問 43）。

（2）軽減加算税取りやめ届出書

保存義務者は、過少申告加算税の特例措置の適用を受けることをやめようとする場合には、あらかじめ、その旨等を記載した届出書（以下「軽減加算税取りやめ届出書」といいます。）を所轄税務署長等に提出しなければならないこととされており（電帳規５②前段）、その軽減加算税取りやめ届出書の提出があったときは、その提出があった日の属する課税期間以後の課税期間については、軽減加算税適用届出書は、その効力を失うこととされています（電帳規５②後段）。そのため、その軽減加算税取りやめ届出書を提出した日の属する課税期間以後の課税期間について、優良な電子帳簿に係る過少申告加算税の軽減措置の適用を受けようとする場合には、改めて軽減加算税適用届出書を提出する必要があります。

また、軽減加算税取りやめ届出書を提出したとしても、電磁的記録等による保存等自体を認められないものではありませんので、最低限の要件を満たす電子帳簿の保存要件（電帳規２②）を満たして保存等することは可能です。

この場合には、青色申告の承認の取消し等の対象にもなりません。

なお、最低限の要件を満たす電子帳簿の保存要件を満たせない場合や、課税期間の途中で電子計算機による作成を取りやめる場合には、新たな記録分について書面（紙）で保存等をしなければならなくなるほか、同日において保存等をしている電磁的記録のうち、保存要件を満たせなくなるものについては全て書面（紙）に出力して、保存期間が満了するまで保存等をする必要があります（出所：国税庁　電子帳簿保存法一問一答（電子計算機を使用して作成する帳簿書類関係）問 37、49、電帳通 4-35）。

Point！	電子帳簿をとりやめる場合、全て書面で出力

(3) 軽減加算税変更届出書

保存義務者は、軽減加算税適用届出書に記載した事項の変更をしようとする場合には、あらかじめ、その旨等を記載した届出書（「軽減加算税変更届出書」といいます。）を所轄税務署長等に提出しなければならないこととされています（電帳規５③）。

例えば、使用するシステムの全面的な変更のほか、訂正又は削除の履歴の確保、帳簿間での相互関連性の確保及び検索機能の確保に係るシステムの大幅な変更（使用していた市販ソフトの変更を含みますが、いわゆる同一ソフトのヴァージョンアップは含みません。）を行った場合が該当することになります（出所：国税庁　電子帳簿保存法一問一答（電子計算機を使用して作成する帳簿書類関係）問 51）。対象となる優良な国税関係帳簿の保存等の要件については、96 頁を参照してください。

なお、令和５年度税制改正により、届け出た帳簿の一部が特例国税関係帳簿に該当しないこととなったとしても変更届出書を提出する必要はありません。

(4) 対象となる優良な国税関係帳簿に係る電磁的記録等の備付け等が行われる日

過少申告加算税の軽減措置を適用するためには、特例国税関係帳簿に係る電磁的記録又は電子計算機出力マイクロフィルムについて、適用を受けようとする過少申告加算税の基因となる修正申告書又は更正に係る課税期間の初日（新たに業務を開始した個人のその業務を開始した日の属する課税期間については、同日）以後引き続き優良な電子帳簿の保存の要件を満たして備付け及び保存が行われている必要があります（電帳法８④、電帳令２）。

これは、この措置が、記帳水準の向上に資する観点から設けられたインセンティブ措置であり、この観点からは、対象となる課税期間の初日から中途まで保存要件を満たして備付け及び保存を行っていない者や調査時に保存要件を満たしていないことが判明した者については、適切な備付け及び保存が行われているとはいえないことから、この軽減措置の対象外とするものです。

なお、課税期間の中途に業務を開始した個人については、その業務開始日から備付け及び保存が引き続き行われていれば、適切な期間の備付け及び保存であると考えられることから、新たに業務を開始した個人のその業務を開始した日の属する課税期間については、その業務を開始した日以後引き続き保存要件を満たして備付け及び保存が行われていれば、この軽減措置の適用が可能とされています（電帳令２）。

（注１）　上記の「課税期間」については、「国税に関する法律の規定により国税の課税標準の計算の基礎となる期間」とされ、消費税にあっては、個人事業者が「１月１日から12月31日までの期間」、法人が「事業年度」とされています（通法２九、消法19）。なお、所得税及び法人税についても同様に取り扱われます。

（注２）　新たに設立した法人の課税期間の開始の日は「設立の日」となるため、その設立の日が属する事業年度についてこの軽減措置の適用を受けるためには、その設立の日が事業開始日前であっても、その設立の日から保存要件を満たして備付け及び保存が行われる必要があります。

(5) 過少申告加算税の軽減措置の適用対象となる本税額

修正申告等がその電磁的記録又は電子計算機出力マイクロフィルムに記録された事項に関する事実（申告漏れ）のみに基づくものである場合には、この措置の計算対象となる「過少申告加算税の額の計算の基礎となるべき税額」は、その「修正申告等により納付すべき本税額」となります（電帳法8④）。

なお、「電磁的記録等に記録された事項に係るもの以外の事実」があるときは、「修正申告等により納付すべき本税額」（全体）から、その「電磁的記録等に記録された事項に係るもの以外の事実」のみに基づいて修正申告等があったものと仮定計算した場合に算出される本税額を控除した税額となります（電帳法8④、電帳令3）。

優良な電子帳簿に係る加算税の軽減措置の対象帳簿の電磁的記録の備付け等開始日の適用イメージ

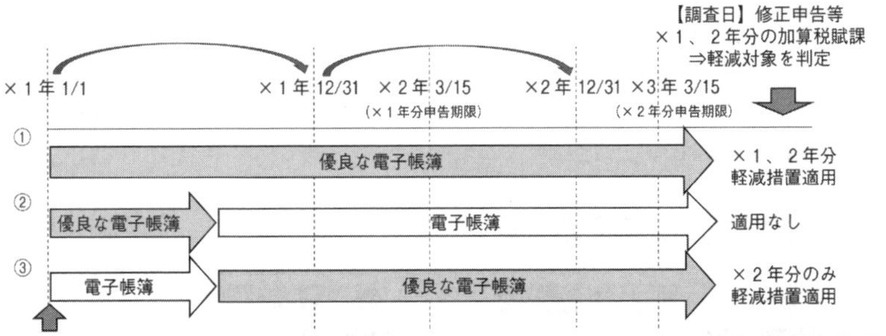

「軽減措置の適用を受けようとする過少申告加算税の起因となる修正申告等に係る**課税期間の初日」から引き続き「優良な電子帳簿」の備付け及び保存を行っている必要**。

（出所：「令和3年度 税制改正の解説」p976（財務省 HP）を基に作成）

参考　「優良な電子帳簿」の普及のための法人事業概況説明書・会社事業概況書の記載要領の変更

国税庁では「優良な電子帳簿」の普及に向けた取組みを推進しています。

これは、事後検証可能性の高い「優良な電子帳簿」の利用を推進し、納税者自らが記帳を適切に行える環境を整備するためです。

この取組みの一環として、「優良な電子帳簿」の要件を満たす会計ソフトを使用している場合には、法人事業概況説明書等に①その会計ソフト名及び②その会計ソフトを用いて保存する帳簿の名称（種類）とともに③優良な電子帳簿の要件を満たす旨を明示する変更が行われました。

令和５年３月１日以後に提出する法人事業概況説明書・会社事業概況書の記載要領が変更されています（ここでは調査課所管法人用の「会社事業概況書」の記載要領の例は省略しています。）。

これは、「優良な電子帳簿」に係る正確な理解やその活用に資する観点から行われたものです。

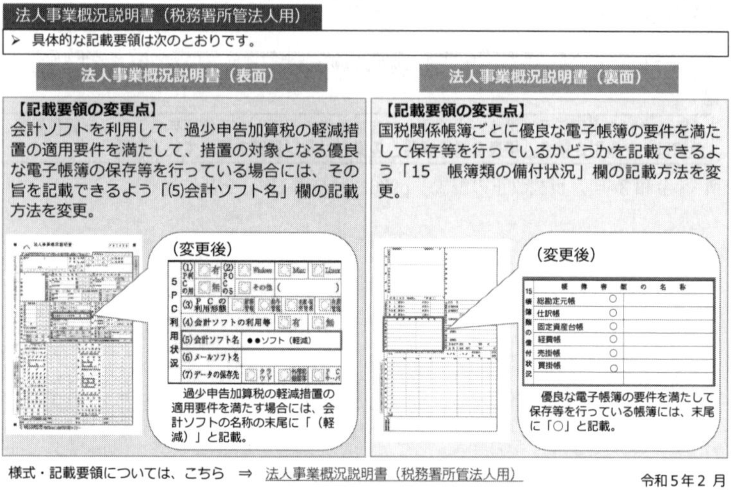
法人事業概況説明書（税務署所管法人用）

➢ 具体的な記載要領は次のとおりです。

法人事業概況説明書（表面）

【記載要領の変更点】
会計ソフトを利用して、過少申告加算税の軽減措置の適用要件を満たして、措置の対象となる優良な電子帳簿の保存等を行っている場合には、その旨を記載できるよう「(5)会計ソフト名」欄の記載方法を変更。

（変更後）
(5)会計ソフト名　●●ソフト（軽減）

過少申告加算税の軽減措置の適用要件を満たす場合には、会計ソフトの名称の末尾に「（軽減）」と記載。

法人事業概況説明書（裏面）

【記載要領の変更点】
国税関係帳簿ごとに優良な電子帳簿の要件を満たして保存等を行っているかどうかを記載できるよう「15　帳簿類の備付状況」欄の記載方法を変更。

（変更後）
15 帳簿類の備付状況
総勘定元帳　○
仕訳帳　○
固定資産台帳　○
経費帳　○
売掛帳　○
買掛帳　○

優良な電子帳簿の要件を満たして保存等を行っている帳簿には、末尾に「○」と記載。

様式・記載要領については、こちら ⇒ 法人事業概況説明書（税務署所管法人用）

令和５年２月

出典：国税庁　法人事業概況説明書、会社事業概況書の記載要領の変更について（令和５年２月）２頁

Ⅶ スキャナ保存・電子取引のデータ保存制度の重加算税の加重措置

1 制度の趣旨

取引の相手から受領した書類等については、その取引内容を証する原始記録であり、それに基づき各種の帳簿作成・税務申告が行われる基礎となるものであることから、その確認書類としての現物性が確保されていることの要請は強いものと考えられます。一方で、こうした確認書類が電子的に保存されている場合、すなわち、国税関係書類に係る電磁的記録のスキャナ保存又は電子取引の取引情報に係る電磁的記録の保存が行われている場合には、紙によってその書類等を保存する場合と比して、複製・改ざん行為が容易であり、また、その痕跡が残りにくいという特性にも鑑みて、こうした複製・改ざん行為を未然に抑止する観点から、令和3年度税制改正においては、これらの電磁的記録に記録された事項に関し、「隠蔽仮装された事実」に基づき生じた申告漏れ等について課される重加算税を加重する措置が講じられました（財務省「令和3年度税制改正の解説」p983）。

2 加重措置の概要

(1) 制度の概要

スキャナ保存・電子取引情報保存制度の適正な保存を担保するための措置として、保存された電子データに関し申告漏れ等により重加算税が課される場合には10%加算することとされています（電帳法8⑤）。この制度の概要は次のとおりです。

次の①～③に掲げる電磁的記録に記録された事項に関し期限後申告書若しくは修正申告書の提出、更正若しくは決定又は納税の告知若しくは納税告知を受けることなくされた納付（以下「期限後申告等」といいます。）があった場合で、重加算税の規定に該当するときは、重加算税の額は、重加算税の計算の基礎となるべき税額に10％の割合を乗じて計算した金額を加算した金額となります。

① 電子帳簿保存法４条３項前段に規定する財務省令で定めるところに従って保存が行われている国税関係書類に係る電磁的記録（スキャナ保存）

② 電子帳簿保存法４条３項後段の規定により保存が行われている当該電磁的記録（スキャナ保存要件に従って保存されていない場合の電磁的記録の保存義務）

③ 電子帳簿保存法７条の保存義務者により行われた電子取引の取引情報に係る電磁的記録

重加算税の税額の計算の基礎となるべき事実で当該期限後申告等の基因となる電磁的記録に記録された事項に係るもの（隠蔽し、又は仮装された事実に係るものに限られます。以下「電磁的記録に記録された事項に係る事実」といいます。）以外のものがあるときは、その電磁的記録に記録された事項に係る事実に基づく税額として政令で定めるところにより計算した金額に限られます。

この重加算税の加重措置の適用がある場合の賦課決定通知書には、その旨が付記されます（電帳規５⑧）。

(2) 加重措置の対象範囲

加重措置の対象範囲は、保存義務者が電磁的記録を直接改ざん等する場合のみならず、紙段階で不正のあった請求書等（作成段階で不正のあった電子取引の取引情報に係る電磁的記録を含みます。）のほか、通謀等により相手方から受領した架空の請求書等を電磁的記録により保存している場合又は通謀等により相手方から受領した架空の電子取引の取引情報に係る電磁的記録を保存している場合等も含まれます。

加重措置の対象は、上記のとおり「電磁的記録に記録された事項に関し」とされており、「事項」は電磁的記録に限定されないことから、電磁的記録の直接的な改ざんや削除による不正行為に基づく期限後申告等のほか、書類の作成・受領後からスキャナ保存までの間に行われる紙段階での不正行為に基づく期限後申告等も含まれ得ることとなります。

さらに、相手方と通謀し、他者に架空の請求書等を作成させ、その請求書等について受領者側でスキャナ保存を行う場合や架空の電子取引情報をやりとりする場合についても、電磁的記録の特性を利用した複製や改ざん行為を容易に行い得る状態としていることから、加重措置の対象から除外されていません。

なお、この加重措置については、過少申告加算税の軽減措置とは異なり、スキャナ保存による電磁的記録に関する不正行為に基づく重加算税については全ての税目が、電子取引の取引情報に係る電磁的記録に関する不正行為に基づく重加算税については申告所得税及び法人税がそれぞれ対象となります（電帳通8-22）。

加重対象となる不正の例

スキャナ保存	電子取引データ保存
◎　保存しているスキャナデータを直接改ざんした場合 ◎　スキャナ保存される前の紙段階で不正があった場合 ◎　通謀等により相手方から受領した架空の請求書等をスキャナ保存している場合	◎　保存している電子取引データを直接改ざんした場合 ◎　電子取引データの作成段階で不正があった場合 ◎　通謀等により相手方から受領した架空の取引データを保存している場合

(3) 消費税の加重措置との重複適用

電帳法の規定による重加算税の加重措置と消費税法59条の2第1項の規定による重加算税の加重措置（205頁参照）については重複適用がないこととされています（電帳通8-22）。

これは、例えば、一つの取引について、スキャナ保存及び電子取引に係る電磁的記録について、各々に改ざん等があった場合には、電帳法により10%の重加算税の加重措置が適用されます。

他方、消費税に係る保存義務者が仕入税額控除の適用を受けるために保存する請求書等に関し、例えば、令和5年10月以降の仕入について、日々の納品書は電磁的記録により提供を受け、月次の請求書は書面で受領し、納品書に係る電磁的記録と月次請求書を併せて適格請求書の記載事項を満たすものとして保存する場合を考えます。納品書に係る電磁的記録は消費税法の規定により保存し、月次請求書は電帳法によりスキャナ保存をしている場合には、消費税に係る保存義務者がこれらに対してそれぞれ行う改ざん等については電帳法と消費税法の両方の規定による重加算税の加重措置が重複適用されることはなく、電帳法の規定により10％の重加算税の加重措置が適用されることになります（電帳通8-22）。

■ スキャナ保存・電子取引のデータ保存制度の重加算税の加重措置の適用関係

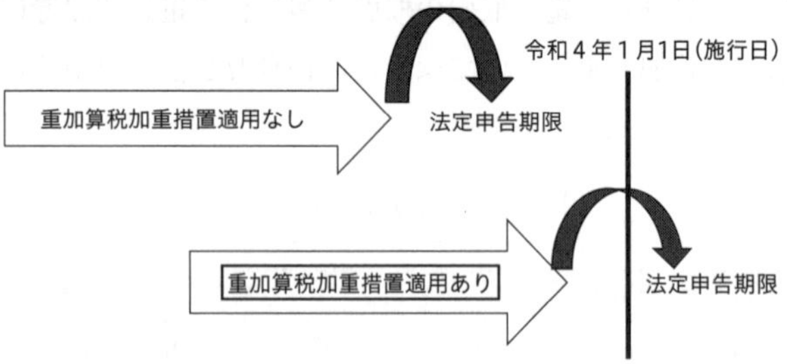

（備考）

1　重加算税の加重措置は、令和４年１月１日以後に法定申告期限が到来する国税について適用されます（令和３年改正附則82⑧前段）。したがって、例えば、所得税であれば令和３年分から、法人税であれば令和３年10月決算期分から適用される可能性があります。

2　この措置の適用に当たっては、令和３年度改正前にスキャナ保存の承認を受けている国税関係書類に係る電磁的記録は令和３年度改正後の保存要件に従って保存が行われているものと、令和３年度改正前に行われていた電子取引の取引情報に係る電磁的記録は令和３年度改正後に行われた電子取引の取引情報とそれぞれみなされ、重加算税の加重措置が適用されます（令和３年改正附則82⑧後段）。

3　スキャナ保存について、施行日（令和４年１月１日）前に承認を受けていた者が引き続き令和３年度改正前の要件で保存を行うか、令和３年度改正後の要件で保存を行うかは保存義務者の選択となりますが、重加算税加重措置については、施行日（令和４年１月１日）以後に法定申告期限が到来する国税について適用されます。

3 加重された重加算税が課される部分の税額の計算として政令で定めるところにより計算した金額

電子帳簿保存法8条5項に規定する電磁的記録に記録された事項に係る事実に基づく税額として政令で定めるところにより計算した金額は、通則法65条から67条までの過少申告加算税の額、無申告加算税の額又は不納付加算税の額の計算の基礎となるべき税額のうち次に掲げる場合の区分に応じ、それぞれに定める税額とされています（源泉徴収等による国税については説明を省略しています。）（電帳令4）。

⑴　通則法68条1項から3項まで（重加算税）に規定する隠蔽し、又は仮装されていない事実（「隠蔽仮装されていない事実」という。）がある場合

その隠蔽仮装されていない事実及び電子帳簿保存法8条5項に規定する電磁的記録に記録された事項に係る事実（「隠蔽仮装されていない事実等」といいます。）のみに基づいて期限後申告書若しくは修正申告書の提出又は更正若しくは決定（「期限後申告等」といいます。）があったものとした場合におけるその期限後申告等に基づき通則法35条2項（申告納税方式による国税等の納付）の規定により納付すべき税額から、その隠蔽仮装されていない事実のみに基づいて期限後申告等があったものとした場合におけるその期限後申告等に基づき納付すべき税額を控除した税額

⑵　⑴に掲げる場合以外の場合

電帳法8条5項に規定する電磁的記録に記録された事項に係る事実のみに基づいて期限後申告等があったものとした場合における当該期限後申告等に基づき納付すべき税額

4 短期間に繰り返して仮装・隠蔽が行われた場合の加重措置の適用

通則法68条4項の適用を受ける場合の電帳法8条5項の適用関係は、通則法68条1項から3項まで又は電帳法8条5項の適用にかかわらず、

通則法68条1項から3項まで又は電帳法8条5項の規定により計算した金額に、通則法68条1項から3項までに規定する基礎となるべき税額に10％の割合を乗じて計算した金額を加算した金額となります。

例えば、過去5年以内に無申告加算税又は重加算税を課された納税者が、電磁的記録の記録事項に関連した仮装・隠蔽に基づく期限後申告等を行ったことが判明した場合には、電帳法第8条第5項による重加算税の10％加重措置及び通則法第68条第4項による重加算税の10％加重措置のいずれも適用があることになります（電帳通8-23）。

したがって、仮装・隠蔽の場合の過少・不納付による重加算税の割合35％は電帳法8条5項の適用を受ける場合には45％となり、さらに通則法68条4項の適用を受ける場合には55％となります。また、無申告による重加算税の割合40％は電帳法8条5項の適用を受ける場合には50％となり、さらに通則法68条4項の適用を受ける場合には60％となります。

■ 電子帳簿等保存制度に関する加算税の軽減・加重措置

加算税の種類	課税要件	課税割合（対増差本税）	優良な電子帳簿に記録された事項に関して生じる申告漏れ	スキャナ保存・電子取引の取引情報に係る電磁的記録に関して生じる仮装隠蔽
過少申告加算税	期限内申告について、修正・更正があった場合	10％ 期限内申告税額と50万円のいずれか多い金額を超える部分 15％	過少申告加算税を5％軽減 ⇒ 5％・10％ 除く重加算税対象（所得税・法人税・消費税）	－
重加算税	仮装隠蔽があった場合	過少申告加算税・不納付加算税に代えて 35％ 無申告加算税に代えて 40％	－	重加算税を10％加算 ⇒ 45％・50％ 過去5年以内に無申告加算税又は重加算税を課されたことがある場合 更に10％加算 ⇒ 55％・60％

5 電帳令5条による読み替え規定

電帳法8条5項の規定の適用がある場合における国税通則法・政令、輸入品に対する内国消費税の徴収等に関する法律・政令、内国税の適正な課税の確保を図るための国外送金等に係る調書の提出等に関する法律施行令について、納税義務の成立、賦課決定の所轄庁、重加算税の納付、時効の完成猶予及び更新等の規定について、読み替えて適用することとされています（電帳令5）。

6 電帳規5条6項、7項による読み替え規定

電帳法8条5項の規定の適用がある場合における国税通則法施行規則については、審査請求に係る書類の提出先の規定について、相続税法施行規則については、事業が適正に行われていると認められる場合の規定について、読み替えて適用することとされています（電帳規5⑥⑦）。

参考　消費税に関する重加算税の加重措置の導入

消費税に関して電磁的記録の適正な保存を担保するため、電帳法8条5項の規定と同様に消費税法令上、電磁的記録による保存が可能とされている電磁的記録に記録された事項に関し、改ざん等が行われた結果生じた申告漏れ等に対して重加算税の加重措置が導入されました。

(1)　電磁的記録に記録された事項に関する重加算税の加重措置の概要（消法59の2）

事業者により保存されている消費税法8条2項に規定する電磁的記録その他の政令で定めるものに記録された事項に関し消費税につき期限後申告書若しくは修正申告書の提出、更正又は決定（以下「期限後申告等」という。）があった場合には、重加算税の規定に該当するときは、重加算税の額は、重加算税の計算の基礎となるべき税額に10%の割合を乗じて計算した金額を加算した金額となります。

重加算税の税額の計算の基礎となるべき事実で当該期限後申告等の基因となる電磁的記録に記録された事項に係るもの（隠蔽し、又は仮装された事実に係るものに限られる。以下「電磁的記録に記録された事項に係る事実」といいます。）以外のものがあるときは、その電磁的記録に記録された

事項に係る事実に基づく税額として政令で定めるところにより計算した金額に限られます。

この重加算税の加重措置の適用がある場合の賦課決定通知書には、その旨が付記されます（消規27の3）。

［経過措置］

消費税法59条の2第1項の改正規定は、令和4年1月1日以後に法定申告期限（国税通則法10条2項の規定により法定申告期限とみなされる期限を含み、同法61条1項2号に規定する還付請求申告書については、その申告書を提出した日となります。）が到来する消費税について適用されます（令3改正法附則12）。したがって、例えば、個人事業者については令和3年の申告分から、法人については10月決算法人の場合の令和3年10月決算期の申告分から、それぞれ適用される場面が生じ得ることとなります。

（注）消費税における還付請求申告書は、申告義務がない消費税法46条1項による申告書のほか、同法45条1項の納税義務はあるものの、還付となる申告書で期限後申告となるものが含まれます。

(2)　重加算税の加重措置の対象となる電磁的記録の範囲

令和5年10月1日以降（インボイス導入後）対象となる電磁的記録は以下のとおりです（消令71の2①）。

① 輸出物品販売場を経営する事業者が保存すべき一定の物品が非居住者によって一定の方法により購入されたことを証する電磁的記録（消法8②）

② 仕入税額控除を受けるために保存すべき適格請求書発行事業者から提供を受けた電子インボイス（消法30⑨二）

③ 適格請求書発行事業者が取引先に提供した電子インボイス（消法57の4⑤）

④ 所得税法等の一部を改正する法律（平成28年法律第15号）附則第52条第1項及び第53条第1項（適格請求書発行事業者以外の者から行った課税仕入れに係る税額控除に関する経過措置）に規定する電磁的記録

⑤ 承認送信事業者が保存すべき市中輸出物品販売場に提供した購入記録情報（消令18の4②）

⑥ 仕入税額控除を受けるために保存すべき仕入明細書等及び農協等の媒介者から提供を受けた書類の記載事項等に係る電磁的記録（消令49⑦⑩）

⑦ 金又は白金の地金の課税仕入れを行った者が保存すべきその相手方の本人確認書類に係る電磁的記録（消令50②）

⑧　適格請求書を媒介者が交付する特例の適用がある場合における当該媒介者が保存すべき電磁的記録（消令70の12①後段、⑤後段）

⑨　その他財務省令で定める電磁的記録

（注）　上記⑨の財務省令で定める電磁的記録とは、輸出取引等の証明（消規5④）に関する電磁的記録、非課税資産の輸出等を行った場合の証明（消規16④）に関する電磁的記録及び特例輸入者の書類の保存（消規27⑦）に関する電磁的記録とされています（消規27の2①）。

(3)　加重された重加算税が課される部分の税額の計算として政令で定めるところにより計算した金額

消費税法59条の2に規定する電磁的記録に記録された事項に係る事実に基づく税額として政令で定めるところにより計算した金額は、通則法65条又は66条の過少申告加算税の額又は無申告加算税の額の計算の基礎となるべき税額のうち次に掲げる場合の区分に応じ、それぞれに定める税額とされています（消令71の2②）。

①　通則法68条1項又は2項（重加算税）に規定する隠蔽し、又は仮装されていない事実（「隠蔽仮装されていない事実」といいます。）がある場合

その隠蔽仮装されていない事実及び電磁的記録に記録された事項に係る事実のみに基づいて期限後申告等があったものとした場合におけるその期限後申告等に基づき通則法35条2項（申告納税方式による国税等の納付）の規定により納付すべき税額からその隠蔽仮装されていない事実のみに基づいて期限後申告等があったものとした場合におけるその期限後申告等に基づき納付すべき税額を控除した税額

②　①に掲げる場合以外の場合

電磁的記録に記録された事項に係る事実のみに基づいて期限後申告等があったものとした場合における当該期限後申告等に基づき納付すべき税額

このほか、消費税法59条の2第1項の規定の適用がある場合の国税通則法及び国税通則法施行令の規定の適用について、必要な読み替え規定を置いています（消令71の2③）。

(4)　電磁的記録に記録された事項に関する重加算税の特例の不適用

電子取引の取引情報に係る電磁的記録については、それを紙出力することにより作成した書面等で保存している場合には電磁的記録の保存が不要となる措置が電子帳簿保存法及び消費税法ともに講じられていましたが、令和3年度改正後の電子帳簿保存法では、税務手続の電子化を進める上での電子取引の重要性に鑑み、他者から受領したデータとの同一性が十分に

確保されないことから廃止されました。一方、消費税法令においては、その保存の有無が税額計算に影響を及ぼすことなどを勘案して存置することとされました。

消費税法令では、この措置に基づき紙出力した書面等を保存している場合には、電磁的記録の保存は不要となるため、電磁的記録の保存がなければ加算税加重措置が適用されないことは明らかですが、仮に紙出力した書面等とその電磁的記録がともに保存されている場合には適用関係が不明確になります。そこで電磁的記録につき紙出力した書面等を保存している場合には、本来、電磁的記録の保存は不要であることに鑑み、電磁的記録の保存の有無にかかわらず、加算税加重措置が適用されないことが確認的に規定されました（消規27の2）。

出所：財務省「令和３年度税制改正の解説」P910以下「電磁的記録に記録された事項に関する重加算税の特例の創設」をもとに作成。

第3章

電子インボイスの導入

令和5年10月1日から、複数税率に対応した仕入税額控除の方式として、「適格請求書等保存方式」（いわゆる「インボイス制度」）が導入されました。

適格請求書等保存方式では、仕入税額控除の要件として、原則、適格請求書発行事業者から交付を受けた適格請求書の保存を行わなければなりません。

Ⅰ 適格請求書等保存方式の概要

(1) 適格請求書発行事業者の登録

適格請求書を交付しようとする課税事業者は、まず、適格請求書発行事業者の登録申請書（以下「登録申請書」といいます。）を納税地を所轄する税務署長に提出し、適格請求書発行事業者として登録を受ける必要があります。

登録申請書を受けた税務署長は、氏名又は名称及び登録番号等を適格請求書発行事業者登録簿に登載し、登録を行うことになります（消法57の2①②④）。

また、適格請求書発行事業者登録簿に登載された事項については、インターネットを通じて公表され、相手方から交付を受けた請求書等が適格請求書に該当することを客観的に確認できるようになっています（消令70の5）。

(2) 適格請求書の記載項目

次の事項が記載された書類（請求書、納品書、領収書、レシート等）であれば、その名称を問わず、適格請求書に該当します。また、適格請求書の交付に関して、一の書類により全ての事項を記載するのではなく、例えば、納品書と請求書等の二以上の書類であっても、これらの書類について相互の関連が明確であり、その交付を受ける事業者がそれぞれの事項を適正に認識できる場合には、複数の書類全体で適格請求書の記載事項を満たすものとして取り扱われます（消法57の4①、消基通1-8-1）。

なお、適格請求書の様式は、法令等で定められていません。下線部分は、区分記載請求書に加えて記載することとなる部分です。

① 適格請求書発行事業者の氏名又は名称<u>及び登録番号</u>
② 課税資産の譲渡等を行った年月日

③ 課税資産の譲渡等に係る資産又は役務の内容（課税資産の譲渡等が軽減対象資産の譲渡等である場合には、資産の内容及び軽減対象資産の譲渡等である旨）
④ 課税資産の譲渡等の税抜価額又は税込価額を税率ごとに区分して合計した金額及び適用税率
⑤ 税率ごとに区分した消費税額等
⑥ 書類の交付を受ける事業者の氏名又は名称

参考　適格簡易請求書の記載項目

小売業など不特定かつ多数の者に課税資産の譲渡等を行う一定の事業を行う場合には、適格請求書に代えて、適格簡易請求書を交付することができます（消法57の4②、消令70の11）。

適格請求書の記載事項と比べると、「書類の交付を受ける事業者の氏名又は名称」の記載が不要であること、「税率ごとに区分した消費税額等」又は「適用税率」のいずれか一方の記載で足りることが異なります。

①　適格請求書発行事業者の氏名又は名称及び登録番号
②　課税資産の譲渡等を行った年月日
③　課税資産の譲渡等に係る資産又は役務の内容（課税資産の譲渡等が軽減対象資産の譲渡等である場合には、資産の内容及び軽減対象資産の譲渡等である旨）
④　課税資産の譲渡等の税抜価額又は税込価額を税率ごとに区分して合計した金額
⑤　税率ごとに区分した消費税額等又は適用税率

(3) 適格請求書の交付義務等

適格請求書発行事業者は、課税資産の譲渡等を行った場合には、相手方（課税事業者に限られます。）から適格請求書の交付を求められたときには、適格請求書の交付義務が課されます（消法57の4①）。

ただし、適格請求書発行事業者が行う事業の性質上、適格請求書を交付することが困難な次の取引については、適格請求書の交付義務が免除されることになります（消法57の4①、消令70の9②、消規26の6）。

①　3万円未満の公共交通機関（船舶、バス又は鉄道）による旅客の運送

② 出荷者等が卸売市場において行う生鮮食料品等の販売（出荷者から委託を受けた受託者が卸売の業務として行うものに限ります。）

③ 生産者が農業協同組合、漁業協同組合又は森林組合等に委託して行う農林水産物の販売（無条件委託方式かつ共同計算方式により生産者を特定せずに行うものに限ります。）

④ 3万円未満の自動販売機及び自動サービス機により行われる商品の販売等

⑤ 郵便切手類のみを対価とする郵便・貨物サービス（郵便ポストに差し出されたものに限ります。）

なお、小売業、飲食店業、タクシー業等の不特定多数の者に対して資産の譲渡等を行う事業については、適格請求書の記載事項を簡易なものとした適格簡易請求書を交付することができることになります（消法57の4②、消令70の11）。

(4) 仕入税額控除のための要件

適格請求書等保存方式が導入された場合には、一定の事項が記載された帳簿及び請求書等を保存しておかなければ、仕入税額控除を受けられないことになります（消法30⑦⑧⑨）。

保存すべき請求書等には、適格請求書のほか、次の書類等が含まれることになります。

イ　適格簡易請求書

ロ　適格請求書又は適格簡易請求書の記載事項に係る電磁的記録

ハ　適格請求書の記載事項が記載された仕入明細書、仕入計算書その他これらに類する書類（相手方の確認を受けたものに限ります。）（書類に記載すべき事項に係る電磁的記録を含みます。）

ニ　次の取引について、媒介又は取次ぎに係る業務を行う者が作成する一定の書類（書類に記載すべき事項に係る電磁的記録を含みます。）

- 卸売市場において出荷者から委託を受けて卸売の業務として行われる生鮮食料品等の販売
- 農業協同組合、漁業協同組合又は森林組合等が生産者（組合員等）から委託を受けて行う農林水産物の販売（無条件委託方式かつ共同計算方式によるものに限ります。)

なお、請求書等の交付を受けることが困難であるなどの理由により、次の取引については、一定の事項を記載した帳簿のみの保存で仕入税額控除が認められます（消法 30 ⑦、消令 49 ①、消規 15 の 4)。

① 適格請求書の交付義務が免除される上記 (3) ①の 3 万円未満の公共交通機関（船舶、バス又は鉄道）による旅客の運送

② 適格簡易請求書の記載事項（取引年月日を除きます。）が記載されている入場券等が使用の際に回収される取引（①に該当するものを除きます。）

③ 古物営業を営む者の適格請求書発行事業者でない者からの古物（古物営業を営む者の棚卸資産に該当する場合に限ります。）の購入

④ 質屋を営む者の適格請求書発行事業者でない者からの質物（質屋を営む者の棚卸資産に該当する場合に限ります。）の取得

⑤ 宅地建物取引業を営む者の適格請求書発行事業者でない者からの建物（宅地建物取引業を営む者の棚卸資産に該当する場合に限ります。）の購入

⑥ 適格請求書発行事業者でない者からの再生資源及び再生部品（購入者の棚卸資産に該当する場合に限ります。）の購入

⑦ 適格請求書の交付義務が免除される上記 (3) ④の 3 万円未満の自動販売機及び自動サービス機からの商品の購入等

⑧ 適格請求書の交付義務が免除される上記 (3) ⑤の郵便切手類のみを対価とする郵便・貨物サービス（郵便ポストに差し出されたものに限ります。）

⑨ 従業員等に支給する通常必要と認められる出張旅費等（出張旅費、宿泊費、日当及び通勤手当）

【令和 5 年度改正による中小事業者等に対する事務負担の軽減措置（帳簿のみの記載での仕入税額控除の特例）】

インボイス制度への円滑な移行と定着を図る観点から、中小事業者を含めた一定規模以下の事業者の実務に配慮し、柔軟に対応できるように事務負担の軽減が図られました。

具体的には、前々事業年度等の基準期間の課税売上高が 1 億円以下又は

上半期（又は個人は1月〜6月）の課税売上げが5,000万円以下の事業者については、令和5年10月1日から令和11年9月30日までの6年間、1万円未満の課税仕入れについて、インボイスの保存がなくとも帳簿のみの保存で仕入税額控除が可能となります（平28改正法附則53の2、平成30改正令附則24の2）。

この「1万円未満」の判定単位としては、1回の取引の課税仕入れに係る税込みの金額が1万円未満かどうかで判定されます。

(5) 免税事業者の扱い

①　免税事業者からの仕入に係る仕入税額控除の経過措置

インボイス制度が導入されると免税事業者からの課税仕入れについて仕入税額控除は可能なのかという質問がよくあります。

インボイス制度の下では、課税事業者が行う免税事業者等からの課税仕入れについては、仕入税額控除を行うことができなくなります。これは、仕入税額控除を行うためには、インボイス等の保存が必要なためです。免税事業者はインボイスの発行をできません（消法30⑦）。

対消費者取引を行う免税事業者の場合には、取引相手は仕入税額控除を行わないため、課税事業者を選択する必要性は低く、免税事業者を維持する可能性が高いと考えられます。

取引相手が、簡易課税制度や後述する2割特例を選択している場合には、課税売上高から納付する消費税額を計算することから、適格請求書などの請求書等の保存は、仕入税額控除の要件ではありませんので、特に問題はないということになります。

なお、経過措置として、次の期間は仕入税額相当額の一定割合を仕入税額控除できます。

・令和5年10月1日から令和8年9月30日までは80%

・令和8年10月1日から令和11年9月30日までは50%

この経過措置の適用を受けるためには、以下の事項が記載された帳簿及び請求書等の保存が要件となります（平28改正法附則52、53）。

イ　帳簿　区分記載請求書等保存方式の記載事項に加え、例えば、「80%控除対象」などの記載や「※」などの記号等を表示し、経過措置の適用を受ける課税仕入れである旨がわかる記載が必要となります。

ロ　請求書等　区分記載請求書等と同様の記載事項が必要となります。

②　免税事業者が適格請求書発行事業者になる場合

免税事業者がインボイスを発行するため、適格請求書発行事業者になることを選択する場合、事務的な負担を軽減するために、簡易課税制度を選択することも考えられます。この場合、仕入税額控除に関する事務的な負担が大幅に軽減されることになります。ただし、簡易課税制度を適用しないで仕入控除税額を計算すれば還付となる場合でも、簡易課税制度を選択すると還付を受けることはできません。また、簡易課税制度を選択した場合、原則2年間継続して適用した後の課税期間でなければ、適用をやめることはできないことに留意する必要があります。

③　令和5年度改正による小規模事業者に対する納税額の負担軽減措置（いわゆる「2割特例」）

新たに適格請求書発行事業者となる免税事業者の負担軽減策として、小規模事業者に対する納税額に係る負担軽減措置（以下、「2割特例」といいます。）が講じられました。

この措置は、基準期間の課税売上高が1,000万円以下であるにもかかわらず、消費税を負担する場合を想定し、令和5年10月1日から令和8年9月30日の属する課税期間までの3年間の激変緩和措置として、消費税の納税額を売上税額（「課税期間における課税標準額に対する消費税額」をいいます。）の2割に軽減することとしています。

2割特例は、免税事業者が適格請求書発行事業者となったこと等により事業者免税点制度の適用を受けられないこととなる者を対象としたものであり、消費税の課税事業者となったとしても、適格請求書発行事業者の登録を受けていない場合には対象になりません。

適用に当たっては、事前の届出不要で、申告時に選択ができます。また、2割特例の適用を受けた翌課税期間中に簡易課税適用の届出を提出した場合には、その翌課税期間から簡易課税が適用されます（平28改正法附則51の2）。

このほか、令和5年度改正では、①売上値引きによる新たな事務負担に対処するための税込1万円未満の少額な返還インボイスの交付義務の免除（消法57の4③、消令70の9③二）、②課税期間の初日から登録を受ける又は取り消す場合の申請書等の提出期限の緩和（消法57の2②、⑩一、消令70の2①、70の5③）、③課税期間の途中から登録を受ける場合の登録希望日の記載（平30改正令附則15②）等の改正が行われ、インボイス制度への円滑な移行を図ることとしています。

④　令和4年度改正による適格請求書発行事業者の登録手続の柔軟化

免税事業者が登録の必要性を見極めながら柔軟なタイミングで適格請求書発行事業者となれるようにするため、令和5年10月1日から令和11年9月30日の属する課税期間においては、課税期間の途中からの登録を可能とする経過措置が令和4年度改正で講じられています。この経過措置を適用した場合には、登録開始日から2年を経過する日の属する課税期間までの間は事業者免税点制度の適用を制限されます（令和5年10月1日の属する課税期間は除きます。）（平28年改正法附則44④、平30改正令附則15②、消基通21-1-1）。

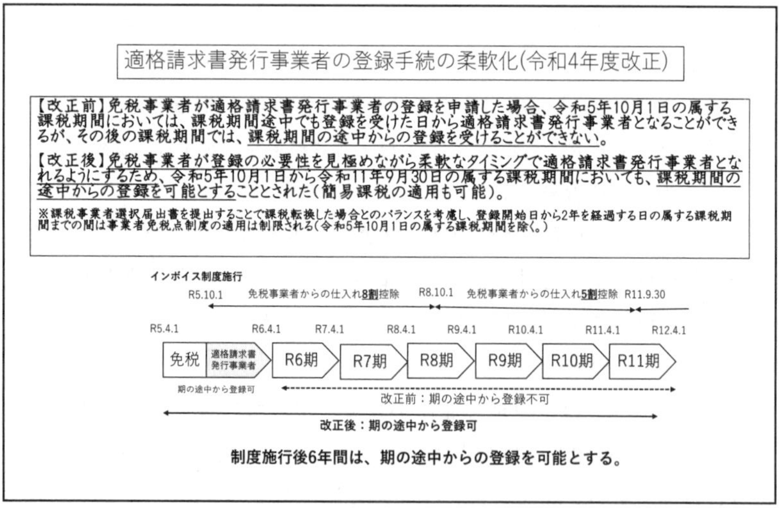

Ⅱ 適格請求書の電磁的記録による提供

令和５年10月１日からのインボイス制度導入後においては、取引相手が仕入税額控除を行うにはインボイスが必要となりました。インボイスの交付ができるのは登録を受けた適格請求書発行事業者に限られます。

また、「３万円未満の課税仕入れ」等は一定事項を記載した帳簿の保存のみで仕入税額控除ができましたが、これらの規定は廃止されます。

インボイスの保存対象が拡大していくことを考えると、電子インボイスの活用により業務の効率化が期待されます。インボイスはその発行事業者、受領者ともに保存することが必要です。

電磁的記録により作成したインボイス、いわゆる電子インボイスについては、消費税法の規定により、電子帳簿保存法に定める電子取引の取引情報と同様の要件により保存しなければならないこととされ、電子インボイスを保存することにより、仕入税額控除の適用を受けることができます。

なお、下記の政府税制調査会の報告等では、デジタルインボイスの普及・定着を通じ、バックオフィス業務の効率化の実現や、請求も含めた取引全体のデジタル化による様々な効果が期待されると指摘しています。

参考 わが国税制の現状と課題―令和時代の構造変化と税制のあり方―（令和５年６月30日　政府税制調査会）（抄）

第２部 個別税目の現状と課題 > Ⅲ消費課税 > １消費税 > ④ 仕入税額控除 > （インボイス制度）

「インボイス制度への移行を見据え、デジタルインボイスの普及・定着に向けた取組みが進められており、これらを通じ、バックオフィス業務の効率化の実現や、請求も含めた取引全体のデジタル化による様々な効果が期待されます。」

（注1）デジタルインボイスとは、システムの差異を問わず、請求に係る情報を、売り手のシステムから買い手のシステムに対し、直接データ連携する仕組みをいいます。
（注2）取引全体のデジタル化については、「デジタル社会の実現に向けた重点計画」（令和4年6月閣議決定）において「（国際的な標準仕様に対応し）標準化された電子インボイス（デジタルインボイス）の普及・定着によりバックオフィス業務の効率化を実現するとともに、請求も含めた取引全体のデジタル化による新たな価値の創造や更なる成長につなげていけるよう、関係する事業者団体とともに、引き続き、必要な対応を行う。」とされており、令和4年10月には、国際的な標準仕様に基づいた、日本におけるデジタルインボイスの標準仕様が策定・公表されています。

1　電子インボイス提供に関する消費税法の規定（交付義務・保存要件）

(1) インボイスの交付義務

適格請求書発行事業者は、国内において課税資産の譲渡等を行った場合において、当該課税資産の譲渡等を受ける他の事業者から適格請求書の交付を求められたときは、適格請求書を当該他の事業者に交付しなければならないこととされています（消法57の4①）。

(2) 電子インボイスの提供容認

適格請求書発行事業者は、適格請求書の交付に代えて、これらの書類に記載すべき事項に係る電磁的記録を提供することができることとされています。また、電磁的記録として提供した事項に誤りがあった場合には、電磁的記録を提供した他の事業者に対して、修正した適格請求書を交付しなければならないこととされています（消法57の4⑤）。

提供する電磁的記録としては、光ディスク、磁気テープ等の記録用の媒体による提供のほか、例えば、次に掲げるようなものが該当します（消基通1-8-2）。

①　いわゆるEDI取引を通じた提供
②　電子メールによる提供

③　インターネット上のサイトを通じた提供

また、適格請求書に係る記載事項につき、例えば、納品書データと請求書データなど複数の電磁的記録の提供による場合又は納品書と請求書データなど書面の交付と電磁的記録の提供による場合のいずれにおいても、複数の書類及び電磁的記録の全体で適格請求書の記載事項を満たすものとして取り扱われています（消基通1-8-1後段に準じた取扱い）。

適格請求書を交付し、又は適格請求書に記載すべき事項に係る電磁的記録を提供した適格請求書発行事業者は、その書類の写し又は当該電磁的記録を保存しなければならないこととされています。この電子インボイスの保存については、財務省令で定める方法によることとされています（消法57の4⑥）。

参考　電子インボイスの提供に関する改正の変遷

平成28年度税制改正では、電子インボイスの提供に関しては、適格請求書発行事業者が、あらかじめ課税資産の譲渡等を受ける他の事業者の承諾を得たときは、適格請求書又は適格返還請求書の交付に代えて、適格請求書又は適格返還請求書の記載事項に係る電磁的記録を提供することができることとされていました（旧消法57の4⑤）。

ところが、平成30年度税制改正において、適格請求書等の記載事項に係る電磁的記録を受領した場合の仕入税額控除のための当該電磁的記録の保存方法として、当該電磁的記録を書面により出力したものを保存する方法も認められることとされたため、必ずしも電磁的記録で保存する必要がなくなったこと等を踏まえて、適格請求書等の記載事項に係る電磁的記録を提供する場合にあらかじめ課税資産の譲渡等を受ける他の事業者の承諾を得ることとする要件は削除されました（消法57の4⑤）。したがって、電子インボイスの提供に関しては、課税資産の譲渡等を受ける他の事業者の承諾を得ることなく電子インボイスの提供を行うことができることとされています。

なお、「消費税の仕入税額控除制度における適格請求書等保存方式に関するQ＆A」（国税庁）問32では、「当社は、請求書を取引先にインターネットを通じて電子データにより提供していますが、この請求書データを適格請求書とすることができますか。」という問に対して、「適格請求書発行事業者は、国内において課税資産の譲渡等を行った場合に、相手方（課税事業者に限ります。）から求められたときは、適格請求書を交付する必要がありますが、その交付に代えて、適格請求書に係る電磁的記録を提供することができます（消法57の４①⑤）。したがって、貴社は、請求書データに適格請求書の記載事項を記録して提供することにより、適格請求書の交付に代えることができます。」という答が記載されています。

(3) 電子インボイスの保存期間

適格請求書等を交付した適格請求書発行事業者は、当該適格請求書等の写しを整理し、その交付した日の属する課税期間の末日の翌日から２月を経過した日から７年間、これを納税地等の所在地に保存しなければならないこととされています（消令70の13①）。

適格請求書等に記載すべき事項に係る電磁的記録を提供した場合には、その電磁的記録を整理し、その提供した日の属する課税期間の末日の翌日から２月を経過した日から７年間、これを納税地等の所在地に保存しなければならないこととされています（消法57の４⑤）。

(4) 電子インボイスの保存要件

財務省令で定める方法として、電子帳簿保存法施行規則４条１項各号（電子取引の取引情報に係る電磁的記録の保存）に掲げる措置のいずれかを行って、電子取引の取引情報の保存要件に準ずる要件に従って保存する方法を定めています（消規26の８①）。

したがって、電子帳簿保存法７条の電子取引の取引情報に係る電磁的記録の保存は、所得税及び法人税に係る保存義務者が電子取引を行った場合の保存義務規定であり、消費税法に規定する電子インボイスには直接適用がありませんが、消費税法で電子帳簿保存法施行規則４条に準ずる要件に従って保存することになり、実質的に電子取引の取引情報を同様の方法で保存することになります。

なお、電子取引の取引情報の保存において、令和５年改正で設けられた猶予措置や令和５年末までの電子取引に適用される宥恕措置（144～147頁参照）については、「保存要件にかかわらず」保存することができるとされていることから、保存要件に準ずる要件に従った保存とはなりません。

また、電子インボイスを保存する事業者は、その電磁的記録を出力することにより作成した、整然とした形式及び明瞭な状態で出力した書面を保存する方法によることもできるとされています（消規26の8②）。

この出力した書面については、整理し、その電子インボイスを提供した日の属する課税期間の末日の翌日から2月を経過した日から7年間、これを納税地又はその取引に係る事務所、事業所その他これらに準ずるものの所在地に保存しなければならないこととされています（消令70の13①）。

提供したインボイスの形態別保存方法

提供したインボイスの形態	保存方法
一貫して電子計算機で作成し、書面で提供したインボイスの写し	そのまま書面で保存又は電子帳簿等保存制度により電子保存（電帳法4②）
電子データで提供した電子インボイス	電帳法の電子取引に係る保存要件に従って保存（消規26の8①）
電子データで提供した電子インボイスを書面に出力した場合	電子データを整然とした形式及び明瞭な状態で出力した書面を保存（消規26の8②）

（注）　消費税法に基づき電子データで提供したインボイスを書面に出力した場合に、その電子データについて電帳法上の電子取引に係るデータ保存制度による保存義務がある場合には、電帳法の電子取引に係る保存要件に従った電子データの保存が必要。

2　提供を受けた電子インボイスの保存に関する消費税法の規定

(1) 電子インボイスの仕入税額控除要件

消費税法30条1項では、事業者が行う課税仕入れについては、課税標準額に対する消費税額から、その課税期間中に行った課税仕入れに係る消費税額（適格請求書の記載事項を基礎として計算した金額）等の合計額を控除するとされています。

そして、7項では、事業者がその課税期間の課税仕入れ等の税額の控除に係る帳簿及び請求書等を保存しない場合には、その保存がない課税仕入れの税額については、1項の仕入れ税額を控除する規定は適用しないこととされていますので、適格請求書の保存がなければ、仕入税額控除はできないことになります。

また、９項において、この請求書等の一つとして、事業者に対し、他の事業者が、当該課税資産の譲渡等につき当該事業者に交付すべき適格請求書に代えて提供する電磁的記録、つまり電子インボイスをあげており、電子インボイスの保存が仕入税額控除の適用を受けるための要件であることを明記しています。

(2) 電子インボイスの保存期間

仕入税額控除の規定の適用を受けようとする事業者は、帳簿及び請求書等を整理し、その帳簿についてはその閉鎖の日の属する課税期間の末日の翌日、請求書等についてはその受領した日、電磁的記録についてはその提供を受けた日の属する課税期間の末日の翌日から２月を経過した日から７年間、これを納税地等に保存しなければなりません。この場合、適格請求書等に代えて提供される電磁的記録については、財務省令で定める方法により保存しなければなりません（消令50①）。

(3) 電子インボイスの保存要件

消費税法施行規則15条の５第１項では、財務省令で定める方法として、電子帳簿保存法施行規則４条１項各号（電子取引の取引情報に係る電磁的記録の保存）に掲げる措置のいずれかを行って、電子取引の取引情報の保存要件に準ずる要件に従って保存する方法を定めています。

なお、電子取引の取引情報の保存において、令和５年改正で設けられた猶予措置や令和５年末までの電子取引に適用される宥恕措置（144～147頁参照）については、「保存要件にかかわらず」保存することができるとされていることから、電子インボイスの保存要件に従った保存とはなりません。

また、２項では、電子インボイスを保存する事業者は、その電磁的記録を出力することにより作成した、整然とした形式及び明瞭な状態で出力した書面を保存する方法によることもできるとされています。

この出力した書面については、保存すべき場所に、保存すべき期間、整理して保存しなければならないこととされています。

提供を受けたインボイスの形態別保存方法

受領したインボイスの形態	保存方法
書面で受領したインボイス	そのまま書面で保存又は電子帳簿等保存制度によりスキャナ保存（電帳法4③）
電子データで受領した電子インボイス	電帳法の電子取引に係る保存要件に従って保存（消規15の5①）
電子データで受領した電子インボイスを書面に出力した場合	電子データを整然とした形式及び明瞭な状態で出力した書面を保存（消規15の5②）

（注）　消費税法に基づき電子データで受領したインボイスを書面に出力した場合について、その電子データについて電帳法上の電子取引に係るデータ保存制度による保存義務がある場合には、電帳法の電子取引に係る保存要件に従った電子データの保存が必要。

関連 Q&A

（適格請求書に係る電磁的記録による提供）

問　当社は、請求書を取引先にインターネットを通じて電子データにより提供していますが、この請求書データを適格請求書とすることができますか。

答

適格請求書発行事業者は、国内において課税資産の譲渡等を行った場合に、相手方（課税事業者に限ります。）から求められたときは、適格請求書を交付する必要がありますが、その交付に代えて、適格請求書に係る電磁的記録を提供することができます（消法57の4①⑤）。したがって、貴社は、請求書データに適格請求書の記載事項を記録して提供することにより、適格請求書の交付に代えることができます。ただし、適格請求書発行事業者が提供した電子データを電磁的に保存しようとする場合には 一定の要件を満たした状態で保存する必要がありますが、その具体的な内容については、問79《適格請求書に係る電磁的記録を提供した場合の保存方法》をご参照ください。

（参考）　電磁的記録による提供方法としては、光ディスク、磁気テープ等の記録用の媒体による提供のほか、例えば、次の方法があります（消基通1-8-2）。①EDI取引（注）における電子データの提供　②電子メールによる電子データの提供　③インターネット上にサイトを設け、そのサイトを通じた電子データの提供

（注）　EDI（Electronic Data Interchange）取引とは、異なる企業・組織間で商取引に関連するデータを、通信回線を介してコンピュータ間で交換する取引等をいいます。

出所：国税庁　消費税の仕入税額控除制度における適格請求書等保存方式に関するＱ＆Ａ問32

（適格請求書に係る電磁的記録を提供した場合の保存方法）

問　当社は、適格請求書の交付に代えて、適格請求書に係る電磁的記録を提供しています。提供した電磁的記録については、保存しなければならないとのことですが、どのような方法で保存すればよいですか。

答

適格請求書発行事業者は、国内において課税資産の譲渡等を行った場合に、相手方（課税事業者に限ります。）から求められたときは適格請求書を交付しなければなりませんが、適格請求書の交付に代えて、適格請求書に係る電磁的記録を相手方に提供することができます（消法57の4①⑤）。

その場合、適格請求書発行事業者は、提供した電磁的記録を

・電磁的記録のまま、又は

・紙に印刷して、

その提供した日の属する課税期間の末日の翌日から２月を経過した日から７年間、納税地又はその取引に係る事務所、事業所その他これらに準ずるものの所在地に保存しなければなりません（消法57の4⑥、消令70の13①、消規26の8）。

また、その電磁的記録をそのまま保存しようとするときには、以下の措置を講じる必要があります（消規26の8①）。（以下略）

ポイント　⇒電帳法の電子取引の取引情報と同様の要件により保存しなければなりません。

出所：国税庁　消費税の仕入税額控除制度における適格請求書等保存方式に関するＱ＆Ａ問79

（提供を受けた適格請求書に係る電磁的記録の保存方法）

問　当社は、取引先から、適格請求書の交付に代えて、適格請求書に係る電磁的記録の提供を受けています。仕入税額控除の要件を満たすためには、電磁的記録をどのような方法で保存すればよいですか。

答

相手方から適格請求書の交付に代えて、適格請求書に係る電磁的記録による提供を受けた場合、仕入税額控除の適用を受けるためには、その電磁的記録を保存する必要があります（消法30⑦⑨二）。提供を受けた電磁的記録をそのまま保存しようとするときには、以下の措置を講じる必要があります（消令50①、消規15の5）。（以下略）

ポイント ⇒電子帳簿保存法施行規則4条1項各号（電子取引の取引情報に係る電磁的記録の保存）に掲げる措置のいずれかを行い、同項に規定する要件に準ずる要件に従って保存することとなります。

出所：国税庁　消費税の仕入税額控除制度における適格請求書等保存方式に関するQ＆A問100

（提供された適格請求書に係る電磁的記録の書面による保存）

問　当社は、取引先から請求書を電子データにより提供を受けました。これを出力して保存することで、仕入税額控除の要件を満たしますか。

なお、提供を受けた請求書データは、適格請求書の記載事項を満たしています。

答

ご質問の請求書のデータのように、適格請求書に係る電磁的記録による提供を受けた場合であっても、電磁的記録を整然とした形式及び明瞭な状態で出力した書面を保存することで、仕入税額控除の適用に係る請求書等の保存要件を満たします（消規15の5②）。

（参考）　令和3年度の税制改正により、電帳法において、所得税（源泉徴収に係る所得税を除きます。）及び法人税の保存義務者については、令和4年1月1日以後行う電子取引に係る電磁的記録を書面やマイクロフィルムに出力してその電磁的記録の保存に代えられる措置が廃止されましたので、全ての電子取引の取引情報に係る電磁的記録を一定の要件の下、保存しなければならないこととされました。

なお、令和4年から5年までは、一定の場合には出力した書面による保存が認められる宥恕措置の適用がありましたが、令和6年1月1日以後に行う電子取引の取引情報については要件に従った電子データの保存が必要です。

出所：国税庁　消費税の仕入税額控除制度における適格請求書等保存方式に関するQ＆A問83

（帳簿のみの記載での仕入税額控除）

問　「3万円未満の課税仕入れ」「請求書等の交付を受けなかったことにつきやむを得ない理由があるとき」は、一定の事項を記載した帳簿のみで仕入税額控除が認められていましたが（旧消令49①）、インボイス導入後はこれらの規定は廃止されるそうです。一定の事項を記載した帳簿のみの保存で仕入税額控除の要件を満たすのは、どのような場合になるのですか。

答

適格請求書等保存方式の下では、帳簿及び請求書等の保存が仕入税額控除の要件とされます（消法30⑦）。

ただし、請求書等の交付を受けることが困難であるなどの理由により、次の取引については、一定の事項を記載した帳簿のみの保存で仕入税額控除が認められます（消令49①、消規15の4）。

①　適格請求書の交付義務が免除される3万円未満の公共交通機関による旅客の運送

②　適格簡易請求書の記載事項（取引年月日を除きます。）が記載されている入場券等が使用の際に回収される取引（①に該当するものを除きます。）

③　古物営業を営む者の適格請求書発行事業者でない者からの古物（古物営業を営む者の棚卸資産に該当するものに限ります。）の購入

④　質屋を営む者の適格請求書発行事業者でない者からの質物（質屋を営む者の棚卸資産に該当するものに限ります。）の取得
⑤　宅地建物取引業を営む者の適格請求書発行事業者でない者からの建物（宅地建物取引業を営む者の棚卸資産に該当するものに限ります。）の購入
⑥　適格請求書発行事業者でない者からの再生資源及び再生部品（購入者の棚卸資産に該当するものに限ります。）の購入
⑦　適格請求書の交付義務が免除される３万円未満の自動販売機及び自動サービス機からの商品の購入等
⑧　適格請求書の交付義務が免除される郵便切手類のみを対価とする郵便・貨物サービス（郵便ポストに差し出されたものに限ります。）
⑨　従業員等に支給する通常必要と認められる出張旅費等（出張旅費、宿泊費、日当及び通勤手当）

（注）一定規模以下の事業者は、令和５年10月１日から令和11年９月30日までの間に国内において行う課税仕入れについて、その課税仕入れに係る支払対価の額が１万円未満である場合には、一定の事項が記載された帳簿のみの保存により、当該課税仕入れについて仕入税額控除の適用を受けることができる経過措置が設けられています（平28年改正法附則53の2、平30改正令附則24の2①）。

ポイント ⇒少額の課税仕入れ等でも原則インボイスの受領・保存が必要になります。

出所：国税庁　消費税の仕入税額控除制度における適格請求書等保存方式に関するQ＆A問82

（インボイス導入前の電子取引に係る仕入税額控除）

問　インボイス導入前に電子取引により請求書等を受領した場合は、仕入税額控除を受けるためにはどのようにすればいいですか。

答

従来の「区分記載請求書等保存方式」では、課税事業者が仕入税額控除の適用を受けるためには、原則として課税仕入れ等の事実の帳簿への記載、保存及び課税仕入れ等の事実を証する請求書等の保存をし

なければならないこととされていました（旧消法 30 ⑦）。電子インボイスのように、請求書等を電子データで受領した場合の規定はありませんでした。

　ただし、請求書等の交付を受けなかったことにつき「やむを得ない理由」があるときは、帳簿に旧消費税法 30 条 8 項の記載事項に加えて、そのやむを得ない理由及び課税仕入れの相手方の住所又は所在地を記載して保存することにより、仕入税額控除の適用を受けることができる旨が定められていました（旧消令 49 ①二）。電子データとそれを出力した書面の両方の保存は不要でした。

　このようにインターネットを通じて取引を行った場合には、請求書等に記載されるべき法定事項が通信回線を介してコンピュータ間で電子データとして交換されるため、請求書等そのものが作成・交付されないこととなり、その電子データ以外の保存が行えない状況となりますが、これは、請求書等の交付を受けなかったことにつきやむを得ない理由がある場合に該当するものと考えられていました（旧消基通 11-6-3（5））。

　したがって、帳簿に記載すべき事項に加えて、インターネットを通じた取引による課税仕入れであること及び課税仕入れの相手方の住所又は所在地を記載して保存する場合には、仕入税額控除の適用を受けることができました。

出所：国税庁 HP 質疑応答事例「インターネットを通じて取引を行った場合の仕入税額控除の適用について」に一部加筆修正

III Peppol（ペポル）を利用した電子インボイスの授受

1 Peppol（ペポル）とは

今後のデジタル社会の進展を想定して、電子インボイスによりインボイスの交付・受領が一般的に行われることを前提とし、デジタルで最適化された業務プロセスを構築すべきという認識のもとに、国内の事業者が共通的に利用できるデジタルインボイス・システムの構築が目指されています。これが通称「ペポル」と呼ばれるシステムです。

以下、ペポルを利用する電子インボイスを「デジタルインボイス」といいます。

Peppol（Pan European Public Procurement Online）とは、請求書（インボイス）などの電子文書をネットワーク上でやり取りするための「文書仕様」「運用ルール」「ネットワーク」のグローバルな標準仕様であり、Open Peppol（ベルギーの国際的非営利組織）がその管理等を行っています。現在、欧州各国のみならず、オーストラリア、ニュージーランドやシンガポールなどの欧州域外の国も含め30か国以上で利用が進んでいます。

2 Peppol（ペポル）でのデジタルインボイスのやり取りの仕組み

「Peppolネットワークでデジタルインボイスをやり取りする」とは、売り手側のアクセスポイント（C2）と買い手側のアクセスポイント（C3）の間で、Peppolの標準仕様にそったインボイスデータセットをやり取りすることを言います。

Peppolの仕組みは、いわゆる「4コーナー」モデルが採用されています。

ユーザー（売り手側）（C1）は、自らのアクセスポイント（C2）を通じ、Peppolネットワークに接続し、買い手側のアクセスポイント（C3）にインボイスデータセットを送信し、それが買い手側（C4）に届く仕組みとなっています。その上で、売り手側（C1）や買い手側（C4）のシステム・マシンにより、そのインボイスデータセットが自動処理されることとなります。

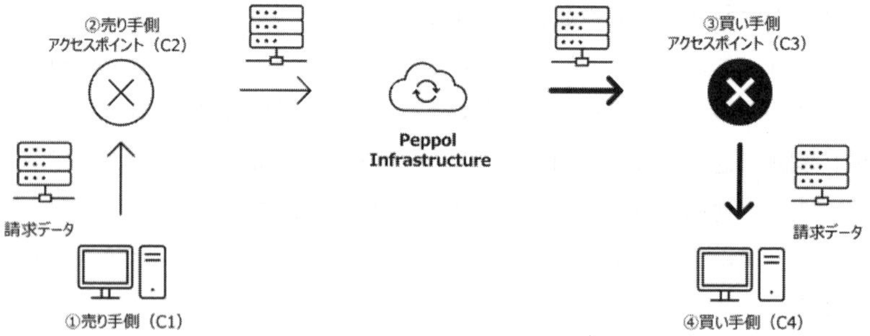

出典：デジタル庁HP

3　デジタルインボイスの利活用

標準化され構造化されたデジタルインボイスの利活用により、ペポルを利用している国との間で同じ規格のインボイスが授受できるため、国際取引が円滑に進められます。

デジタルインボイスの利用を通じて請求から支払まで、さらには後工程の入金消込業務までシームレスにデータ連携されることで、会計・税務業務がデジタルデータでつながり、業務の効率化や取引全体のデジタル化が促進されることが期待されています。

第 4 章

DX 化関連の税務等

1　電子データを活用した税務調査・電子データの税務行政の扱い

国税庁の使命は、納税者の自発的な納税義務の履行を適正かつ円滑に実現することにあり、その使命を達成するため国税庁は、財務省設置法19条に定められた任務（国税庁は、内国税の適正かつ公平な賦課及び徴収の実現、酒類業の健全な発達及び税理士業務の適正な運営の確保を図ることを任務とする。）を、透明性と効率性を配慮しつつ、遂行することとしています。この任務の一つである「内国税の適正かつ公平な賦課及び徴収の実現」のため、適正申告の実現に努めるとともに、申告が適正でないと認められる納税者に対しては的確な調査・指導を実施することにより誤りを確実に是正することとしています。

税務行政全体がどのように将来進んでいくのかを見ていかなければ、電子データを活用した税務調査が今後どうなっていくのかはわかりません。

そこで、国税庁から公表された「税務行政のデジタル・トランスフォーメーション－ 税務行政の将来像2023 －」（令和５年６月）を基に、考えていきたいと思います。

(1) 環境の変化

近年ICT・AIがものすごいスピードで進展し、技術革新が起こっています。そして、マイナンバー制度の導入により、いろいろな情報を各行政機関が管理できるようになりました。住所、氏名を例に挙げると、これまでは漢字や読み方が異なる、誤字がある、変更があると特定の個人、法人との結びつけることが困難でした。しかし、マイナンバーや法人番号を活用することにより、効率的な情報管理ができるようになりました。そして、電子化の進展とともに経済取引のグローバル化が進み、様々な取引がネットを通じてボーダーレスで行われ、国境を意識しなくなりました。また、国税庁の職員の定員の減少と納税者の申告の増加によって、より効率的な事務運営と最適な事務量の配分が求められるとともに、経済社会が進展する中、調査・徴収の複雑・困難化が進んでいるというのが現状です。

また、近年、新型コロナウイルス感染症への対応も相まって、税を含むあらゆる分野でデジタルの活用が急速に広まっています。

税務においてデジタルの活用が広まることは、税務手続の簡便化だけではなく、単純誤りの防止による正確性の向上や業務の効率化による生産性の向上等にもつながることが期待されています。また国税当局側も、事務処理コストの削減や効率化、得られたデータの活用等を通じて、更なる課税・徴収事務の効率化・高度化を進められるものと考えています。

今、アフターコロナの時代に変化している中でも、こうした意義のある税務行政のデジタル・トランスフォーメーション（ＤＸ）を更に前に進めていくため、今般、「税務行政のデジタル・トランスフォーメーション－税務行政の将来像2.0－」（令和３年６月公表）を改定し、「税務行政のデジタル・トランスフォーメーション－税務行政の将来像2023－」を令和５年６月23日に公表しました。国税庁は、新たに「事業者のデジタル化促進」を加え次の３つの柱に基づいて、施策を進めていくこととしています。

①　納税者の利便性の向上

普段は税になじみのない方でも、日常使い慣れたデジタルツール（スマートフォン、タブレット、パソコンなど）から簡単・便利に手続を行うことができる環境構築を目指すなど、これまで以上に“納税者目線”を大切に、各種施策を講じるとされています。

②　課税・徴収事務の効率化・高度化等

業務に当たってデータを積極的に活用し、地方公共団体等、他の機関への照会等もデジタル化を進めるとされています。

③　事業者のデジタル化促進

事業者の業務のデジタル化を促す施策も実施するとされています。これによって、経済取引のデジタル化につながることで、事業者が日頃行う事務処理の一貫したデジタル処理を可能とし、生産性の向上等を図ることができるとされています。

今回新たに加えられた事業者のデジタル化促進に関しては、税務行政のＤＸと併せて、事業者の業務のデジタル化を促進することにより、税務を起点とした社会全体のＤＸを推進することとしています。

納税者の利便性の向上では、納税者目線の徹底の観点から、申告（納付・還付）や年末調整の簡便化を図り、申請等の簡便化、自己情報のオンライン確認、検索性の向上や相談の高度化を図り、あらゆる税務手続が税務署に行かずにできる社会を目指しています。

課税・徴収の効率化・高度化では、データ活用の徹底の観点から、AI・データ分析の活用やオンラインツール等の活用や関係機関への照会等のデジタル化を図り、組織としてのパフォーマンスを最大化して、租税回避への対応、富裕層に対する適正課税の確保、消費税不正還付等への対応、大口・悪質事案への対応を掲げ、特に必要性の高い分野や悪質な事案等に重点化する取組みを進めることとしています。

また、事業者のデジタル化促進では、国税に関するデジタル関係施策について網羅的に周知・広報を図る外、デジタルインボイスの普及、事業者のデジタル化を支援する施策の広報という観点から、他省庁との連携・協力を図り、関係団体等との連携・協力により、デジタル化共同宣言やキャッシュレス納付推進宣言など事業者のデジタル化機運の醸成を図ることとしています。

また、この将来像実現に向けて、「内部事務センター化」やシステムの

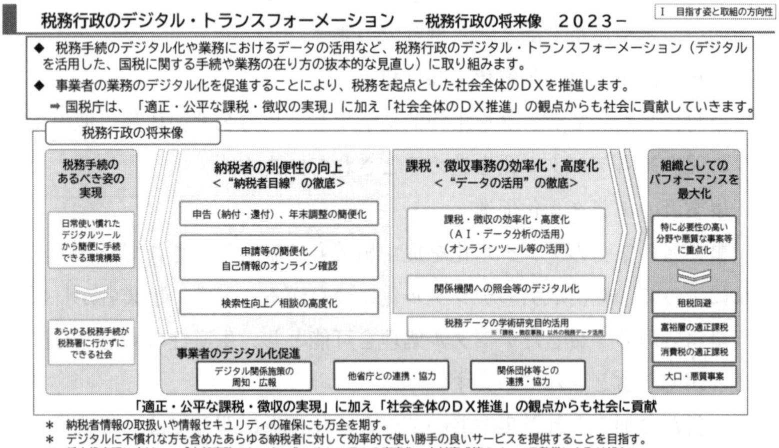

出典：国税庁　税務行政のデジタル・トランスフォーメーション－税務行政の将来像 2023－（令和 5 年 6 月 23 日）4 頁

高度化、人材育成等のインフラ整備にも取り組むこととしています。

したがって、今後税務調査では限られた人的資源を最大限有効に活用するため、内部事務等は徹底的に集約化・効率化を進め、特に必要性の高い分野や悪質な事案等へ最大限取り組んでいくことが肝要となってきます。

(2) 税務を起点とした社会全体の DX の推進

他省庁等とも連携し、民間企業の活力・創意工夫も取り入れた「税務手続のデジタル化」だけでなく、他省庁・民間企業・関係民間団体等とも連携した「事業者の業務のデジタル化」を併せて促進することにより、「経済取引のデジタル化」につなげることにより、事業者が日頃行う事務処理の一貫したデジタル処理が可能となり、生産性の向上等 といった効果も期待されます。

この取組みにより、他の事業者のデジタル化も促され、“デジタル化の推進が更なるデジタル化につながる好循環”が生み出されることを通じて、社会全体のＤＸ推進につながり、社会全体にデジタル化のメリットが波及することが期待されています。

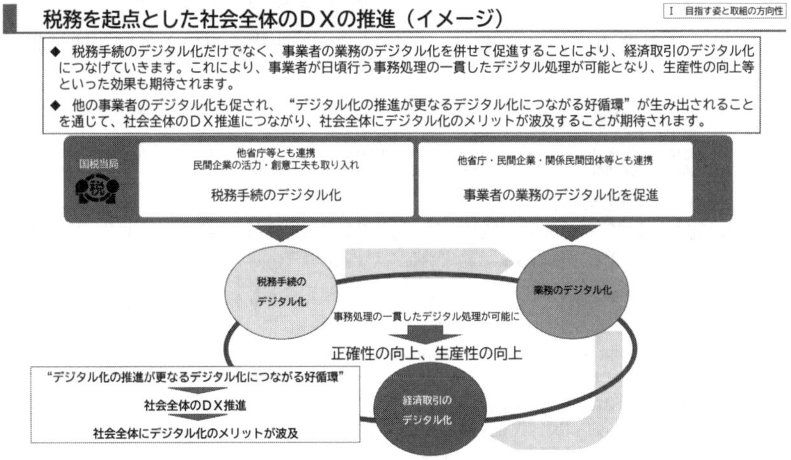

出典：国税庁　税務行政のデジタル・トランスフォーメーション－税務行政の将来像 2023 －（令和５年６月23日）７頁

(3) 課税・徴収事務の効率化・高度化等（AI・データ分析の活用）

それでは、どのようにデータを活用して課税・徴収事務の効率化・高度化を図っていくかということになりますが、AI も活用しながら幅広いデータを分析することにより、申告漏れの可能性が高い納税者等の判定や、滞納者の状況に応じた対応の判別を行って行くことになります。

申告漏れの可能性が高い納税者等を判定するには、情報収集の拡大が効率的な調査のためには重要となります。的確な情報収集があればこそ、調査事務量を適切に投下できることになります。次に重要なのがデータ分析です。いくら大量のデータがあってもその情報をマッチングさせて、調査選定の高度化等に役立てなければなりません。

そこで、収集した様々なデータを、ＢＡツール・プログラミング言語を用いて統計分析・機械学習等の手法により分析することで、申告漏れの可能性が高い納税者等を判定し、その分析結果を活用することで、効率的な調査・行政指導を実施し、調査必要度の高い納税者には深度ある調査を行うことが可能となります。

令和 3 年度の電子帳簿保存法の改正では、国税関係帳簿書類の電磁的記録による保存、スキャナ保存、電子取引の取引情報に係る保存の保存要件のうち、検索要件の全部又は一部に代替するものとして、税務調査でダウンロードの求めに応じる要件（国税に関する法律の規定よる国税関係帳簿

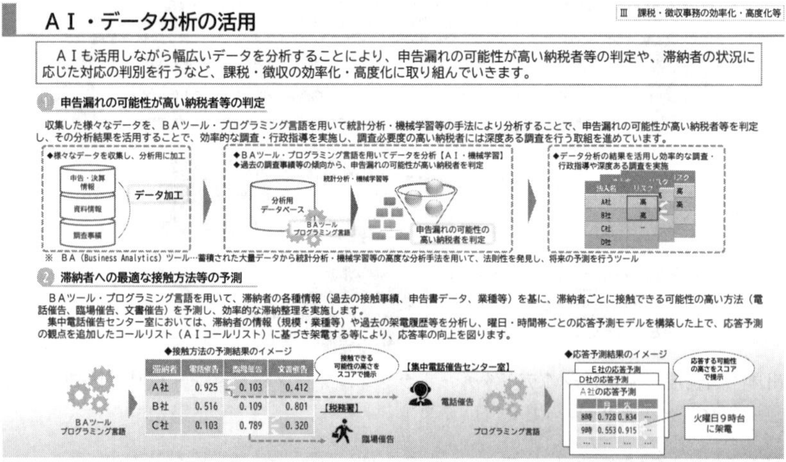

出典：国税庁　税務行政のデジタル・トランスフォーメーション－税務行政の将来像 2023－（令和 5 年 6 月 23 日）21 頁

に係る電磁的記録の提示又は提出の要求に応じることができるようにしておくこと（電帳規２②三等））が掲げられています。

ダウンロードの求めに応じなければ保存要件を満たさないということになりますので、今後の税務調査においては、帳簿書類のダウンロードの求めが主流になっていくと思われます。様々な膨大な資料をマッチングさせて、各情報の有機的なつながりやデータ間の関連性を把握することになると考えられますので、ダウンロードにより提出したデータともマッチングさせて問題点を把握していくことになると思われます。将来的には電子データを活用した税務調査への対応へと大きくシフトしていくのではないかと考えられます。

(4) 課税・徴収事務の効率化・高度化等（オンラインツール等の活用）

税務調査に当たっては、令和２年７月から、納税者の理解を得て、税務調査の効率化を進める観点から、大規模法人を対象にWeb会議システムなどを利用したリモート調査を実施しています。また、令和４年10月からは、一部の大規模法人を対象に、国税庁の機器・通信環境を利用したリモート調査を試行的に実施しています。

このようにWeb会議システムを用いたリモート調査や、e-Taxやオン

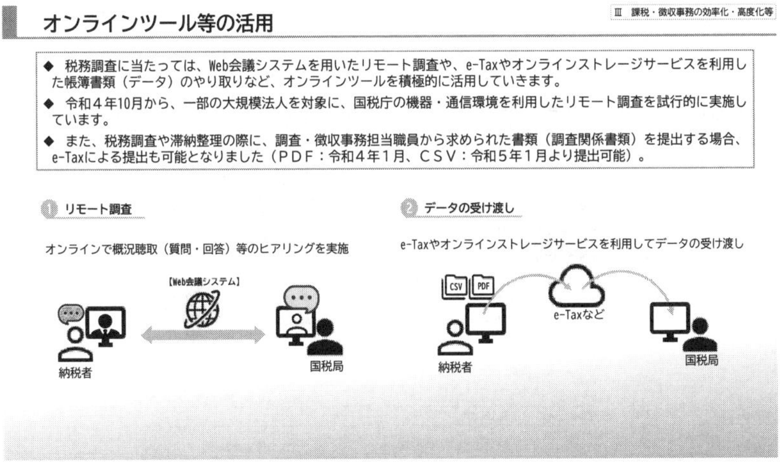

出典：国税庁　税務行政のデジタル・トランスフォーメーション－税務行政の将来像 2023－（令和５年６月23日）22頁

ラインストレージサービスを利用した帳簿書類（データ）のやり取りなどのオンラインツールを積極的に活用していくこととしています。

(5) 事業者の業務のデジタル化

税務手続のデジタル化と併せて、経済取引や業務もデジタル化することにより、事業者が日頃行う事務処理の一貫したデジタル処理が可能となり、単純誤りの防止による正確性の向上や事務の効率化による生産性の向上等といったメリットを享受できるものと考えられます。

これまで税務当局は、事業者の業務全体の中で最下流の申告・納税のフェーズを中心にデジタル化を進めてきましたが、事務処理の一環したデジタル処理を目指していくためには、より上流となる受発注・納品・請求、支払い、入金のフェーズのデジタル化を合わせて進めていく必要があります。例えば、納税者と取引先との間の受発注・納品・請求について、見積書、注文書、納品書、請求書、領収書などの書類がやり取りされますが、それらの業務をデジタル化することにより業務の効率化や正確性が向上し、生産性の向上につながります。

さらには後工程の入金消込業務までシームレスにデータ連携することで、取引全体のデジタル化が促進されることになります。

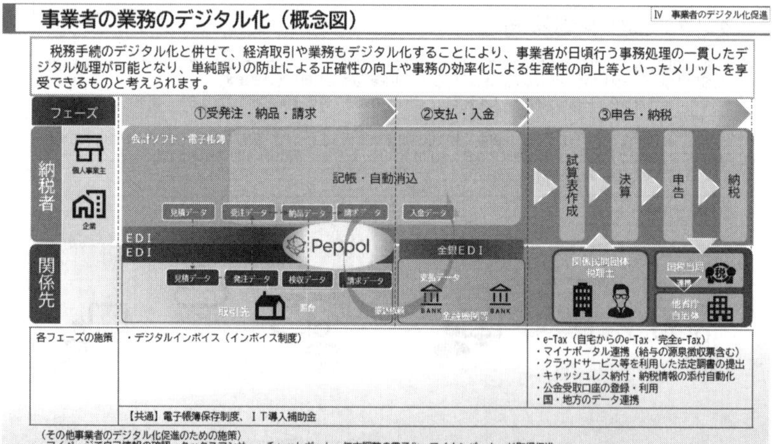

出典：国税庁　税務行政のデジタル・トランスフォーメーション－税務行政の将来像 2023－（令和 5 年 6 月 23 日）27 頁

これらのデジタル化を進めるツールとして電子帳簿保存制度やデジタルインボイスをどのように活用して行くかが重要なカギになります。

(6) システムの高度化

国税庁では、令和８年度に向けて基幹システムの刷新を行っています。

書面中心からデータ中心の事務処理に順次移行している他、税目別・事務系統別の縦割りに分断されていたシステムについて、データベース・アプリケーションの統合を図っています。また、メインフレームからの脱却を図るため、オープンなシステムへ刷新することとしています。

システム刷新後は、より高度なデータ分析が可能となり、申告漏れの可能性の高い納税者の判定にも役立つと考えられます。

(7) データ活用推進のための人材確保、人材育成

データ分析を行うことができる人材育成のため、データリテラシーレベルに応じた研修体系を整備し、求められる知識と技術のレベルに応じた研修により人材育成を行っています。

また、令和５年度から国税専門官採用試験に「理工・デジタル系」の試験区分を新設し、これを通じて採用した人材も含めて、データ活用のための人材を研修等を通じて育成することとしています。

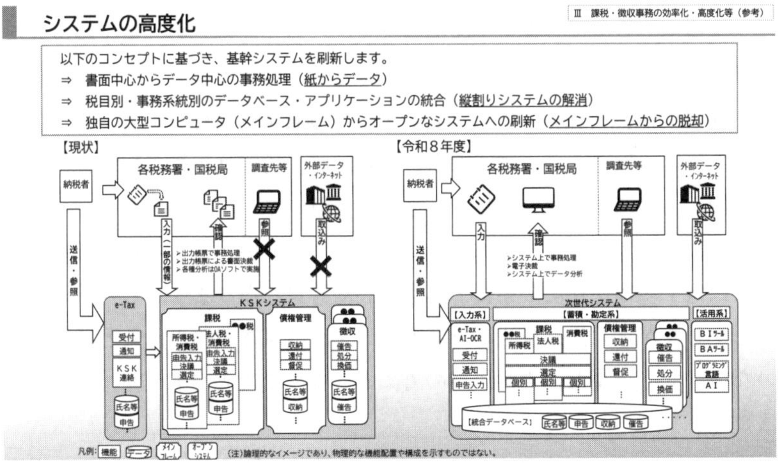

出典：国税庁　税務行政のデジタル・トランスフォーメーション－税務行政の将来像 2023－（令和５年６月23日）38頁

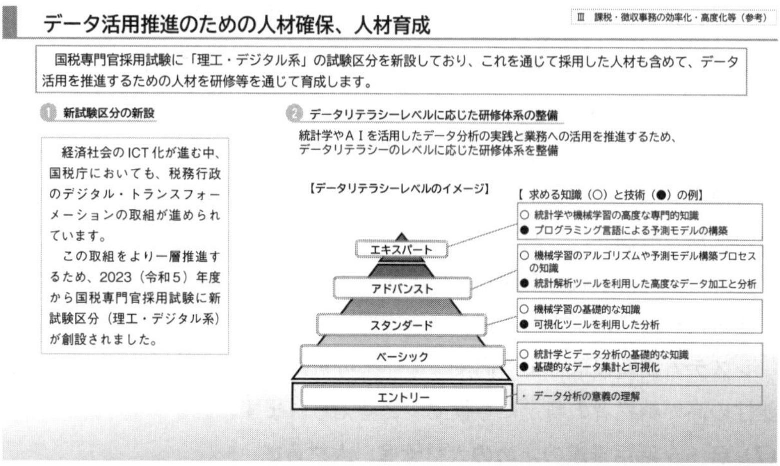

出典：国税庁　税務行政のデジタル・トランスフォーメーション－税務行政の将来像 2023 －（令和 5 年 6 月 23 日）39 頁を一部修正

(8) 電子帳簿等保存制度

税務行政の将来像 2023 においては、電子帳簿等保存制度については、経理のデジタル化を通じた生産性の向上等につながるものであるほか、税務手続の電子化を進める上でもその基盤を成す重要な制度として位置付け、国税庁では、優良な電子帳簿の普及・一般化をはじめ、電子帳簿等保存制度の利用促進・定着を推進することとしています。

(9) 電磁的記録で保存した帳簿書類と質問検査権の関係

法人税等の保存義務、電子取引の保存義務、質問検査権の帳簿書類その他の物件との関係について見ていきたいと思います。

法人税等の保存義務対象書類について、電子取引として授受を行った場合には電子帳簿保存法 7 条により保存義務対象となります。

しかしながら、法人税法等では電磁的記録は保存義務の対象とはされていないので、国税関係書類以外の書類とみなすこととされています（電帳法 8 ②）。

国税通則法の質問検査権の規定では、「調査対象者の事業に関する帳簿書類その他の物件」を調査することができることとされています（通法 74

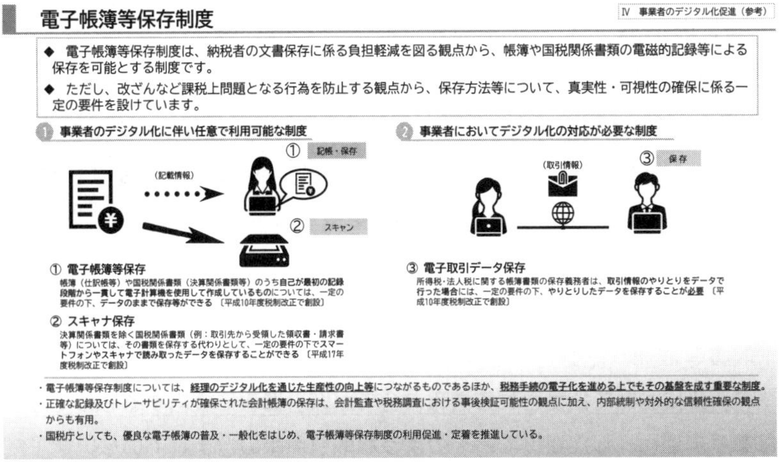

電子帳簿等保存制度
Ⅳ　事業者のデジタル化促進（参考）
◆　電子帳簿等保存制度は、納税者の文書保存に係る負担軽減を図る観点から、帳簿や国税関係書類の電磁的記録等による保存を可能とする制度です。
◆　ただし、改ざんなど課税上問題となる行為を防止する観点から、保存方法等について、真実性・可視性の確保に係る一定の要件を設けています。
1 事業者のデジタル化に伴い任意で利用可能な制度
2 事業者においてデジタル化の対応が必要な制度
① 記帳・保存
（記載情報）
② スキャン
（取引情報）
③ 保存
① 電子帳簿等保存
帳簿（仕訳帳等）や国税関係書類（決算関係書類等）のうち自己が最初の記録段階から一貫して電子計算機を使用して作成しているものについては、一定の要件の下、データのままで保存等ができる〔平成10年度税制改正で創設〕
② スキャナ保存
決算関係書類を除く国税関係書類（例：取引先から受領した領収書・請求書等）については、その書類を保存する代わりとして、一定の要件の下でスマートフォンやスキャナで読み取ったデータを保存することができる〔平成17年度税制改正で創設〕
③ 電子取引データ保存
所得税・法人税に関する帳簿書類の保存義務者は、取引情報のやりとりをデータで行った場合には、一定の要件の下、やりとりしたデータを保存することが必要〔平成10年度税制改正で創設〕
・電子帳簿等保存制度については、経理のデジタル化を通じた生産性の向上等につながるものであるほか、税務手続の電子化を進める上でもその基盤を成す重要な制度。
・正確な記録及びトレーサビリティが確保された会計帳簿の保存は、会計監査や税務調査における事後検証可能性の観点に加え、内部統制や対外的な信頼性確保の観点からも有用。
・国税庁としても、優良な電子帳簿の普及・一般化をはじめ、電子帳簿等保存制度の利用促進・定着を推進している。

出典：国税庁　税務行政のデジタル・トランスフォーメーション－税務行政の将来像2023－（令和5年6月23日）40頁

の2)。この「帳簿書類」には電磁的記録も含むと定義されています（通法34の6③)。

質問検査権が対象とする「帳簿書類その他の物件」には保存義務対象となっていない、調査の目的を達成するために必要と認められるものも含まれます。

質問検査権の規定上特段の定めがない実施の細目については、「質問検査の必要性と相手方の私的利益を衡量し、社会通念上相当な程度にとどまる限り、権限ある税務職員の合理的な選択に委ねられる。」との最高裁判例（最高裁第三小法廷昭和48年7月10日決定）があります。

(10) 電子メールの保存義務対象と税務調査の対象となる電子メール

授受した電子メール全てが電子帳簿保存法7条の保存対象というわけではありません。あくまでも「取引情報」に該当するものになります。

税務調査では保存義務対象外の電磁的記録も調査担当者が調査について必要があるときは帳簿書類等の提示・提出を求め、これを検査することができます。

調査担当者は、提示・提出が必要とされる趣旨を説明し、理解を得られるよう努めることとしています。

関連 Q&A

（保存対象の電子取引）

問　電子取引には、電子メールにより取引情報を授受する取引（添付ファイルによる場合を含む。）が該当するとのことですが、全ての電子メールを保存しなければなりませんか。

答

この取引情報とは、取引に関して受領し、又は交付する注文書、領収書等に通常記載される事項をいう（電帳法２五）ことから、電子メールにおいて授受される情報の全てが取引情報に該当するものではありません。したがって、そのような取引情報の含まれていない電子メールを保存する必要はありません。

具体的には、電子メール本文に取引情報が記載されている場合は当該電子メールを保存する必要がありますが、電子メールの添付ファイルにより授受された取引情報（領収書等）については当該添付ファイルのみを保存しておけばよいことになります。

出所：国税庁　電子帳簿保存法一問一答（電子取引関係）問 5

（税務調査時の電磁的記録の提示方法）

問　提示・提出を求められた帳簿書類等の物件が電磁的記録である場合には、どのような方法で提示・提出すればよいのでしょうか。

答

帳簿書類等の物件が電磁的記録である場合には、提示については、その内容をディスプレイの画面上で調査担当者が確認し得る状態にしてお示しいただくこととなります。

一方、提出については、通常は、電磁的記録を調査担当者が確認し得る状態でプリントアウトしたものをお渡しいただくこととなります。また、電磁的記録そのものを提出いただく必要がある場合には、調査担当者が持参した電磁的記録媒体への記録の保存（コピー）をお願いする場合もありますので、ご協力をお願いします。

(注)　提出いただいた電磁的記録については、調査終了後、確実に廃棄（消去）することとしています。

出所：国税庁　税務調査手続に関するFAQ（一般納税者向け）問5

（私物である帳簿書類等の提示等）

問　法人税の調査の過程で帳簿書類等の提示・提出を求められることがありますが、対象となる帳簿書類等が私物である場合には求めを断ることができますか。

答

法令上、調査担当者は、調査について必要があるときは、帳簿書類等の提示・提出を求め、これを検査することができるものとされています。

この場合に、例えば、法人税の調査において、その法人の代表者名義の個人預金について事業関連性が疑われる場合にその通帳の提示・提出を求めることは、法令上認められた質問検査等の範囲に含まれるものと考えられます。

調査担当者は、その帳簿書類等の提示・提出が必要とされる趣旨を説明し、ご理解を得られるよう努めることとしていますので、調査へのご協力をお願いします。

出所：国税庁　税務調査手続に関するFAQ（一般納税者向け）問7

2 電子的に作成された文書の印紙税の扱い

電磁的記録により作成された文書については印紙税は課税されません。

課税文書の「作成」とは、課税文書となるべき用紙等に課税事項を記載し、これを当該文書の目的に従って行使することをいいます。

現物の交付がなされない以上電磁的記録に変換した媒体を電子メールで送信したとしても、印紙税の課税原因は発生しません。

「今後ともペーパーレス化の普及状況やその技術の進展状況等を注視するとともに、課税の適正化及び公平化を図る観点等から何らかの対応が必要かどうか、文書課税たる印紙税の性格を踏まえつつ、必要に応じて検討してまいりたい。」との政府見解があります。

経済産業省の令和6年度税制改正要望（平成22年度以来継続要望）では、「印紙税は経済取引における契約書や領収書等に対して課せられる文書課税であるが、近年の電子取引の増大等を踏まえ、制度の根幹からあり方を検討し見直す。」という要望が出ています。今後も制度論として議論の対象とされることも考えられます。

参考　印紙税に関する質問主意書に対する答弁書（平成17年3月15日）

質問　電子商取引でもインターネット上で契約書などが交わされることがあるが、添付ファイルなどの形で交わされる電子文書については印紙税の課税対象外となっている。同じ契約書などであるにもかかわらず、文書か電子文書かで印紙税の課税・非課税を判断することは不公平極まりなく、税の基本原則に反していると言わざるを得ない。

電子商取引によって発生する電子文書による契約書などの捕捉が技術的に困難なのであれば、税の基本原則に合うように、印紙税そのものを見直す必要があると考えるが、政府の見解を示されたい。

答弁　事務処理の機械化や電子商取引の進展等により、これまで専ら文書により作成されてきたものが電磁的記録により作成されるいわゆるペーパーレス化が進展しつつあるが、文書課税である印紙税においては、電磁的記録により作成されたものについて課税されないこととなるのは御指摘のとおりである。

しかし、印紙税は、経済取引に伴い作成される文書の背後には経済的利益があると推定されること及び文書を作成することによって取引事実が明確化し法律関係が安定化することに着目して広範な文書に軽度の負担を求める文書課税であるところ、電磁的記録については、一般にその改ざん及びその改ざんの痕跡の消去が文書に比べ容易なことが多いという特性を有しており、現時点においては、電磁的記録が一律に文書と同等程度に法律関係の安定化に寄与し得る状況にあるとは考えていない。

電子商取引の進展等によるペーパーレス化と印紙税の問題については、印紙税の基本にかかわる問題であることから、今後ともペーパーレス化の普及状況やその技術の進展状況等を注視するとともに、課税の適正化及び公平化を図る観点等から何らかの対応が必要かどうか、文書課税たる印紙税の性格を踏まえつつ、必要に応じて検討してまいりたい。

参考　請負契約に係る注文請書を電磁的記録に変換して電子メールで送信した場合の印紙税の課税関係について

(平成 20 年 10 月 24 日福岡国税局文書回答事例)

印紙税法上の「契約書」とは、印紙税法別表第一の「課税物件表の適用に関する通則」の 5 において、「契約の成立若しくは更改又は契約の内容の変更若しくは補充の事実を証すべき文書をいい、念書、請書その他契約の当事者の一方のみが作成する文書又は契約の当事者の全部若しくは一部の署名を欠く文書で、当事者間の了解又は商慣習に基づき契約の成立等を証することとされているものを含むものとする。」と規定されている。

また、印紙税法に規定する課税文書の「作成」とは、印紙税法基本通達第 44 条により「単なる課税文書の調製行為をいうのでなく、課税文書となるべき用紙等に課税事項を記載し、これを当該文書の目的に従って行使することをいう」ものとされ、課税文書の「作成の時」とは、相手方に交付する目的で作成される課税文書については、当該交付の時であるとされている。

上記規定に鑑みれば、本注文請書は、申込みに対する応諾文書であり、契約の成立を証するために作成されるものである。しかしながら、注文請書の調製行為を行ったとしても、注文請書の現物の交付がなされない以上、たとえ注文請書を電磁的記録に変換した媒体を電子メールで送信したとしても、ファクシミリ通信により送信したものと同様に、課税文書を作成したことにはならないから、印紙税の課税原因は発生しないものと考える。

ただし、電子メールで送信した後に本注文請書の現物を別途持参するなどの方法により相手方に交付した場合には、課税文書の作成に該当し、現物の注文請書に印紙税が課されるものと考える。

「令和6年度税制改正要望事項（経済産業省 経済産業政策局 企業行動課）」

○制度名　印紙税のあり方の検討

○要望の内容

印紙税は経済取引における契約書や領収書等に対して課せられる文書課税であるが、近年の電子取引の増大等を踏まえ、制度の根幹からあり方を検討し見直す。

○新設・拡充又は延長を必要とする理由

(1)　政策目的

経済取引に伴う事務的負担及び税負担を公平かつ簡素にすることにより、国内経済の活性化を実現する。

(2)　施策の必要性

①　印紙税が創設された明治6年以降、経済実態の変化に伴い、金銭等の受取書については、中小企業の取引実務にも配慮して免税点（5万円未満）が設けられている。他方、経済取引の数は莫大に増えており、印紙税に係る事務コストや税負担が、中小零細企業を始め、企業にとって無視できないコストとなっているとの指摘がある。

②　また、電子取引などに対して印紙税は課税されないなど、取引手段の選択によって課税の公平性が阻害されているとの指摘もある。

③　特に、小売・物販業等においては、近年、カード決済が増大してきており、印紙税が取引実態の変化に対応できていないとの指摘も強い。

上記の視点を踏まえ、制度の根底から、そのあり方を早急に検討することが必要である。

巻末資料

1　電子帳簿保存法　248
2　電子帳簿保存法施行規則　256
3　電子帳簿保存法に関する告示　273

1　電子帳簿保存法

(趣旨)

第１条　この法律は、情報化社会に対応し、国税の納税義務の適正な履行を確保しつつ納税者等の国税関係帳簿書類の保存に係る負担を軽減する等のため、電子計算機を使用して作成する国税関係帳簿書類の保存方法等について、所得税法（昭和40年法律第33号）、法人税法（昭和40年法律第34号）その他の国税に関する法律の特例を定めるものとする。

(定義)

第２条　この法律において、次の各号に掲げる用語の意義は、当該各号に定めるところによる。

一　国税　国税通則法（昭和37年法律第66号）第2条第1号（定義）に規定する国税をいう。

二　国税関係帳簿書類　国税関係帳簿（国税に関する法律の規定により備付け及び保存をしなければならないこととされている帳簿（輸入品に対する内国消費税の徴収等に関する法律（昭和30年法律第37号）第16条第11項（保税工場等において保税作業をする場合等の内国消費税の特例）に規定する帳簿を除く。）をいう。以下同じ。）又は国税関係書類（国税に関する法律の規定により保存をしなければならないこととされている書類をいう。以下同じ。）をいう。

三　電磁的記録　電子的方式、磁気的方式その他の人の知覚によっては認識することができない方式（第5号において「電磁的方式」という。）で作られる記録であって、電子計算機による情報処理の用に供されるものをいう。

四　保存義務者　国税に関する法律の規定により国税関係帳簿書類の保存をしなければならないこととされている者をいう。

五　電子取引　取引情報（取引に関して受領し、又は交付する注文書、契約書、送り状、領収書、見積書その他これらに準ずる書類に通常記載される事項をいう。以下同じ。）の授受を電磁的方式により行う取引をいう。

六　電子計算機出力マイクロフィルム　電子計算機を用いて電磁的記録を出力することにより作成するマイクロフィルムをいう。

(他の国税に関する法律との関係)

第３条　国税関係帳簿書類の備付け又は保存及び国税関係書類以外の書類の保存については、他の国税に関する法律に定めるもののほか、この法律の定めるところによる。

帳　簿

書　類

スキャナ保存

（国税関係帳簿書類の電磁的記録による保存等）

第４条　保存義務者は、国税関係帳簿（財務省令で定めるものを除く。以下この項、次条第１項及び第３項並びに第８条第１項及び第４項において同じ。）の全部又は一部について、自己が最初の記録段階から一貫して電子計算機を使用して作成する場合には、財務省令で定めるところにより、当該国税関係帳簿に係る電磁的記録の備付け及び保存をもって当該国税関係帳簿の備付け及び保存に代えることができる。

2　保存義務者は、国税関係書類の全部又は一部について、自己が一貫して電子計算機を使用して作成する場合には、財務省令で定めるところにより、当該国税関係書類に係る電磁的記録の保存をもって当該国税関係書類の保存に代えることができる。

3　前項に規定するもののほか、保存義務者は、国税関係書類（財務省令で定めるものを除く。以下この項において同じ。）の全部又は一部について、当該国税関係書類に記載されている事項を財務省令で定める装置により電磁的記録に記録する場合には、財務省令で定めるところにより、当該国税関係書類に係る電磁的記録の保存をもって当該国税関係書類の保存に代えることができる。この場合において、当該国税関係書類に係る電磁的記録の保存が当該財務省令で定めるところに従って行われていないとき（当該国税関係書類の保存が行われている場合を除く。）は、当該保存義務者は、当該電磁的記録を保存すべき期間その他の財務省令で定める要件を満たして当該電磁的記録を保存しなければならない。

（国税関係帳簿書類の電子計算機出力マイクロフィルムによる保存等）

第５条　保存義務者は、国税関係帳簿の全部又は一部について、自己が最初の記録段階から一貫して電子計算機を使用して作成する場合には、財務省令で定めるところにより、当該国税関係帳簿に係る電磁的記録の備付け及び当該電磁的記録の電子計算機出力マイクロフィルムによる保存をもって当該国税関係帳簿の備付け及び保存に代えることができる。

2　保存義務者は、国税関係書類の全部又は一部について、自己が一貫して電子計算機を使用して作成する場合には、財務省令で定めるところにより、当該国税関係書類に係る電磁的記録の電子計算機出力マイクロフィルムによる保存をもって当該国税関係書類の保存に代えることができる。

3　前条第１項の規定により国税関係帳簿に係る電磁的記録の備付け及び保存をもって当該国税関係帳簿の備付け及び保存に代えている保存義務者又は同条第２項の規定により国税関係書類

に係る電磁的記録の保存をもって当該国税関係書類の保存に代えている保存義務者は、財務省令で定める場合には、当該国税関係帳簿又は当該国税関係書類の全部又は一部について、財務省令で定めるところにより、当該国税関係帳簿又は当該国税関係書類に係る電磁的記録の電子計算機出力マイクロフィルムによる保存をもって当該国税関係帳簿又は当該国税関係書類に係る電磁的記録の保存に代えることができる。

（民間事業者等が行う書面の保存等における情報通信の技術の利用に関する法律の適用除外）

第6条　国税関係帳簿書類については、民間事業者等が行う書面の保存等における情報通信の技術の利用に関する法律（平成16年法律第149号）第3条（電磁的記録による保存）及び第4条（電磁的記録による作成）の規定は、適用しない。

（電子取引の取引情報に係る電磁的記録の保存）

電子取引

第7条　所得税（源泉徴収に係る所得税を除く。）及び法人税に係る保存義務者は、電子取引を行った場合には、財務省令で定めるところにより、当該電子取引の取引情報に係る電磁的記録を保存しなければならない。

（他の国税に関する法律の規定の適用）

［帳簿書類みなす］

第8条　第4条第1項、第2項若しくは第3項前段又は第5条各項のいずれかに規定する財務省令で定めるところに従って備付け及び保存が行われている国税関係帳簿又は保存が行われている国税関係書類に係る電磁的記録又は電子計算機出力マイクロフィルムに対する他の国税に関する法律の規定の適用については、当該電磁的記録又は電子計算機出力マイクロフィルムを当該国税関係帳簿又は当該国税関係書類とみなす。

［電子取引みなす］

2　前条に規定する財務省令で定めるところに従って保存が行われている電磁的記録に対する他の国税に関する法律の規定の適用については、当該電磁的記録を国税関係書類以外の書類とみなす。

［青色承認等］

3　前条及び前2項の規定の適用がある場合には、次に定めるところによる。

一　所得税法第145条第1号（青色申告の承認申請の却下）（同法第166条（申告、納付及び還付）において準用する場合を含む。）及び法人税法第64条の9第3項第3号ロ（通算承認）の規定の適用については、所得税法第145条第1号及び法人税法第64条の9第3項第3号ロ中「帳簿書類）」とあるのは、「帳簿書類）又は電子計算機を使用して作成する国税関係帳簿書類の保存方法等の特例に関する法律（平成10

年法律第25号）第4条第1項、第2項若しくは第3項前段（国税関係帳簿書類の電磁的記録による保存等）、第5条各項（国税関係帳簿書類の電子計算機出力マイクロフィルムによる保存等）若しくは第7条（電子取引の取引情報に係る電磁的記録の保存）のいずれか」とする。

二　所得税法第150条第1項第1号（青色申告の承認の取消し）（同法第166条において準用する場合を含む。）及び法人税法第123条第1号（青色申告の承認申請の却下）（同法第146条第1項（青色申告）において準用する場合を含む。）の規定の適用については、所得税法第150条第1項第1号及び法人税法第123条第1号中「帳簿書類）」とあるのは、「帳簿書類）又は電子計算機を使用して作成する国税関係帳簿書類の保存方法等の特例に関する法律第4条第1項、第2項若しくは第3項前段（国税関係帳簿書類の電磁的記録による保存等）、第5条各項（国税関係帳簿書類の電子計算機出力マイクロフィルムによる保存等）若しくは第7条（電子取引の取引情報に係る電磁的記録の保存）のいずれか」とする。

三　法人税法第127条第1項第1号（青色申告の承認の取消し）（同法第146条第1項において準用する場合を含む。）の規定の適用については、同号中「前条第1項」とあるのは、「前条第1項又は電子計算機を使用して作成する国税関係帳簿書類の保存方法等の特例に関する法律第4条第1項、第2項若しくは第3項前段（国税関係帳簿書類の電磁的記録による保存等）、第5条各項（国税関係帳簿書類の電子計算機出力マイクロフィルムによる保存等）若しくは第7条（電子取引の取引情報に係る電磁的記録の保存）のいずれか」とする。

［過少申告加算税軽減］ ［優良帳簿］

4　次に掲げる国税関係帳簿であって財務省令で定めるものに係る電磁的記録の備付け及び保存又は当該電磁的記録の備付け及び当該電磁的記録の電子計算機出力マイクロフィルムによる保存が、国税の納税義務の適正な履行に資するものとして財務省令で定める要件を満たしている場合における当該電磁的記録又は当該電子計算機出力マイクロフィルム（政令で定める日以後引き続き当該要件を満たしてこれらの備付け及び保存が行われているものに限る。以下この項において同じ。）に記録された事項に関し国税通則法第19条第3項（修正申告）に規定する修正申告書（次項において「修正申告書」という。）の提出又は同法第24条（更正）若しくは第26条（再更正）の規定による更正（次項において「更正」という。）（以下この項において「修正申告等」という。）があった場合において、同法第65条（過少申告加算税）の規定の適用があるときは、同条の過少申告加算税の額は、同条の規定にかかわらず、同条の規定により計算した金額から当該過少申告加算税の額の計算の基礎となるべき税額（その税額の計算の基礎となるべき事実で当該修正申告等の基因となる当該電磁的記録又は当該電子計算機出力マイクロフィルムに記録された事項に係るもの以外のもの（以下この項において「電磁的記録等に記録された事項に係るもの以外の事実」という。）があるときは、当該電磁的記録等に記録された事項に係るもの以外の事実に基づく税額として政令で定めるところにより計算した金額を控除した税額）に100分の5の割合を乗じて計算した金額を控除した金額とする。ただし、その税額の計算の基礎となるべき事実で隠蔽し、又は仮装されたものがあるときは、この限りでない。

一　第4条第1項の規定により国税関係帳簿に係る電磁的記録の備付け及び保存をもって当該国税関係帳簿の備付け及び保存に代えている保存義務者の当該国税関係帳簿

二　第5条第1項又は第3項の規定により国税関係帳簿に係る電磁的記録の備付け及び当該電磁的記録の電子計算機出力マイクロフィルムによる保存をもって当該国税関係帳簿の備付け及び保存に代えている保存義務者の当該国税関係帳簿

［重加算税加重］

5　第4条第3項前段に規定する財務省令で定めるところに従って保存が行われている同項に規定する国税関係書類に係る電磁的記録若しくは同項後段の規定により保存が行われている当該電磁的記録又は前条の保存義務者により行われた電子取引の取引情報に係る電磁的記録に記録された事項に関し国税通則法第18条第2項（期限後申告）に規定する期限後申告書若しくは修正申告書の提出、更正若しくは同法第25条（決定）の規定による決定又は納税の告知（同法第36条第1項（第2号に係る部分に限る。）（納税の告知）の規定による納税の告知をいう。以下この項において同じ。）若しくは納税の告知を受けることなくされた納付（以下この項において「期限後申告等」という。）があった場合において、同法第68条第1項から第3項まで（重加算税）の規定に該当するときは、同条第1項から第3項までの重加算税の額は、これらの規定にかかわらず、これらの規定により計算した金額に、これらの規定に規定する基礎となるべき税額（その税額の計算の基礎となるべき事実で当該期限後申告等の基因となるこれらの電磁的記録に記録された事項に係るもの（隠蔽し、又は仮装された事実に係るものに限る。以下この項において「電磁的記録に記録された事項に係る事実」という。）以外のものがあるときは、当該電磁的記録に記録された事項に係る事実に基づく税額として政令で定めるところにより計算した金額に限る。）に100分の10の割合を乗じて計算した金額を加算した金額とする。

6　前2項に定めるもののほか、これらの規定の適用に関し必要な事項は、政令で定める。

附　則

（施行期日）

第１条　この法律は、令和３年４月１日から施行する。ただし、次の各号に掲げる規定は、当該各号に定める日から施行する。

一～四　省　略

五　次に掲げる規定　令和４年１月１日

イ～ト　省　略

チ　第12条の規定及び附則第82条の規定

リ・ヌ　省　略

六～十八　……………

※附則第82条の規定は、令和４年１月１日施行

（注）　第８条第３項は、「所得税法等の一部を改正する法律」（令和２年法律第８号）第21条による改正後の条文（令和４年４月１日施行）となっています。

経過措置

（電子計算機を使用して作成する国税関係帳簿書類の保存方法等の特例に関する法律の一部改正に伴う経過措置）

［帳　簿］

第82条　第12条の規定による改正後の電子計算機を使用して作成する国税関係帳簿書類の保存方法等の特例に関する法律（以下この条において「新電子帳簿保存法」という。）第４条第１項及び第５条第１項の規定は、令和４年１月１日以後に備付けを開始する新電子帳簿保存法第４条第１項に規定する国税関係帳簿（特定国税関係帳簿を除く。）について適用し、同日前に備付けを開始した国税関係帳簿（特定国税関係帳簿を含む。）については、なお従前の例による。

［書　類］

2　新電子帳簿保存法第４条第２項及び第５条第２項の規定は、令和４年１月１日以後に保存が行われる国税関係書類（特定国税関係書類を除く。）について適用し、同日前に保存が行われた国税関係書類（特定国税関係書類を含む。）については、なお従前の例による。

［スキャナ保存］

3　新電子帳簿保存法第４条第３項の規定は、令和４年１月１日以後に保存が行われる同項に規定する国税関係書類（特例特定国税関係書類を除く。）について適用し、同日前に保存が行われた第12条の規定による改正前の電子計算機を使用して作成する国税関係帳簿書類の保存方法等の特例に関する法律（以下この条において「旧電子帳簿保存法」という。）第４条第３項に規定する国税関係書類（特例特定国税関係書類を含む。）については、なお従前の例による。

［マイクロフィルム］

4　新電子帳簿保存法第５条第３項の規定は、令和４年１月１日以後に保存が行われる同項の国税関係帳簿又は国税関係書類に係る電磁的記録（特定電磁的記録を除く。）について適用し、同

日前に保存が行われた国税関係帳簿書類に係る電磁的記録（特定電磁的記録を含む。）については、なお従前の例による。

［経過措置の用語の意義］
5　前各項において、次の各号に掲げる用語の意義は、当該各号に定めるところによる。
一　特定国税関係帳簿　附則第1条第5号チに掲げる規定の施行の際現に旧電子帳簿保存法第4条第1項又は第5条第1項のいずれかの承認を受けている
国税関係帳簿
二　特定国税関係書類　附則第1条第5号チに掲げる規定の施行の際現に旧電子帳簿保存法第4条第2項又は第5条第2項のいずれかの承認を受けている国税関係書類
三　特例特定国税関係書類　附則第1条第5号チに掲げる規定の施行の際現に旧電子帳簿保存法第4条第3項の承認を受けている同項に規定する国税関係書類
四　特定電磁的記録　附則第1条第5号チに掲げる規定の施行の際現に旧電子帳簿保存法第5条第3項の承認を受けている国税関係帳簿書類に係る電磁的記録

［電子取引］
6　新電子帳簿保存法第7条の規定は、令和4年1月1日以後に行う電子取引の取引情報について適用し、同日前に行った電子取引の取引情報については、なお従前の例による。

［優良な電子帳簿］
7　新電子帳簿保存法第8条第4項の規定は、令和4年1月1日以後に国税通則法第2条第7号に規定する法定申告期限（国税に関する法律の規定により当該法定申告期限とみなされる期限を含み、同法第61条第1項第2号に規定する還付請求申告書については、当該申告書を提出した日とする。次項において「法定申告期限」という。）が到来する国税について適用する。この場合において、旧電子帳簿保存法第4条第1項又は第5条第1項若しくは第3項のいずれかの承認を受けている新電子帳簿保存法第8条第4項に規定する財務省令で定める国税関係帳簿に係る電磁的記録又は電子計算機出力マイクロフィルムは、同項に規定する財務省令で定める要件を満たして備付け及び保存が行われている同項各号に掲げる国税関係帳簿であって財務省令で定めるものに係る電磁的記録又は電子計算機出力マイクロフィルムとみなす。

［重加算税の加重措置］
8　新電子帳簿保存法第8条第5項の規定は、令和4年1月1日以後に法定申告期限（国税通則法第68条第3項又は第4項（同条第3項の重加算税に係る部分に限る。）の重加算税については同法第2条第8号に規定する法定納期限とし、国税に関する法律の規定により当該法定納期限とみなされる期限を含む。）が到来する国税について適用する。この場合において、旧電子帳簿保存法第4条第3項の承認を受けている同項に規定する国税関係書類に係る電磁的記録は、新電子帳簿保存法第4条第3項前

段に規定する財務省令で定めるところに従って保存が行われている同項に規定する国税関係書類に係る電磁的記録と、旧電子帳簿保存法第 10 条の保存義務者により行われた電子取引の取引情報に係る電磁的記録（当該保存義務者が同条ただし書の規定により当該電磁的記録を出力することにより作成した書面又は電子計算機出力マイクロフィルムを保存する場合における当該電磁的記録を除く。）は、新電子帳簿保存法第 7 条の保存義務者により行われた電子取引の取引情報に係る電磁的記録と、それぞれみなす。

2　電子帳簿保存法施行規則

（定義）

第１条　この省令において「国税」、「国税関係帳簿書類」、「電磁的記録」、「保存義務者」、「電子取引」又は「電子計算機出力マイクロフィルム」とは、それぞれ電子計算機を使用して作成する国税関係帳簿書類の保存方法等の特例に関する法律（平成10年法律第25号。以下「法」という。）第２条に規定する国税、国税関係帳簿書類、電磁的記録、保存義務者、電子取引又は電子計算機出力マイクロフィルムをいう。

２　この省令において、次の各号に掲げる用語の意義は、当該各号に定めるところによる。

一　電子計算機処理　電子計算機を使用して行われる情報の入力、蓄積、編集、加工、修正、更新、検索、消去、出力又はこれらに類する処理をいう。

二　納税地等　保存義務者が、国税関係帳簿書類に係る国税の納税者（国税通則法（昭和37年法律第66号）第２条第５号（定義）に規定する納税者をいう。以下この号及び第５条第５項第２号ホにおいて同じ。）である場合には当該国税の納税地をいい、国税関係帳簿書類に係る国税の納税者でない場合には当該国税関係帳簿書類に係る対応業務（国税に関する法律の規定により業務に関して国税関係帳簿書類の保存をしなければならないこととされている場合における当該業務をいう。）を行う事務所、事業所その他これらに準ずるものの所在地をいう。

（国税関係帳簿書類の電磁的記録による保存等）

［正規の簿記］

第２条　法第４条第１項に規定する財務省令で定める国税関係帳簿は、所得税法（昭和40年法律第33号）又は法人税法（昭和40年法律第34号）の規定により備付け及び保存をしなければならないこととされている帳簿であって、資産、負債及び資本に影響を及ぼす一切の取引につき、正規の簿記の原則（同法の規定により備付け及び保存をしなければならないこととされている帳簿にあっては、複式簿記の原則）に従い、整然と、かつ、明瞭に記録されているもの以外のものとする。

［帳簿保存要件］

２　法第４条第１項の規定により国税関係帳簿（同項に規定する国税関係帳簿をいう。第６項第３号を除き、以下同じ。）に係る電磁的記録の備付け及び保存をもって当該国税関係帳簿の備付け及び保存に代えようとする保存義務者は、次に掲げる要件（当該保存義務者が第５条第５項第１号に定める要件に従って当該電磁的記録の備付け及び保存を行っている場合には、第3号に掲げる要件を除く。）に従って当該電磁的記録の備付け及び保存をしなければならない。

［システム開発関係書類］

一　当該国税関係帳簿に係る電磁的記録の備付け及び保存に併せて、次に掲げる書類（当該国税関係帳簿に係る電子計算機処理に当該保存義務者が開発したプログラム（電子計算機に対する指令であって、一の結果を得ることができるように組み合わされたものをいう。以下この項及び第6項第4号において同じ。）以外のプログラムを使用する場合にはイ及びロに掲げる書類を除くものとし、当該国税関係帳簿に係る電子計算機処理を他の者（当該電子計算機処理に当該保存義務者が開発したプログラムを使用する者を除く。）に委託している場合にはハに掲げる書類を除くものとする。）の備付けを行うこと。

イ　当該国税関係帳簿に係る電子計算機処理システム（電子計算機処理に関するシステムをいう。以下同じ。）の概要を記載した書類

ロ　当該国税関係帳簿に係る電子計算機処理システムの開発に際して作成した書類

ハ　当該国税関係帳簿に係る電子計算機処理システムの操作説明書

ニ　当該国税関係帳簿に係る電子計算機処理並びに当該国税関係帳簿に係る電磁的記録の備付け及び保存に関する事務手続を明らかにした書類（当該電子計算機処理を他の者に委託している場合には、その委託に係る契約書並びに当該国税関係帳簿に係る電磁的記録の備付け及び保存に関する事務手続を明らかにした書類）

［見読可能］

二　当該国税関係帳簿に係る電磁的記録の備付け及び保存をする場所に当該電磁的記録の電子計算機処理の用に供することができる電子計算機、プログラム、ディスプレイ及びプリンタ並びにこれらの操作説明書を備え付け、当該電磁的記録をディスプレイの画面及び書面に、整然とした形式及び明瞭な状態で、速やかに出力することができるようにしておくこと。

［ダウンロードの求め］

三　国税に関する法律の規定による当該国税関係帳簿に係る電磁的記録の提示又は提出の要求に応じることができるようにしておくこと。

［書類保存要件］

3　前項の規定は、法第4条第2項の規定により国税関係書類（法第2条第2号に規定する国税関係書類をいう。以下同じ。）に係る電磁的記録の保存をもって当該国税関係書類の保存に代えようとする保存義務者の当該電磁的記録の保存について準用する。この場合において、前項中「第5条第5項第1号に定める要件に従って当該電磁的記録の備付け及び」とあるのは、「当

該電磁的記録の記録事項の検索をすることができる機能（取引年月日その他の日付を検索の条件として設定すること及びその範囲を指定して条件を設定することができるものに限る。）を確保して当該電磁的記録の」と読み替えるものとする。

［スキャナ対象書類］

4　法第4条第3項に規定する財務省令で定める書類は、国税関係書類のうち、棚卸表、貸借対照表及び損益計算書並びに計算、整理又は決算に関して作成されたその他の書類とする。

5　法第4条第3項に規定する財務省令で定める装置は、スキャナとする。

［スキャナ保存要件］

6　法第4条第3項の規定により国税関係書類（同項に規定する国税関係書類に限る。以下この条において同じ。）に係る電磁的記録の保存をもって当該国税関係書類の保存に代えようとする保存義務者は、次に掲げる要件（当該保存義務者が国税に関する法律の規定による当該電磁的記録の提示又は提出の要求に応じることができるようにしている場合には、第5号（ロ及びハに係る部分に限る。）に掲げる要件を除く。）に従って当該電磁的記録の保存をしなければならない。

［入力期間］

一　次に掲げる方法のいずれかにより入力すること。

イ　当該国税関係書類に係る記録事項の入力をその作成又は受領後、速やかに行うこと。

ロ　当該国税関係書類に係る記録事項の入力をその業務の処理に係る通常の期間を経過した後、速やかに行うこと（当該国税関係書類の作成又は受領から当該入力までの各事務の処理に関する規程を定めている場合に限る。）。

二　前号の入力に当たっては、次に掲げる要件（当該保存義務者が同号イ又はロに掲げる方法により当該国税関係書類に係る記録事項を入力したことを確認することができる場合にあっては、ロに掲げる要件を除く。）を満たす電子計算機処理システムを使用すること。

イ　スキャナ（次に掲げる要件を満たすものに限る。）を使用する電子計算機処理システムであること。

［解像度］

(1)　解像度が、日本産業規格（産業標準化法（昭和24年法律第185号）第20条第1項（日本産業規格）に規定する日本産業規格をいう。以下同じ。）Z六〇一六附属書AのA・一・二に規定する一般文書のスキャニング時の解像度である25.4ミリメートル当たり200ドット以上で読み取るものであること。

［色］

(2)　赤色、緑色及び青色の階調がそれぞれ256階調以上で読み取るものであること。

［タイムスタンプ］

ロ　当該国税関係書類の作成又は受領後、速やかに一の入力単位ごとの電磁的記録の記録事項に総務大臣が認定する時刻認証業務（電磁的記録に記録された情報にタイムスタンプを付与する役務を提供する業務をいう。）に係るタイムスタンプ（次に掲げる要件を満たすものに限る。以下この号並びに第４条第１項第１号及び第２号において「タイムスタンプ」という。）を付すこと（当該国税関係書類の作成又は受領から当該タイムスタンプを付すまでの各事務の処理に関する規程を定めている場合にあっては、その業務の処理に係る通常の期間を経過した後、速やかに当該記録事項に当該タイムスタンプを付すこと）。

(1)　当該記録事項が変更されていないことについて、当該国税関係書類の保存期間（国税に関する法律の規定により国税関係書類の保存をしなければならないこととされている期間をいう。）を通じ、当該業務を行う者に対して確認する方法その他の方法により確認することができること。

(2)　課税期間（国税通則法第２条第９号（定義）に規定する課税期間をいう。第５条第２項において同じ。）中の任意の期間を指定し、当該期間内に付したタイムスタンプについて、一括して検証することができること。

［ヴァージョン管理］

ハ　当該国税関係書類に係る電磁的記録の記録事項について、次に掲げる要件のいずれかを満たす電子計算機処理システムであること。

(1)　当該国税関係書類に係る電磁的記録の記録事項について訂正又は削除を行った場合には、これらの事実及び内容を確認することができること。

(2)　当該国税関係書類に係る電磁的記録の記録事項について訂正又は削除を行うことができないこと。

［相互関連性］

三　当該国税関係書類に係る電磁的記録の記録事項と当該国税関係書類に関連する法第２条第２号に規定する国税関係帳簿の記録事項（当該国税関係帳簿が、法第４条第１項の規定により当該国税関係帳簿に係る電磁的記録の備付け及び保存をもって当該国税関係帳簿の備付け及び保存に代えられているもの又は法第５条第１項若しくは第３項の規定により当該電磁的記録の備付け及び当該電磁的記録の電子計算機出力マイクロフィルムによる保存をもって当該国税関係帳簿の備付け及び保存に代えられているものである場合には、当該電磁的記録又は当該電子計算機出力マイクロフィルムの記録事項）との間において、相互にその関連性を確認することができるようにしておくこと。

［見読可能］

四　当該国税関係書類に係る電磁的記録の保存をする場所に当該電磁的記録の電子計算機処理の用に供することができる電子計算機、プログラム、映像面の最大径が35センチメートル以上のカラーディスプレイ及びカラープリンタ並びにこれらの操作説明書を備え付け、当該電磁的記録をカラーディスプレイの画面及び書面に、次のような状態で速やかに出力することができるようにしておくこと。
イ　整然とした形式であること。
ロ　当該国税関係書類と同程度に明瞭であること。
ハ　拡大又は縮小して出力することが可能であること。
ニ　国税庁長官が定めるところにより日本産業規格Z八三〇五に規定する四ポイントの大きさの文字を認識することができること。

［検索機能］
五　当該国税関係書類に係る電磁的記録の記録事項の検索をすることができる機能（次に掲げる要件を満たすものに限る。）を確保しておくこと。
イ　取引年月日その他の日付、取引金額及び取引先（ロ及びハにおいて「記録項目」という。）を検索の条件として設定することができること。
ロ　日付又は金額に係る記録項目については、その範囲を指定して条件を設定することができること。
ハ　二以上の任意の記録項目を組み合わせて条件を設定することができること。

［システム開発関係書類］
六　第2項第1号の規定は、法第4条第3項の規定により国税関係書類に係る電磁的記録の保存をもって当該国税関係書類の保存に代えようとする保存義務者の当該電磁的記録の保存について準用する。

［一般書類］
7　法第4条第3項の規定により国税関係書類に係る電磁的記録の保存をもって当該国税関係書類の保存に代えようとする保存義務者は、当該国税関係書類のうち国税庁長官が定める書類（以下この項及び第9項において「一般書類」という。）に記載されている事項を電磁的記録に記録する場合には、前項第1号及び第3号に掲げる要件にかかわらず、当該電磁的記録の保存に併せて、当該電磁的記録の作成及び保存に関する事務の手続を明らかにした書類（当該事務の責任者が定められているものに限る。）の備付けを行うことにより、当該一般書類に係る電磁的記録の保存をすることができる。この場合において、同項の規定の適用については、同項第2号イ(2)中「赤色、緑色及び青色の階調がそれぞれ」とあるのは「白色から黒色までの階調が」と、同号ロ中「又は受領後、速やかに」とあるのは「若しくは受領後速やかに、又は当該国税関係書類をスキャナで読み取る際に、」と、「、速やかに当該」とあるのは「速やかに、又は当該国税関係書類をスキャナで読み取る際に、当該」と、同項第4号中「カラーディスプレイ」とあるのは「ディスプレイ」と、「カラープリンタ」とあるのは「プリンタ」とする。

［スキャナ保存］［災害宥恕］

8　法第４条第３項の保存義務者が、災害その他やむを得ない事情により、同項前段に規定する財務省令で定めるところに従って同項前段の国税関係書類に係る電磁的記録の保存をすることができなかったことを証明した場合には、前２項の規定にかかわらず、当該電磁的記録の保存をすることができる。ただし、当該事情が生じなかったとした場合において、当該財務省令で定めるところに従って当該電磁的記録の保存をすることができなかったと認められるときは、この限りでない。

［過去分重要書類］

9　法第４条第３項の規定により国税関係書類に係る電磁的記録の保存をもって当該国税関係書類の保存に代えている保存義務者は、当該国税関係書類のうち当該国税関係書類の保存に代える日（第２号において「基準日」という。）前に作成又は受領をした書類（一般書類を除く。以下第11項までにおいて「過去分重要書類」という。）に記載されている事項を電磁的記録に記録する場合において、あらかじめ、その記録する事項に係る過去分重要書類の種類及び次に掲げる事項を記載した届出書（以下この項及び次項において「適用届出書」という。）を納税地等の所轄税務署長（当該過去分重要書類が、酒税法施行令（昭和37年政令第97号）第52条第４項ただし書（記帳義務）、たばこ税法施行令（昭和60年政令第５号）第17条第５項ただし書（記帳義務）、揮発油税法施行令（昭和32年政令第57号）第17条第５項ただし書（記帳義務）、石油ガス税法施行令（昭和41年政令第５号）第21条第４項ただし書（記帳義務）若しくは石油石炭税法施行令（昭和53年政令第132号）第20条第８項ただし書（記帳義務）の書類若しくは輸入の許可書、消費税法施行規則（昭和63年大蔵省令第53号）第27条第６項（帳簿の記載事項等）の書類若しくは輸入の許可があったことを証する書類又は国際観光旅客税法施行令（平成30年政令第161号）第７条ただし書（同条の国外事業者に係る部分に限る。）（記帳義務）に規定する旅客名簿である場合にあっては、納税地等の所轄税関長。次項において「所轄税務署長等」という。）に提出したとき（従前において当該過去分重要書類と同一の種類の書類に係る適用届出書を提出していない場合に限る。）は、第６項第１号に掲げる要件にかかわらず、当該電磁的記録の保存に併せて、当該電磁的記録の作成及び保存に関する事務の手続を明らかにした書類（当該事務の責任者が定められているものに限る。）の備付けを行うことにより、当該過去分重要書類に係る電磁的記録の保存をすることができる。この場合において、同項の規定の適用については、同項第２号ロ中「の作成又は受領後、速やかに」とあるのは「をスキャナで読み取る際に、」と、「こと（当該国税関係書類の作成又は受領から当該タイムスタンプを付すまでの各事務の処理に関する規程を定めている場合にあっては、その業務の処理に係る通常の期間を経過した後、速やかに当該記録事項に当該タイムスタンプを付すこと)」とあるのは「こと」とする。

一　届出者の氏名又は名称、住所若しくは居所又は本店若しくは主たる事務所の所在地及び法人番号（行政手続における特定の個人を識別するための番号の利用等に関する法律（平成25年法律第27号）第2条第15項（定義）に規定する法人番号をいう。以下この号及び第5条第1項から第3項までにおいて同じ。）（法人番号を有しない者にあっては、氏名又は名称及び住所若しくは居所又は本店若しくは主たる事務所の所在地）

二　基準日

三　その他参考となるべき事項

10　前項の保存義務者は、同項の規定の適用を受けようとする過去分重要書類につき、所轄税務署長等のほかに適用届出書の提出に当たり便宜とする税務署長（以下この項において「所轄外税務署長」という。）がある場合において、当該所轄外税務署長がその便宜とする事情について相当の理由があると認めたときは、当該所轄外税務署長を経由して、その便宜とする事情の詳細を記載した適用届出書を当該所轄税務署長等に提出することができる。この場合において、当該適用届出書が所轄外税務署長に受理されたときは、当該適用届出書は、その受理された日に所轄税務署長等に提出されたものとみなす。

［過去分重要書類］
［災害宥恕］

11　第9項の規定により過去分重要書類に係る電磁的記録の保存をする保存義務者が、災害その他やむを得ない事情により、法第4条第3項前段に規定する財務省令で定めるところに従って当該電磁的記録の保存をすることができないこととなったことを証明した場合には、第9項の規定にかかわらず、当該電磁的記録の保存をすることができる。ただし、当該事情が生じなかったとした場合において、当該財務省令で定めるところに従って当該電磁的記録の保存をすることができないこととなったと認められるときは、この限りでない。

［保存要件に従った保存が行われていないスキャナデータ保存］

12　法第4条第3項後段に規定する財務省令で定める要件は、同項後段の国税関係書類に係る電磁的記録について、当該国税関係書類の保存場所に、国税に関する法律の規定により当該国税関係書類の保存をしなければならないこととされている期間、保存が行われることとする。

(国税関係帳簿書類の電子計算機出力マイクロフィルムによる保存等)

第3条　法第5条第1項の規定により国税関係帳簿に係る電磁的記録の備付け及び当該電磁的記録の電子計算機出力マイクロ

フィルムによる保存をもって当該国税関係帳簿の備付け及び保存に代えようとする保存義務者は、前条第2項各号に掲げる要件（当該保存義務者が第5条第5項第2号に定める要件に従って当該電磁的記録の備付け及び当該電磁的記録の電子計算機出力マイクロフィルムによる保存を行っている場合には、前条第2項第3号に掲げる要件を除く。）及び次に掲げる要件に従って当該電磁的記録の備付け及び当該電磁的記録の電子計算機出力マイクロフィルムによる保存をしなければならない。

一　当該電子計算機出力マイクロフィルムの保存に併せて、次に掲げる書類の備付けを行うこと。

　イ　当該電子計算機出力マイクロフィルムの作成及び保存に関する事務手続を明らかにした書類

　ロ　次に掲げる事項が記載された書類

　⑴　保存義務者（保存義務者が法人（法人税法第2条第8号（定義）に規定する人格のない社団等を含む。⑴及び次条第2項において同じ。）である場合には、当該法人の国税関係帳簿の保存に関する事務の責任者である者）の当該国税関係帳簿に係る電磁的記録が真正に出力され、当該電子計算機出力マイクロフィルムが作成された旨を証する記載及びその氏名

　⑵　当該電子計算機出力マイクロフィルムの作成責任者の氏名

　⑶　当該電子計算機出力マイクロフィルムの作成年月日

二　当該電子計算機出力マイクロフィルムの保存をする場所に、日本産業規格B七一八六に規定する基準を満たすマイクロフィルムリーダプリンタ及びその操作説明書を備え付け、当該電子計算機出力マイクロフィルムの内容を当該マイクロフィルムリーダプリンタの画面及び書面に、整然とした形式及び明瞭な状態で、速やかに出力することができるようにしておくこと。

2　前項の規定は、法第5条第2項の規定により国税関係書類に係る電磁的記録の電子計算機出力マイクロフィルムによる保存をもって当該国税関係書類の保存に代えようとする保存義務者の当該電磁的記録の電子計算機出力マイクロフィルムによる保存について準用する。この場合において、前項中「前条第2項各号」とあるのは「前条第2項第1号及び第3号」と、「第5条第5項第2号に定める要件に従って当該電磁的記録の備付け及び」とあるのは「第5条第5項第2号ハからホまでに掲げる要件に従って」と、「及び次に」とあるのは「並びに次に」と読み替えるものとする。

3　法第5条第3項に規定する財務省令で定める場合は、法第4条第1項の規定により国税関係帳簿に係る電磁的記録の備付け

及び保存をもって当該国税関係帳簿の備付け及び保存に代えている保存義務者の当該国税関係帳簿又は同条第２項の規定により国税関係書類に係る電磁的記録の保存をもって当該国税関係書類の保存に代えている保存義務者の当該国税関係書類の全部又は一部について、その保存期間（国税に関する法律の規定により国税関係帳簿又は国税関係書類の保存をしなければならないこととされている期間をいう。）の全期間（電子計算機出力マイクロフィルムによる保存をもってこれらの電磁的記録の保存に代えようとする日以後の期間に限る。）につき電子計算機出力マイクロフィルムによる保存をもってこれらの電磁的記録の保存に代えようとする場合とする。

4　第１項及び第２項の規定は、法第５条第３項の規定により国税関係帳簿又は国税関係書類に係る電磁的記録の電子計算機出力マイクロフィルムによる保存をもって当該国税関係帳簿又は国税関係書類に係る電磁的記録の保存に代えようとする保存義務者の当該国税関係帳簿又は国税関係書類に係る電磁的記録の電子計算機出力マイクロフィルムによる保存について準用する。

（電子取引の取引情報に係る電磁的記録の保存）

電子取引保存要件

第４条　法第７条に規定する保存義務者は、電子取引を行った場合には、当該電子取引の取引情報（法第２条第５号に規定する取引情報をいう。以下この項及び第３項において同じ。）に係る電磁的記録を、当該取引情報の受領が書面により行われたとした場合又は当該取引情報の送付が書面により行われその写しが作成されたとした場合に、国税に関する法律の規定により、当該書面を保存すべきこととなる場所に、当該書面を保存すべきこととなる期間、次に掲げる措置のいずれかを行い、第２条第２項第２号及び第６項第５号並びに同項第６号において準用する同条第２項第１号（同号イに係る部分に限る。）に掲げる要件（当該保存義務者が国税に関する法律の規定による当該電磁的記録の提示又は提出の要求（以下この項において「電磁的記録の提示等の要求という。）に応じることができるようにしている場合には、同条第６項第５号（ロ及びハに係る部分に限る。）に掲げる要件（当該保存義務者が、その判定期間に係る基準期間における売上高が5,000万円以下である事業者である場合又は国税に関する法律の規定による当該電磁的記録を出力することにより作成した書面で整然とした形式及び明瞭な状態で出力され、取引年月日その他の日付及び取引先ごとに整理されたものの提示若しくは提出の要求に応じることができるようにしている場合であって、当該電磁的記録の提示等の要求に応じることができるようにしているときは、同号に掲げる要件）を除く。）に従って保存しなければならない。

［見読可能］
［検索機能］
［システム開発関係書類］
［検索不要要件］

［タイムスタンプ後の授受］
一　当該電磁的記録の記録事項にタイムスタンプが付された後、当該取引情報の授受を行うこと。

［授受後のタイムスタンプ］
二　次に掲げる方法のいずれかにより、当該電磁的記録の記録事項にタイムスタンプを付すこと。
イ　当該電磁的記録の記録事項にタイムスタンプを付すことを当該取引情報の授受後、速やかに行うこと。
ロ　当該電磁的記録の記録事項にタイムスタンプを付すことをその業務の処理に係る通常の期間を経過した後、速やかに行うこと（当該取引情報の授受から当該記録事項にタイムスタンプを付すまでの各事務の処理に関する規程を定めている場合に限る。）。

［訂正削除システム］
三　次に掲げる要件のいずれかを満たす電子計算機処理システムを使用して当該取引情報の授受及び当該電磁的記録の保存を行うこと。
イ　当該電磁的記録の記録事項について訂正又は削除を行った場合には、これらの事実及び内容を確認することができること。
ロ　当該電磁的記録の記録事項について訂正又は削除を行うことができないこと。

［事務処理規程］
四　当該電磁的記録の記録事項について正当な理由がない訂正及び削除の防止に関する事務処理の規程を定め、当該規程に沿った運用を行い、当該電磁的記録の保存に併せて当該規程の備付けを行うこと。

［検索不要要件の用語］
2　前項及びこの項において、次の各号に掲げる用語の意義は、当該各号に定めるところによる。
一　事業者　個人事業者（業務を行う個人をいう。以下この項において同じ。）及び法人をいう。
二　判定期間　次に掲げる事業者の区分に応じそれぞれ次に定める期間をいう。
イ　個人事業者　電子取引を行った日の属する年の１月１日から12月31日までの期間
ロ　法人　電子取引を行った日の属する事業年度（法人税法第13条及び第14条（事業年度）に規定する事業年度をいう。次号において同じ。）
三　基準期間　個人事業者についてはその年の前々年をいい、法人についてはその事業年度の前々事業年度（当該前々事業年度が１年未満である法人については、その事業年度開始の日の２年前の日の前日から同日以後１年を経過する日までの間に開始した各事業年度を合わせた期間）をいう。

［電子取引］
［災害宥恕］
3　法第７条に規定する保存義務者が、電子取引を行った場合において、災害その他やむを得ない事情により、同条に規定する財務省令で定めるところに従って当該電子取引の取引情報に係

猶予措置

る電磁的記録の保存をすることができなかったことを証明したとき、又は納税地等の所轄税務署長が当該財務省令で定めるところに従って当該電磁的記録の保存をすることができなかったことについて相当の理由があると認め、かつ、当該保存義務者が国税に関する法律の規定による当該電磁的記録及び当該電磁的記録を出力することにより作成した書面（整然とした形式及び明瞭な状態で出力されたものに限る。）の提示若しくは提出の要求に応じることができるようにしているときは、第1項の規定にかかわらず、当該電磁的記録の保存をすることができる。ただし、当該事情が生じなかったとした場合又は当該理由がなかったとした場合において、当該財務省令で定めるところに従って当該電磁的記録の保存をすることができなかったと認められるときは、この限りでない。

（他の国税に関する法律の規定の適用）

過少申告加算税軽減対象帳簿

所得税

法人税

消費税

あらかじめ届出

第5条　法第8条第4項に規定する財務省令で定める国税関係帳簿は、同項に規定する修正申告等（以下この項及び次項において「修正申告等」という。）の基因となる事項に係る所得税法施行規則（昭和40年大蔵省令第11号）第58条第1項（取引に関する帳簿及び記載事項）に規定する仕訳帳、総勘定元帳その他必要な帳簿（財務大臣の定める取引に関する事項の記載に係るものに限る。）、法人税法施行規則（昭和40年大蔵省令第12号）第54条（取引に関する帳簿及び記載事項）に規定する仕訳帳、総勘定元帳その他必要な帳簿（手形（融通手形を除く。）上の債権債務に関する事項、売掛金（未収加工料その他売掛金と同様の性質を有するものを含む。）その他債権に関する事項（当座預金の預入れ及び引出しに関する事項を除く。）、買掛金（未払加工料その他買掛金と同様の性質を有するものを含む。）その他債務に関する事項、法人税法第2条第21号（定義）に規定する有価証券（商品であるものを除く。）に関する事項、同条第23号に規定する減価償却資産に関する事項、同条第24号に規定する繰延資産に関する事項、売上げ（加工その他の役務の給付その他売上げと同様の性質を有するものを含む。）その他収入に関する事項及び仕入れその他経費（賃金、給料手当、法定福利費及び厚生費を除く。）に関する事項の記載に係るものに限る。）又は消費税法（昭和63年法律第108号）第30条第7項（仕入れに係る消費税額の控除）、第38条第2項（売上げに係る対価の返還等をした場合の消費税額の控除）、第38条の2第2項（特定課税仕入れに係る対価の返還等を受けた場合の消費税額の控除）及び第58条（帳簿の備付け等）に規定する帳簿（保存義務者が、あらかじめ、これらの帳簿（以下この項及び次項において「特例国税関係帳簿」という。）

に係る電磁的記録又は電子計算機出力マイクロフィルムに記録された事項に関し修正申告等があった場合には法第８条第４項の規定の適用を受ける旨及び次に掲げる事項を記載した届出書を納税地等の所轄税務署長（当該修正申告等の基因となる事項に係る当該特例国税関係帳簿が、消費税法第30条第７項に規定する帳簿（同条第８項第３号に掲げるものに限る。）及び同法第58条に規定する帳簿（同条に規定する課税貨物の同法第２条第１項第２号（定義）に規定する保税地域からの引取りに関する事項の記録に係るものに限る。）である場合にあっては、納税地等の所轄税関長。次項及び第３項において「所轄税務署長等」という。）に提出している場合における当該特例国税関係帳簿に限る。）とする。

一　届出に係る特例国税関係帳簿の種類

二　届出者の氏名又は名称、住所若しくは居所又は本店若しくは主たる事務所の所在地及び法人番号（法人番号を有しない者にあっては、氏名又は名称及び住所若しくは居所又は本店若しくは主たる事務所の所在地）

三　届出に係る特例国税関係帳簿に係る電磁的記録の備付け及び保存又は当該電磁的記録の備付け及び当該電磁的記録の電子計算機出力マイクロフィルムによる保存をもって当該特例国税関係帳簿の備付け及び保存に代える日

四　その他参考となるべき事項

［とりやめ届出］

2　前項の保存義務者は、特例国税関係帳簿に係る電磁的記録又は電子計算機出力マイクロフィルムに記録された事項に関し修正申告等があった場合において法第８条第４項の規定の適用を受けることをやめようとするときは、あらかじめ、その旨及び次に掲げる事項を記載した届出書を所轄税務署長等に提出しなければならない。この場合において、当該届出書の提出があったときは、その提出があった日の属する課税期間以後の課税期間については、前項の届出書は、その効力を失う。

一　届出者の氏名又は名称、住所若しくは居所又は本店若しくは主たる事務所の所在地及び法人番号（法人番号を有しない者にあっては、氏名又は名称及び住所若しくは居所又は本店若しくは主たる事務所の所在地）

二　前項の届出書を提出した年月日

三　その他参考となるべき事項

［変更届出］

3　第１項の保存義務者は、同項の届出書に記載した事項の変更をしようとする場合には、あらかじめ、その旨及び次に掲げる事項を記載した届出書を所轄税務署長等に提出しなければならない。

一　届出者の氏名又は名称、住所若しくは居所又は本店若しくは主たる事務所の所在地及び法人番号（法人番号を有しない

者にあっては、氏名又は名称及び住所若しくは居所又は本店若しくは主たる事務所の所在地）
二　第１項の届出書を提出した年月日
三　変更をしようとする事項及び当該変更の内容
四　その他参考となるべき事項

4　第２条第10項の規定は、前３項の届出書の提出について準用する。

優良帳簿保存要件

5　法第８条第４項に規定する財務省令で定める要件は、次の各号に掲げる保存義務者の区分に応じ当該各号に定める要件とする。

一　法第８条第４項第１号に規定する保存義務者　次に掲げる要件（当該保存義務者が国税に関する法律の規定による当該国税関係帳簿に係る電磁的記録の提示又は提出の要求に応じることができるようにしている場合には、ハ（(2) 及び (3) に係る部分に限る。）に掲げる要件を除く。）

［訂正削除等履歴確保］

イ　当該国税関係帳簿に係る電子計算機処理に、次に掲げる要件を満たす電子計算機処理システムを使用すること。
(1)　当該国税関係帳簿に係る電磁的記録の記録事項について訂正又は削除を行った場合には、これらの事実及び内容を確認することができること。
(2)　当該国税関係帳簿に係る記録事項の入力をその業務の処理に係る通常の期間を経過した後に行った場合には、その事実を確認することができること。

［相互関連性］

ロ　当該国税関係帳簿に係る電磁的記録の記録事項と関連国税関係帳簿（当該国税関係帳簿に関連する第２条国税関係帳簿（法第２条第２号に規定する国税関係帳簿をいう。）をいう。ロにおいて同じ。）の記録事項（当該関連国税関係帳簿が、法第４条第１項の規定により当該関連国税関係帳簿に係る電磁的記録の備付け及び保存をもって当該関連国税関係帳簿の備付け及び保存に代えられているもの又は法第５条第１項若しくは第３項の規定により当該電磁的記録の備付け及び当該電磁的記録の電子計算機出力マイクロフィルムによる保存をもって当該関連国税関係帳簿の備付け及び保存に代えられているものである場合には、当該電磁的記録又は当該電子計算機出力マイクロフィルムの記録事項）との間において、相互にその関連性を確認することができるようにしておくこと。

［検索機能］

ハ　当該国税関係帳簿に係る電磁的記録の記録事項の検索をすることができる機能（次に掲げる要件を満たすものに限る。）を確保しておくこと。
(1)　取引年月日、取引金額及び取引先（(2) 及び (3) において「記録項目」という。）を検索の条件として設定することができること。

(2)　日付又は金額に係る記録項目については、その範囲を指定して条件を設定することができること。

(3)　二以上の任意の記録項目を組み合わせて条件を設定することができること。

［マイクロフィルム要件］

二　法第8条第4項第2号に規定する保存義務者　次に掲げる要件

イ　前号に定める要件

ロ　第3条第1項第1号ロ（1）の電磁的記録に、前号イ（1）及び（2）に規定する事実及び内容に係るものが含まれていること。

ハ　当該電子計算機出力マイクロフィルムの保存に併せて、国税関係帳簿の種類及び取引年月日その他の日付を特定することによりこれらに対応する電子計算機出力マイクロフィルムを探し出すことができる索引簿の備付けを行うこと。

ニ　当該電子計算機出力マイクロフィルムごとの記録事項の索引を当該索引に係る電子計算機出力マイクロフィルムに出力しておくこと。

ホ　当該国税関係帳簿の保存期間（国税に関する法律の規定により国税関係帳簿の保存をしなければならないこととされている期間をいう。）の初日から当該国税関係帳簿に係る国税の国税通則法第2条第7号（定義）に規定する法定申告期限（当該法定申告期限のない国税に係る国税関係帳簿については、当該国税の同条第8号に規定する法定納期限）後3年を経過する日までの間（当該保存義務者が当該国税関係帳簿に係る国税の納税者でない場合には、当該保存義務者が当該納税者であるとした場合における当該期間に相当する期間）、当該電子計算機出力マイクロフィルムの保存に併せて第2条第2項第2号及び前号ハに掲げる要件（当該保存義務者が国税に関する法律の規定による当該国税関係帳簿に係る電磁的記録の提示又は提出の要求に応じることができるようにしている場合には、同号ハ（(2)及び（3）に係る部分に限る。）に掲げる要件を除く。）に従って当該電子計算機出力マイクロフィルムに係る電磁的記録の保存をし、又は当該電子計算機出力マイクロフィルムの記録事項の検索をすることができる機能（同号ハに規定する機能（当該保存義務者が国税に関する法律の規定による当該国税関係帳簿に係る電磁的記録の提示又は提出の要求に応じることができるようにしている場合には、同号ハ（1）に掲げる要件を満たす機能）に相当するものに限る。）を確保しておくこと。

6　法第８条第５項の規定の適用がある場合における国税通則法施行規則（昭和37年大蔵省令第28号）第12条第１項（審査請求に係る書類の提出先）の規定の適用については、同項ただし書中「又は第４項」とあるのは「若しくは第４項」と、「　）の重加算税」とあるのは「　）又は電子計算機を使用して作成する国税関係帳簿書類の保存方法等の特例に関する法律（平成10年法律第25号）第８条第５項（法第68条第３項の重加算税に係る部分に限る。）（他の国税に関する法律の規定の適用）の重加算税」とする。

7　法第８条第５項の規定の適用がある場合における相続税法施行規則（昭和25年大蔵省令第17号）附則第７項（事業が適正に行われていると認められる場合）の規定の適用については、同項第３号中「重加算税）の」とあるのは「重加算税）若しくは電子計算機を使用して作成する国税関係帳簿書類の保存方法等の特例に関する法律（平成10年法律第25号。以下この号において「電子帳簿保存法」という。）第８条第５項（国税通則法第68条第１項又は第２項の重加算税に係る部分に限る。）（他の国税に関する法律の規定の適用）の」と、「　。）の」とあるのは「　。）若しくは電子帳簿保存法第８条第５項（国税通則法第68条第３項の重加算税に係る部分に限る。）の」とする。

〔加算税賦課決定書付記〕

8　法第８条第４項又は第５項の規定の適用がある場合における過少申告加算税又は重加算税に係る国税通則法第32条第３項（賦課決定）に規定する賦課決定通知書には、当該過少申告加算税又は重加算税について法第８条第４項又は第５項の規定の適用がある旨を付記するものとする。

〔経過措置〕

附　則（令和３年３月31日　財務省令第25号）

（施行期日）

第１条　この省令は、令和４年１月１日から施行する。ただし、第４条第１項第１号ロ（1）の改正規定（「記名押印」を「その氏名」に改める部分に限る。）及び同号ロ（2）の改正規定は、令和３年４月１日から施行する。

（経過措置）

第２条　改正後の電子計算機を使用して作成する国税関係帳簿書類の保存方法等の特例に関する法律施行規則（以下「新令」という。）第２条第６項の規定の適用については、改正前の電子計算機を使用して作成する国税関係帳簿書類の保存方法等の特例に関する法律施行規則（以下「旧令」という。）第３条第５項第５号に規定する承認を受けている同号の国税関係帳簿に係る電磁的記録又は電子計算機出力マイクロフィルムの記録事項は、新令第２条第６項第４号に規定する国税関係帳簿の記録事項とみなす。

2　新令第２条第９項の規定の適用については、旧令第３条第７項に規定する適用届出書は、新令第２条第９項に規定する適用届出書とみなす。

令和4・5年の電子取引データ保存の宥恕措置

3　この省令の施行の日から令和５年12月31日までの間に電子取引を行う場合における新令第４条第３項の規定の適用については、同項中「証明したとき」とあるのは「証明したとき、又は納税地等の所轄税務署長が当該財務省令で定めるところに従って当該電磁的記録の保存をすることができなかったことについてやむを得ない事情があると認め、かつ、当該保存義務者が国税に関する法律の規定による当該電磁的記録を出力することにより作成した書面（整然とした形式及び明瞭な状態で出力されたものに限る。）の提示若しくは提出の要求に応じることができるようにしているとき」と、同項ただし書中「当該事情」とあるのは「これらの事情」とする。

【電子計算機を使用して作成する国税関係帳簿書類の保存方法等の特例に関する法律施行規則の一部を改正する省令（令和３年財務省令第25号）の一部を改正する省令（令和３年12月27日財務省令第80号）より、附則第３項が追加された。】

4　新令第５条第５項の規定の適用については、旧令第３条第１項第２号に規定する承認を受けている同号に規定する関連国税関係帳簿に係る電磁的記録又は電子計算機出力マイクロフィルムの記録事項は、新令第５条第５項第１号ロに規定する関連国税関係帳簿の記録事項とみなす。

附　則（令和４年３月31日財務省令第28号）

（施行期日）

第１条　この省令は、令和４年４月１日から施行する。

（経過措置）

スキャナ保存と電子取引のタイムスタンプ

第２条　改正後の電子計算機を使用して作成する国税関係帳簿書類の保存方法等の特例に関する法律施行規則（次項において「新令」という。）第２条第６項（第２号ロに係る部分に限る。）及び第４条第１項（第１号及び第２号に係る部分に限る。）の規定は、この省令の施行の日（以下「施行日」という。）以後に保存が行われる電子計算機を使用して作成する国税関係帳簿書類の保存方法等の特例に関する法律第４条第３項に規定する国税関係書類（以下「国税関係書類」という。）又は電子取引の取引情報に係る電磁的記録について適用し、施行日前に保存が行われた国税関係書類又は電子取引の取引情報に係る電磁的記録については、なお従前の例による。

従前のタイムスタンプ

2　施行日から令和５年７月29日までの間に国税関係書類又は電子取引の取引情報に係る電磁的記録について保存が行われる場

合における新令第2条第6項の規定の適用については、同項第2号ロ中「業務をいう。)」とあるのは、「業務をいう。)又は一般財団法人日本データ通信協会が認定する業務」とする。

附　則（令和5年3月31日財務省令第22号）

（施行期日）

第1条　この省令は、令和6年1月1日から施行する。

（経過措置）

［スキャナ保存］

第2条　改正後の電子計算機を使用して作成する国税関係帳簿書類の保存方法等の特例に関する法律施行規則（以下「新令」という。）第2条第6項及び第7項の規定は、この省令の施行の日（以下「施行日」という。）以後に保存が行われる電子計算機を使用して作成する国税関係帳簿書類の保存方法等の特例に関する法律第4条第3項に規定する国税関係書類（以下この項において「国税関係書類」という。）について適用し、施行日前に保存が行われた国税関係書類については、なお従前の例による。

［電子取引］

2　新令第4条の規定は、施行日以後に行う電子取引の取引情報について適用し、施行日前に行った電子取引の取引情報については、なお従前の例による。

［優良な電子帳簿］

3　新令第5条第1項の規定は、施行日以後に国税通則法（昭和37年法律第66号）第2条第7号に規定する法定申告期限（国税に関する法律の規定により当該法定申告期限とみなされる期限を含み、同法第61条第1項第2号に規定する還付請求申告書については、当該申告書を提出した日とする。以下この項において「法定申告期限」という。）が到来する国税について適用し、施行日前に法定申告期限が到来した国税については、なお従前の例による。

3　電子帳簿保存法に関する告示
［所得税の優良な電子帳簿の対象帳簿］

○ 財務省告示 第93号

電子計算機を使用して作成する国税関係帳簿書類の保存方法等の特例に関する法律施行規則（平成10年大蔵省令第43号）第5条第1項の規定に基づき、同項に規定する財務大臣の定める取引に関する事項を次のように定め、令和6年1月1日から適用する。

令和5年3月31日　　　　　　　　　　財務大臣　鈴木　俊一

電子計算機を使用して作成する国税関係帳簿書類の保存方法等の特例に関する法律施行規則第5条第1項に規定する財務大臣の定める取引に関する事項は、次の各号に掲げる帳簿の区分に応じ当該各号に定める事項とする。

一　所得税法（昭和40年法律第33号）第26条第1項に規定する不動産所得を生ずべき業務につき備え付ける帳簿　次に掲げる事項

イ　手形（融通手形を除く。次号イにおいて同じ。）上の債権債務に関する事項

ロ　イに掲げる事項以外の債権債務に関する事項（当座預金の預入れ及び引出しに関する事項を除く。）

ハ　所得税法第2条第1項第19号に規定する減価償却資産及び同項第20号に規定する繰延資産（以下「減価償却資産等」という。）に関する事項

ニ　収入に関する事項

ホ　費用に関する事項

二　所得税法第27条第1項に規定する事業所得（農業から生ずる所得を除く。）を生ずべき業務につき備え付ける帳簿　次に掲げる事項

イ　手形上の債権債務に関する事項

ロ　売掛金（未収加工料その他売掛金と同様の性質を有するものを含む。）に関する事項

ハ　買掛金（未払加工料その他買掛金と同様の性質を有するものを含む。）に関する事項

ニ　イからハまでに掲げる事項以外の債権債務に関する事項（当座預金の預入れ及び引出しに関する事項を除く。）

ホ　減価償却資産等に関する事項

ヘ　売上げ（加工その他の役務の給付その他売上げと同様の性質を有するもの及び家事消費その他これに類するものを含む。）に関する事項

ト　へに掲げる事項以外の収入に関する事項

チ　仕入れに関する事項

リ　チに掲げる事項以外の費用に関する事項

三　所得税法第27条第1項に規定する事業所得（農業から生ずる所得に限る。）を生ずべき業務につき備え付ける帳簿　次に掲げる事項

イ　債権債務に関する事項（当座預金の預入れ及び引出しに関する事項を

除く。次号イにおいて同じ。)
ロ　減価償却資産等に関する事項
ハ　収入に関する事項
ニ　費用に関する事項
四　所得税法第32条第1項に規定する山林所得を生ずべき業務につき備え付ける帳簿　次に掲げる事項
イ　債権債務に関する事項
ロ　減価償却資産等に関する事項
ハ　山林の伐採、譲渡、家事消費その他これに類するものの収入に関する事項
ニ　費用に関する事項

〈著者紹介〉

松崎　啓介（まつざき　けいすけ）

松崎啓介税理士事務所　税理士

昭和59年～平成20年　財務省主税局勤務　税法の企画立案に従事（平成10年～平成20年　電子帳簿保存法・通則法規等担当）

その後、大月税務署長、東京国税局調査部特官・統括官、審理官、企画課長、審理課長、個人課税課長、国税庁監督評価官室長、仙台国税局総務部長、金沢国税局長を経て、令和2年8月税理士登録。

「コンメンタール国税通則法」（第一法規）、「もっとよくわかる 電子帳簿保存法がこう変わる！」「週刊税務通信（2023.3）速報解説　緩和される電子帳簿等保存制度（優良帳簿、スキャナ保存、電子取引）の概要と電子保存の対応方針」（税務研究会出版局）、「月刊税理 2023年5月号　電子帳簿等保存制度の要件緩和と実務対応への影響」（ぎょうせい）、「税務弘報 2022年10月号」（加算税賦課決定の適正性の判断軸「電子帳簿等保存制度」）（中央経済社）、「中小企業が知っておきたい！電子帳簿保存法　ポイントと対応」「中小企業のための電子取引データ・電子インボイス保存対応術」「税務調査官の視点で確認！電子帳簿等保存制度のチェックポイント」（清文社）等書籍や記事を多数執筆。

このほか、各税理士会やIT関係の各種セミナーにおいて多数講演を行っている。

本書の内容に関するご質問は、税務研究会ホームページのお問い合わせフォーム（https://www.zeiken.co.jp/contact/request/）よりお願い致します。なお、個別のご相談は受け付けておりません。

本書刊行後に追加・修正事項がある場合は、随時、当社のホームページ（https://www.zeiken.co.jp）にてお知らせ致します。

〈令和６年１月施行対応版〉
デジタル化の基盤　電帳法を押さえる

令和５年11月５日　初版第一刷印刷　（著者承認検印省略）
令和５年11月15日　初版第一刷発行

 著　者　松　崎　啓　介

発行所　税務研究会出版局
週　刊「税務通信」「経営財務」発行所
代表者　山　根　毅
郵便番号100-0005
東京都千代田区丸の内1-8-2 鉄鋼ビルディング
<税研ホームページ>　https://www.zeiken.co.jp

乱丁・落丁の場合は、お取替え致します。　印刷・製本　日本ハイコム株式会社

ISBN 978-4-7931-2796-0